爱在兰大

Love in Lanzhou University

兰州大学校友工作办公室 编

积石堂

读者出版社

图书在版编目（CIP）数据

爱在兰大 / 兰州大学校友工作办公室编. -- 兰州 ：
读者出版社，2022.12
ISBN 978-7-5527-0579-9

Ⅰ．①爱…　Ⅱ．①兰…　Ⅲ．①兰州大学－校史　Ⅳ.
①G649.284.21
中国版本图书馆CIP数据核字（2020）第270357号

爱在兰大

兰州大学校友工作办公室　编

责任编辑　漆晓勤
助理编辑　葛韶然
封面设计　李冰倩

出版发行　读者出版社
地　　址　兰州市城关区读者大道568号（730030）
邮　　箱　readerpress@163.com
电　　话　0931-2131529（编辑部）　0931-2131507（发行部）

印　　刷　甘肃发展印刷公司
规　　格　开本787毫米×1092毫米　1/16
　　　　　印张25　插页2　字数361千
版　　次　2022年12月第1版
　　　　　2022年12月第1次印刷
书　　号　ISBN 978-7-5527-0579-9
定　　价　88.00元

《爱在兰大》编委会

主任委员

曹　红　　范宝军

副主任委员

田旭龙

编委会成员

贺　鹏　　戚金波　　魏韵茗

董　睿　　亢鸿玲　　徐焱炀

尚亚玲　　甘　桔　　赵娜娟

特邀顾问

尚　峰

序

百年岁月，珍藏着长留于心的爱

正如我在《我的兰州》中写到的，1986 年，我独自告别家乡来到兰州，站在兰大门口，在艳阳之下，我感到未来也闪烁着光芒向我遥遥招手。

记忆中，教室里的灯光总是宛如白昼，青青的草坪上总有断续的歌声传来。

尽管毕业已有 30 余年，但关于兰大的记忆仍然以某种方式长留在我的心中，关于师长、关于爱情。

关于师长，我曾有感而发写过两篇怀念亡师的文稿，一篇写给常文昌老师，一篇写给徐清辉先生。在我看来，他们能以那般的才情长留于学生的心中是一件足慰平生的幸事，而我的兰大时光也在他们的参与中变得难忘而深刻。

关于爱情，我与同为中文系的妻子胡颖，在兰大相识相知。1994 年，我和胡颖结婚，转眼已经共同走过了 30 年岁月春秋。她一直没有离开过兰大，把青春和人生都安放在了这所难以割舍的校园。

当我独处时，我对爱人的牵挂化作了一首歌词。那一刻，校园的丁香花和爱人当年那长长的发辫，总在眼前浮现，"是一条发辫甩疼了我的心口，让丁香花瓣开成了一场邂逅"。十年过去，"那条发辫已绾成时光一绺，都交给生活那个解不开的扣"。二十年过去，"唯有剪短的发辫丝丝如旧，那是时光留下剪不去的温柔"。岁月流逝，抹不去的是开端于兰大的那一场爱情，岁月中坚守到也已然是这场爱情。岁月静好，兰大静好。

在母校 110 周年校庆之时，这场 110 对校友的集体婚礼让我感触良多。

没有香槟美酒，也没有《婚礼进行曲》，取而代之的是宽袍广袖的汉服和庄重悠扬的旋律，这场传统的婚礼，像兰大一样，古朴沉静、儒雅温厚，却又充满仪式和敬畏之感。

110 对校友夫妇，身穿中式礼服，手持红色绣球，向昔日的恩师鞠躬，感谢亲爱的老师寄予的指引和关怀。校友夫妇们共饮"故园水""漫步人生路"，手牵手、肩并肩走过绿荫环绕的景观大道，曾经年少的他们在母校求学时牵手走过校园的每个角落，相知相爱步入婚姻殿堂后依旧携手同行人生之路。兰大，是爱情的起点，是岁月的珍藏，更是守望相助的见证。

参加此次集体婚礼的110对兰大校友夫妇，有相爱半世、历久弥新的"金婚"夫妻，有为爱执着、勇敢"裸婚"的"80后"爱人，也有新婚燕尔、缘定三生的"90后"新人，年龄跨越了半个世纪。

年轻的爱情充满了喜悦，半生的婚姻也泛起羞涩的涟漪，校园爱情纯真肆意，一边刻苦学习，一边牵手走过四季。犹记当年，最浪漫的陪伴是我们有滔滔不绝的话题去交谈，最温馨的时刻是我们有不顾得失的勇气去坚持。

在忙碌又焦虑的生活节奏中，仪式感就像是调味剂，也像是空气清新剂，能让大家在紧迫的空气中感受到生命力与喜悦感。

这场110对兰大校友的集体婚礼，是跨越了半个世纪的求和，是兰大人寻求彼此最大公约数的真情实践。

人生每个阶段的意义都需要不断去赋予，不断去寻找。母校的这场集体婚礼，是对万千兰大校友校园爱情的追忆，也是对万千校友家庭生活的歌颂，更是母校对万千校友相伴相依的深切祝福。

平淡日子里，母校为我们提供了一场宝贵的仪式感之旅，让我们重温旧日的温情。

在兰大生根发芽的婚姻，吸收着兰大古朴纯净的气息，成长于脚踏实地的西北风情，大多从窄小的职工宿舍开始，即使漫步到高楼林立也依旧质朴纯净，经过数十年的流水时光，增添的反而是洗净铅华的温润如玉。

曾经，我们为了共同的目标，相识于兰大，相约于兰州。黄河之滨、中山桥头、白塔山下，都曾留下我们青春的足迹，刮个碗子、咥个牛大、乘个水上巴士，那些欢声笑语似乎还在耳边回荡。

而今，我们为了各自的梦想，奔赴各地，但始终抵挡不住的，是我们对这座城市的怀念，对母校的留念，对年少爱情的依恋。

兰大，是我们心中不可代替的永远的故乡，既然时间不能挽留在往昔，让我们把美好藏在心中，共同期待将来某天，再次相遇的那个瞬间。

记忆的碎片此刻奔流涌动，千言万语不成书，祝愿所有兰大人一切都好！

甘肃省文联党组书记、主席

兰州大学1986级中文系校友

王登渤

目 录

第三篇　比翼双飞同心携

第四篇　与你的三餐四季

甘肃法政学堂

用60年的光阴修炼爱情
用相互的信任温暖生活
——"我们还将牵手直到生命的终点"

文／兰州晨报·掌上兰州首席记者武永明

　　一场简单到两人的被子搬进学校提供的宿舍就算结婚的学生婚礼，一段相识相知64载，结婚成家60年的朴素爱情，而且余生"还将一起手牵手直到生命的终点"……

　　84岁的王升章和82岁的王希玲这对"30后"耄耋夫妇，不仅把这人世间纯真美满的爱情演绎到了极致，而且要用一辈子把"爱"这门课程修成满分。

相知相爱：缘于六十四年前的大学校园

　　兰州大学1955级化学系同班同学结为伉俪的有十几对，其中5对从1959年大学毕业就结婚到现在已经携手走过了60年，1935年4月30日出生的王升章和1937年4月11日出生的王希玲是其中的一对，也是此次110对兰州大学校友集体婚礼中年龄最大、婚龄最长的一对。

　　天气晴好的时候，王升章和王希玲互相搀扶着在西安自家小区散步。走着走着，王希玲叹气说："唉，我年轻的时候都不戴帽子，现在老了做了手术后医生非要求我戴帽子。"

　　王升章忙不迭接过话茬："戴上这个帽子更漂亮啦!"

王希玲嘟囔了一句："漂亮啥？你是情人眼里出西施！"

这对老夫妇已经相识 64 年，结婚整整 60 年了。夫妻结婚 60 年，可谓"钻石婚"，形容婚姻像钻石一样宝贵和坚固。

王希玲，眼不花，只是听力不太好，每天手机不离手，微信玩得贼溜，发微信的速度不逊于年轻人，声音洪亮又干脆，在老伴眼里一辈子都是这么漂亮、热情。

王升章，年轻时当运动员的底子还在，腰杆依旧笔直，走路轻快，还能看出当年上大学时担任学校篮球队队长的风采，在老伴眼里这一生总是高大、帅气。

1955 年，来自四川的美少女王希玲和来自陕西的帅小伙王升章双双考入兰州大学化学系，两年后分在分析化学专业，同一个学习小组。两个人一起上课、一起自习、一起上山劳动……日子长了，王希玲的开朗和善良感染了王升章，而王升章的老实忠厚让王希玲觉得"他就是值得我信任一辈子的那个人"。

大二下学期，互有好感的两人正式确立了恋爱关系。"我们那时候谈恋爱没有甜言蜜语，没有海誓山盟，但是我们心中都有彼此。"王希玲说。

回想 64 年来两人从同窗到恋人再到夫妻的岁月，王希玲感慨良多："日子一天天在流逝，我们都没来得及停下脚步回望过去就都老了。这次母校 110 周年华诞之际给我们 110 对校友夫妇办集体婚礼，让我在重温年轻时那段甜蜜时光的同时，也可以静下心来重新审视自己的生活，发现原来生活中还有那么多珍贵美好的地方！"

宿舍婚礼：没有一个家人到场祝福

大学毕业离校前的1959年6月18日，王升章和王希玲在学生宿舍举行了婚礼。

结婚前，王希玲曾征求当中学教师的父亲的意见，父亲回信说："虽然是同姓，但一个在四川，一个在陕西，没有任何血缘关系，既然你考虑清楚了，那就结吧。"

结婚前期，王升章的表哥寄来了40块钱，两人便用这些钱买了点糖、瓜子、花生招待老师、同学。结婚时两人的衣服都是平时上学穿的衣服，被子也是之前在各自宿舍盖的被子。

"我们相识在兰大，相恋在兰大，结婚在兰大，但那时候的婚礼跟现在没法比，结婚证上也没有照片，是类似奖状的一张纸。学校给的宿舍，两个人搬在了一起，就算结婚了。那个年代的交通不发达，我们两个人的老家距离兰州在当时都很遥远，双方家长都没有到场，而且后来由于我老家的变故，我父亲甚至一直到1965年去世都没有见过女婿一面。"王希玲回忆说。

当时，班上其他已确立恋爱关系的同学，均在毕业离校前以相似简陋的方式举办了婚礼。同样在学生宿舍举办婚礼的同学王流芳和何凤英夫妇结婚时的全部家当，是老家寄来的两斤黑糖、一床粗布棉被。

相亲相爱：用同样的方式爱着对方家人

毕业后，王希玲被分配到陕西省冶金研究所，王升章被分配到物探队化验室，在研究所实习，三年后正式调到王希玲所在的研究所，即现在的西北有色地质研究院测试中心。

由于两人地域生活饮食习惯的不同，婚后的生活需要互相磨合。在那个物资匮乏的年代，生活所需的糖票、肉票、鱼票、粮票都限量，1960年王希玲怀孕和生孩子期间，王升章把肉、蛋、细粮全都留给妻子吃。

"我们不仅彼此相爱，也用心爱着对方的家人，所谓爱情就是日常生活的点滴，打磨出光阴的天长地久。"王希玲说。

在西安定居以后，王希玲不放心婆婆一个人独居渭南农村，于是将婆婆接来和他们一起生活。婆婆刚来时，衣服和身上全是虱子，王希玲坚持给婆婆勤洗澡，一天换三次衣服，并把衣服放锅里煮，直到虱子绝迹为止。

1964年，王希玲的母亲从四川老家赶来帮两人带孩子，其间不幸患上胰腺癌，丈夫王升章及婆婆便悉心照顾着王希玲的母亲直到去世。由于王希玲老家的某些变故，王希玲年幼的弟弟妹妹也到西安投靠姐姐，王升章一直把他们当作自己的亲弟弟妹妹对待。

王希玲是四川人，婆婆是陕西人，饮食差别很大，老人爱吃饸饹面、麦饭、菜盒子、肉夹馍、面皮，王希玲便用心学，尽量让老人吃得可口舒服。婆婆讲究73岁开始过寿，从婆婆73岁开始到105岁去世，王希玲总共张罗给老人过了32次生日。每年婆婆过生日，都会有几十位农村老家的亲戚赶来祝寿，有些亲戚经常住上十天半个月才走。来的人多，王希玲一家人打地铺，睡沙发，热情招待。

2005年9月5日，婆婆不慎摔倒骨折，此后生活不能自理，当时已经快70岁的王希玲整日伺候婆婆。

深受王希玲和王升章的言传身教，两人的儿孙都遵循"爱"和"孝"。婆婆生病后，经常发脾气、摔东西、骂人、打人，两人的儿孙轮流精心护理，直到2012年5月23日老人度过105岁生日后，平静地离世。

"后来我们两口子也老了，也到了时不时住院的年纪，每次住院，我的儿子、儿媳、女儿、女婿、孙子、孙女和外孙们都会很好地照顾我们。"王希玲说："我们一家人始终互相信任、互相帮助，其乐融融。"

这个四世同堂的幸福大家庭，曾获雁塔区"年度好家庭"、雁塔区

"十佳和谐家庭"、西安市"最美家庭"等荣誉称号。而王希玲本人也荣获了全国"中华孝亲敬老之星"奖、陕西省"孝亲敬老之星"奖、雁塔区"百年妇运一百名风采女性"等荣誉称号。

往后余生：直到生命的终点

　　婆婆去世后，操劳了大半辈子的王希玲和丈夫王升章把更多的时间花在自己喜欢的事情上。两个人互相陪伴，一起赴世界各地旅游、一起探亲、一起访友，过着简单而又丰富的日子。

　　"携手相扶走过 60 年婚姻，你问我什么是爱情呢？我想最好的爱情莫过于这样：他眼里只有我，我们在平平淡淡的生活中互相关心，充满无数的温馨时刻。我随口一说，他都会放在心上。凡是他家的事，我都当作自己家的事。这就是爱情吧！你看电影上经常有表达爱情的情节，情侣之间有甜蜜，但现实生活中更多的是各种各样的矛盾，矛盾打磨了我们的生活，让我们的感情愈发坚不可摧。"王希玲说。

　　"我们还将一起手牵手，互相扶持，直到生命的终点。"这是王希玲和丈夫王升章共同的爱情誓言。

　　（《兰州晨报》2019 年 8 月 12 日　A06 关注）

夫妻简介：
　　王升章，1955—1959 年，兰州大学化学系（本科）
　　王希玲，1955—1959 年，兰州大学化学系（本科）

百十载母校华诞，六十年伉俪情深

文／包存熙

概述：己亥年夏，正值兰州大学 110 周年华诞，学校邀请了 110 对同为兰大学子的夫妇，合力举办一场"校友集体婚礼"活动为兰大庆生。其中，1955 级化学系校友夫妇王升章、王希玲老师为最年长的"新人"，他们带领剩余 109 对"新人"为母校送上最诚挚的祝福。本文以王升章夫妇在母校的经历为线作以专题叙述。

懵懂成长，情爱初生

1955 年，来自陕西的王升章与四川的王希玲一同被录入兰州大学化学系，他们一起上课，一起劳动。大二分专业后，他们被分到分析化学专

业的同一个小组。之后的日子里，他们在一起学习，一起吃饭，形影不离。他们志趣相投，不久便确定恋爱关系，用王希玲老师的话说："他就是值得我信任一辈子的那个人。"

1959 年 6 月 18 日，王升章与王希玲在宿舍举行了一场简单的婚礼。没有海誓山盟，没有婚纱礼服，没有父母亲人的见证，只有几块糖和几碟瓜子。在同学们的祝福下，二人喜结连理。

"我们相识在兰大，相恋在兰大，结婚在兰大，但那时候的婚礼跟现在没法比，结婚证上也没有照片，是类似奖状的一张纸。学校给的宿舍，两个人搬到一起，就算结婚了。那个年代的交通不发达，我们两个人的老家距离兰州都很遥远，双方家长都没有到场，而且后来由于我老家的变故，我父亲一直到 1965 年去世都没有见过女婿一面。"王希玲回忆说。

至死靡它，情系兰大

8 月 18 日上午 8 时的兰大，一改往日的宁静与平凡，处处洋溢着幸福与美满，地砖上铺着红地毯，夹道的树梢上挂满了小红灯笼和纸绣球，林荫道处有一个左右题着"缘定萃英此情凝金台，史超百年实学亘古今"的红色拱门。媒体记者、观礼者络绎不绝。

王希玲老师望着生机勃勃的校园不由得感慨："日子一天天在流逝，我们都没来得及停下脚步回望过去就老了。这次母校 110 周年华诞之际，给我们 110 对校友夫妇办集体婚礼，让我重温年轻时那段甜蜜时光，同时也可以静下心来重新审视自己的生活，发现原来生活中还有那么多珍贵美

好的地方！"

"感谢母校举办的集体婚礼，让我们重温了 60 年前的那段温馨的时光。" 85 岁的王升章老师看着一对对自面前而过的"新人"感慨道。

在校友广场上，当身着古装礼服的王升章老师与坐在四抬轿中的王希玲老师踏着红毯，从众多观礼人的面前走过，站在礼堂正下方时，这对在场人群中婚龄最长、年龄最大的夫妇无疑是幸福而激动万分的。此刻，如此简单而浪漫的婚礼，也算是弥补了他们当时的遗憾：同样的地方，同样的对方，同样的喜庆，同时又多了亲朋好友的见证。

铭记师恩，寄语后生

"感谢母校兰州大学，感谢当时带我们的老师，感谢同窗，在这里我不仅找到了自己要走的路，获得了很多知识，更收获了亲情、友情、爱情，让我的人生实现了一次大的转折。"当谈到母校情时，王升章老师如是说。

王升章夫妇漫步在校园里的小路上，感受着似曾相识的温馨。当年的美好时光，如电影般闪过脑海。他们觉得这些年母校的变化很大，许多东西都不见了，也有许多新建的东西，校园更大了，人也更多了。

看着校园中的众多学子，王老师微微一笑，满是感慨地说道："希望我们兰大的学生能继续秉持自强不息之校训，为母校争光，努力上进，活出自己的一片天地。脚下行程千里远，腹中贮书万卷多。"

夫妻简介：

王升章，1955—1959 年，兰州大学化学系（本科）

王希玲，1955—1959 年，兰州大学化学系（本科）

情出兰大　一生相守

文 / 丁柏年　洪裕国

　　我们于 1960 年入学，在兰大物理系无线电专业学习，是同班同学。那时，他来自玉门一中，我来自西北师大附中。他住物理系男生楼，我住全校唯一的女生楼。我们上课、上自习没有固定的教室，更没有固定的座位，所以不容易接触。我是班上的学习委员，要到同学宿舍收取各科作业，就这样知道他叫洪裕国，但私下没有任何往来。

　　在我们正是长身体的时候，全国发生了严重的"自然灾害"。因为营养不良经常饿着肚子学习，导致他患上浮肿、神经衰弱、伤寒、肝炎等病，无法坚持学习，只好休学。他离开学校时，可能是出于对我这个学习委员的信任，委托我把他订的《中国青年》杂志寄到他家里，并留下详细地址。我每两个月到邮局寄一次杂志，知道他家在"油城"大庆，仅此而已。

　　一年后，他复学了，我比他高一年级。虽然他的慢性肝炎过了传染期，可身体仍然虚弱，到教室听课很难支撑，经常在宿舍里躺着。我把自己的课堂笔记借给他看，偶尔也去辅导一下，感到他坚强而聪明，愿意帮助他跟上学习进度。

　　我是近视眼，有一天不小心打坏了眼镜。因为父亲每月给我的 5 元零花钱还没有到，我的助学金只够伙食费，没钱去重配。他看到后，递给我 5 元钱，说快去把眼镜配上，要不怎么学习！他有一位四川同学患舌癌，家庭困难，他每月从自己的生活费中挤出 5 元钱接济这位同学。这些事让我觉得他是个有爱心的人。

在我大四的时候，有一天他急匆匆地叫我下楼，和我一起到黄河边，告诉我他中学时代的女朋友，因为他身体不好，和他分手了。他情绪低落，我无法安慰，只是同情。当时我想不明白，身体不好是断绝友谊的理由吗？

从此我们无话不谈，成了志趣相投的朋友。

在我大学五年级快毕业的时候，他提出要和我建立恋爱关系。我认可他的人品，但父亲不同意，说他身体不好，我也瘦弱，将来有病了谁照顾谁？后来父亲特意从西宁来到兰州，在我二姐家里见到裕国，之后父亲放心了，许可我们相处。

1965年我毕业离校，他还有一年学业。我先在上海中科院科学仪器厂代培，不久这批大学生面临重新分配。有热心人给我介绍对象，说这样可以留在上海，这是许多人梦寐以求的机会。我断然拒绝，无论到多么艰苦的地方，我也得等着他。

接下来我分到西安一机部仪表研究所。1967年夏天，他说："我们结婚吧！"我想，固定下来也好，彼此心里踏实，还可以免去外界干扰。我们没有嫁妆，没有婚礼，没有宴席，更没有婚纱钻戒。婆婆做了一桌家常饭菜，请来他们曾经的老邻居刘妈妈，共同进餐，算是见证婚礼。刘妈妈送了一个红色的暖水瓶，上面有雷锋头像和毛主席题词：向雷锋同志学

习。公公给我们赠了一套《毛泽东选集》和两本《毛主席语录》，婆婆把她结婚时的金戒指给了我。这就是我们婚礼的全部。

1968年，我们的大儿子出生。我在西安上班，裕国分配到沈阳无线电四厂，相隔数千里，怎么带孩子？慈祥的婆婆说：“我给你们带吧，他现在还不能跑，我能应付过来。”就这样，她用大庆的红星奶粉，把大孙子抚养到两岁。之后裕国独自把孩子带到沈阳，白天送孩子到托儿所，晚上接他回集体宿舍睡觉。过了一年，我把儿子接到西安，如法炮制。西安天热，托儿所孩子多，儿子被传染上肝炎，不能入托，还需要给他治病。我一个人无能为力，就把弟弟叫来帮忙。我上班，弟弟带孩子去医院看病，在煤油炉上煎熬中药。一天，他看火苗小，知道是炉子缺油了，年轻没经验的他，不关火就加油，“嘭”地一声巨响，着火了！孩子被吓着了，弟弟胸前受伤。我下班回来看到惨状，惊出一身冷汗。幸亏及时扑灭，不然酿成火灾可不得了。过了半年多，为了不影响小弟弟的前程，裕国又把孩子带回沈阳。之后，我工作调动到沈阳，我们才结束了五年的两地分居生活。

我们终于生活在同一个城市，在同一个工厂上班了，但厂子困难，没有住房。我住女宿舍，他和儿子住男宿舍。过了两年多，裕国同室的老师傅，见隔壁宿舍的一位老工人退休回家了，为成全我们，主动搬了过去，我们一家人才团聚在一起。

1975 年底，我们的二儿子在这个宿舍里出生。14 平方米的屋子里挤了 4 个人，有上下铺床，有自己组装的黑白 9 寸显像管电视，一张方桌，两把椅子，一个木箱。我们两人工资加起来 112 元，日子过得紧紧巴巴。但我们不怕苦累，不计忧愁，精神抖擞地工作。我们月底经常加班到深夜，把两个孩子锁在屋里让他们自己睡觉，裕国怕小儿子掉下床，在床边装上木栅栏。这样的日子一过就是七八年。

到了 20 世纪 80 年代，工厂盖了一栋 6 层楼的职工住宅，我们分得 50 多平方米的两室房子，自己把水泥地面磨平，刷上红油漆，就算装修完毕。我们又从大庆家里寄过来一个三开门的立柜，一张双人床，还有裕国休学时自己做的五斗橱，我们才算有了一个真正的家。

我们的一生虽然曲折平淡，但始终牢记兰大"自强不息"的校训，兢兢业业，奋发向上。我们时时关心母校，在 90 周年校庆时，校友发起"读者林"种树，我们尽微薄之力捐款相助。如今虽已至耄耋之年，但能与时俱进，积极学习互联网知识，努力跟上时代步伐。裕国还以他治愈"天下第一疼"的独创经验，注册"三叉神经痛自我免费治疗"的微信公众号，做公益，帮助他人，快乐自己。

感谢兰大让我们相遇相识，相知相爱，继而才有岁月里的不离不弃，一生相守。更感谢兰大，在离校 50 多年之后，邀我们回校，参加集体婚礼，弥补曾经的缺憾，为我们的爱情增添了一道靓丽色彩。

夫妻简介：

洪裕国，1960—1968 年，兰州大学物理系无线电专业（本科）

丁柏年，1960—1965 年，兰州大学物理系无线电专业（本科）

只有不忘初心，方得白头偕老

文／韩来勇　谷焕娣

在兰州大学 110 周年校庆之际，恰逢我们老两口"金婚"之时，实乃可喜可贺。我和谷焕娣都是兰大化学系的校友，我们两个人的结合，其实就是顺其自然的结果。

良机得相识，"集邮"结情缘

我跟谷焕娣的相识完全是一次偶然。那是 1965 年秋季学期，我已进入大五毕业学年，她是大二的学生。

学校接到指示，让在校的大五、大四、大三年级的学生，以及抽调的一部分教师，停课半年，下到农村，与当地贫下中农同吃、同住、同劳动。

一声令下，立即出发。在校长江隆基的率领下，上千名师生翻过七道梁，奔赴临夏回族自治州。我们七八人一组就地分散到下属各县乡，我和大三的几位同学被分派到一个远离公路的山区。

在出发前，学校还对缺衣少物的同学给予补助，我分到一件绒线内衣。没有参加下乡的大二年级，一些同学被安排协助学校总务处进行衣物分发，谷焕娣就在其中，我领取绒衣时就恰巧是她接待的。由于没有尺码的概念，我只能到现场试穿。在现场，她不厌其烦地为我比试、挑选，还不时提出一些建议，最终使我满意地拿到了一件合身的套头绒衣。

　　这是我们的第一次接触，用时虽短，记忆犹新。她身材矮小，梳着两条垂肩的小辫子，一副稚嫩、孩童般的圆脸，要不是胸前别着兰大校徽，倘若走在大街上谁也不会认为她已经是大学二年级的学生了。她两眼有神，端庄大方，说话流利，办事干练，面对一个高年级的大男孩，她没有一点小女生的羞涩和懵懂，反过来我自己倒是显得不自然了……

　　第一次的相识，虽然还不能说是"一见钟情"，更不能算拉开了恋爱的帷幕，但对是否愿意进一步沟通，却起到了敲锤定音的作用。她那双楚楚动人的大眼，以及小巧玲珑的身影，深深印在了我的心里。

　　冬季的临夏山区比兰州市区寒冷许多，当地的干部都披着军大衣或羊皮袄。而我，幸亏有了那件贴身的绒衣，才得以在无数个凛冽的日子抵御严寒。多少个寂寥孤夜，这贴身绒衣，带着她的温暖，伴我入梦；多少次梦里魂牵，她的倩影浮现在眼前……终于，我鼓足勇气，决定给她写信！

　　那里的县邮局有个小青年，每个星期都要背着邮袋到山上来一趟。对回音的期待使这位小邮差成了我每周的盼望，久而久之，我和他成了好朋友。由于我喜欢集邮，他每次上山都把最新发行的邮票带来，每张 8 分钱面值，开销还不算太大。那时的年轻人大多喜欢收集邮票，我给谷焕娣写信时总是选一张最好的邮票贴在信封上，并把成套的纪念邮票叠好，工整地夹在信纸里寄给她。

　　在一次回信中，她郑重地写道："我的确很喜欢集邮，但我只收藏用过的邮票，那些没有用过的新邮票请不要再寄来了。"

话语虽然有点严肃，但我非常理解她。因为我们还只是初交，作为一个纯真的女孩，一般是不会轻易接受别人给予的有价赠品的，尽管不值几个钱。这也恰恰反映出她追求自尊、自爱、自立、自强的人格魅力。

书信交往没有中断，书信内容公开透明，没有任何秘密。

有人可能会问："不谈情、不说爱，那有什么可写的呢？"

生活是丰富多彩的，我把在乡下的所见所闻说给她，如土豆蘸盐面的味道、浆水面的清爽、灶炕里刚烤出来的花馍的香脆，以及放羊人的山歌、打麦场上的老乡赶着毛驴唱着花儿等等。对于一直在城里长大的女孩子，听到这些新鲜事，能不好奇吗？

她很喜欢收我的信。我把自己搜集到的所有盖过邮戳的纪念邮票都陆续寄给了她，她很高兴，并一再表示感谢。为了不影响她在校的学习，我主动放缓了通信的频率。

进入 1966 年，我们大五的学生提前被学校召回写毕业论文。

悠悠岁月长，切切恋情深

阳光下的兰大是学子的殿堂；夜幕下的兰大是恋人的天堂。

积石堂的高大钟塔，见证了我俩的私密幽会；黄河边的千年古槐，倾听了我俩的窃窃私语。

我们谈时局，议国事；我们讲家史，话未来。

我们敞开心扉，我们倾诉衷肠；我们欢畅淋漓，我们轻松愉快。

在那清澈秀丽的雁滩湖畔，我们相依在婀娜的柳树荫下，我们轻轻哼唱"敖包相会"；我们默默低吟"芦笙恋歌"（婚誓）。

垂落的柳丝随风摇曳；宽阔的湖面荡起涟漪……

我们还找来同学手中私密传阅的图书，例如，手抄本《第二次握手》，列夫·托尔斯泰的《复活》，爱尔兰女作家伏尼契的《牛虻》，以及 20 世纪 40 年代的著名言情小说《秋海棠》……

在那无所适从的岁月，我们还能看到这些名著，真是如获至宝。读进去，我们如痴如醉、废寝忘食。对书中的爱情故事，主人公的悲欢离合，总能引起内心共鸣，情不自禁，热泪奔涌……

闲暇时她就打毛衣，钩十字绣。那时候我穿的毛衣都是她亲手织的。她钩的十字绣被我带回老家，深得全家人喜欢，我母亲更是赞不绝口……

幽会是甜蜜的、幸福的，但毕竟是随机的、间断的。

一路走来，两颗心更贴近了，情更真切了。从精神上的相互理解、相互慰藉，到生活上的相互帮助、相互关爱，我们经历了长时间的磨合，深入挖掘了彼此内心的善良，增进了双方相互的信任。你中有我，我中有你，形同一人。

"忠贞相爱"是我们的共同誓言，"白头偕老"是我

们的永恒承诺。这就是我俩对爱情真谛的自我诠释。

人生多感悟，"金婚"述情怀

1969 年国庆二十周年之际，我俩步入了婚姻的殿堂，标志着长达四年之久的恋爱历程走到了一个结点。那一年我 27 岁，她 24 岁。

漫漫人生路，转眼五十载。一路走来，有苦有乐；感悟人生，无怨无悔。是母校的教育给了我们智慧和力量；是母校的传承给了我们奋斗的勇气。我们感恩母校，我们感谢老师！"自强不息"铸就了我们的品格；"独树一帜"鼓舞着我们不断开拓进取。我们熬过了上有老、下有小的艰苦岁月，幸福地看到了儿孙们的茁壮成长。我们勇敢地挑起了时代的重担，成为改革开放初期的弄潮儿。

如今半个世纪过去了，我们真的老了。自然规律是无法抗拒的，"老有所为，老有所乐"，老有老的活法，老有老的乐趣。"金婚"不是我们的终极目标，它只不过是我们前行中的一个"驿站"。

回顾人生初恋的故事，仿佛又回到了当年，温馨惬意，激情犹在。两颗炽热的心仍在怦怦地跳动，那是因为我们心中承载着共同的誓言和彼此的承诺："忠贞相爱，白头偕老。"

爱情是男女生活中的精神支柱，正确的人生价值观是爱情存在的基础，彼此的包容与理解是爱情延续的关键。爱是双方的一种责任，爱是双方的一种付出。初恋时，爱情是生活中的一束鲜花；年迈时，爱情是病床前的一剂良药。只有不忘"初心"，方能白头偕老。

夫妻简介：

韩来勇，1961—1967 年，兰州大学化学系（本科）

谷焕娣，1964—1970 年，兰州大学化学系（本科）

千里姻缘兰大牵

文 / 胡孝辉

新生军训课间隙，几个北方男同学一直在挤兑我的普通话，我很不服气地争辩道："我的普通话在我们湖（福）州是最标准的。"第一次从南方来到北方的我，完全没有意识到"湖州"和"福州"有什么区别，所以也没有在意几个男同学的反应。但没有想到，我的这句话却引起了旁边一位女同学的格外关注：哇！这个把"福州"说成"湖州"的家伙，说自己的普通话最标准，这是哪来的自信？更没料到的是，这位女同学后来竟然成了我的恋人、妻子、老伴。

这位女同学叫祝芸，出生在山西南部一个小村庄，1974 年高中毕业。上大学前，她是那个村的团支部书记、民兵营教导员、妇联主任，同时兼任小学教员。1979 年她以全县文科第二名的成绩，考入兰州大学经济系。

1972 年，我高中毕业后到福建一个偏远山区插队落户，1975 年调入当地一家兵工厂工作，1977 年参加了第一次高考，虽然当时成绩上了分数线并通过了体检，但最终没被录取。1979 年我再次高考后，以全县文科第二名的成绩进入兰州大学经济系，和祝芸同学编在一个班。

或许是因为读大学的机会来之不易，或许是我和祝芸天生喜欢读书，刚入学那段时间，我们经常在晨读的林荫小道上遇见。周末或节假日，也会在阶梯教室、图书馆的某个角落碰到。见面后打个招呼、寒暄几句，与其他同学没有什么区别。

不知从什么时候起，我开始关注她，1 米 6 左右的个头，黑黑的，瘦瘦的，泛白的衣服上镶嵌着椭圆形补丁，两根马尾小辫扎得很认真，快人快语的。考试对她来说好像很轻松，入学第一次考试，政治经济学老师就拿她的试卷作为范本给全班同学讲解，哲学课期末考试她的分数在两个班排第一名。她乐于帮助有困难的同学，从大学二年级开始，学校优秀三好学生表彰栏里有了她的照片，校园广播里也播报过她的事迹。最主要的是，我是她做好事的直接受益者之一。衣服破了，她会一针一线帮我补好，而且针脚细而匀。快到月底了，她会把自己节省下来的粮票送给我和其他有需要的同学。我至今舍不得丢弃的那床小碎花棉被，就是上学不久她带着我跑了几个商店，买齐被面、被里、棉絮并一起缝好的。

我家中四个兄弟，没有姐妹。从那时起，我感觉好像天上掉了个妹妹。说真的，那时我很想认她作妹妹。

有了想认妹妹的念想后，我开始回馈于她，比如主动帮她做个书架、衣架，主动帮她干些体力活，放假时到火车站接送她，周末宿舍包饺子时喊她过来吃，从家里带些小鱼、小虾、紫菜送给她……以至于后来老伴总是对朋友说，她是被小鱼、小虾"收买"的。

大学三年级时，我对她的感情发生了微妙变化。比如，若哪天没有在以前经常碰到的地方遇见她，或者发现她没有来上课，便会感到不安。又比如，虽然约了一大帮同学一起外出游玩，但心思总在她那里。再比如，偶尔单独和她一起时，不知道该说些什么，而且心跳明显加快。我清晰地意识到，自己已经喜欢上这个北方女孩了。

　　那时的我并没有勇气向她表白。直到有一天，班长大老刘找我。一见面他便问道："你对祝芸同学到底是怎么想的？"我憋了老半天，终于吞吞吐吐地向班长说了实话。大老刘听后，一边笑我傻，一边面授经验。

　　之后的一个周末，我趁她离开教室的片刻，把准备好的一张字条塞到她书里，大概意思是：晚饭后在校门口碰面，一起去看电影。

　　那天晚上，我提前来到校门口等候，她一看见我便问："他们几个呢？"因为平时看电影，至少是四五个同学一起去的。我没有直接回答她的提问，只是说："我们先走吧。"这时，聪明的她好像预感到什么，一下子沉默寡言，羞羞答答地跟着我往影院方向走。实际上我并没有买电影票，因为那个晚上电影院根本没有放电影。一路没说话的她这时问我："没有电影，你事先不知道吗？""不知道。不过我约你出来也不完全是看电影……大老刘说，我们俩很合适……"我有点语无伦次。之后，两个人都不作声了，默默地往学校折返，一直到校门口，各自道别。

　　可能是大老刘最先从她那里了解了情况，之后的某一天，大老刘抓住我一顿数落："你这个胡孝辉啊，到底是你喜欢上人家了？还是大老刘说你们俩合适呢？有你这样表白的吗？"

　　终于，又到了周末，我们按照大老刘安排的时间和地点再次相约。一见面，我便鼓起勇气，按大老刘教我的一股脑儿全说了。她一边听，一边坏笑着。这时，我才突然意识到，她可能早就喜欢上我了，只是故意为难我这个天性木讷的人。"从你把'福州'说成'湖州'的那天起，我就关注你了，普通话先生。"她回应我的言语很调皮，但神情羞涩而认真。

从那以后，我俩很快坠入爱河。但这期间，我们的交往不仅没有影响学习，双方的考试成绩比之前更好了。在那个年代，一方面学校反对学生谈恋爱，我们生怕学习成绩下滑被学校发现；另一方面我们深知上大学的机会来之不易，不能因恋爱而荒废学业。当然，对我来说，还有一个更直接的原因，就是想用更好的成绩来证明我和她的般配。

大学毕业后，我们各自被分配回原籍。她去山西财经学院教书，我被分配到福州市政府办公厅。四个月后，我们在她老家领取了结婚证。再后来，为了我和孩子，她从山西南下福建，由大学老师转型为国家公务员。在省政府办公厅工作十五个年头后，她又弃政从商，忙得不亦乐乎。

与老伴相比，我比较安于现状，在公务员岗位一干就是几十年，主要协助市领导分工负责对外经贸工作。退休后本该回归家庭，但因领导的信任，又挑起本市扶贫基金会理事长的担子。

一晃快四十年了，这些年每次参加同学聚会，同学们都少不了加盐调醋地对我们的恋爱过程和细节进行演绎。这时候的我，表面傻傻的，内心却在尽情地享受、回味着。

"老话说，千里姻缘一线牵。你说，当年抛给我们姻缘红线的，到底是传说中的月下老人？还是母校兰州大学？"老伴问。"还有，1977年我俩的考分都上线了，体检也都通过了，咋就都落榜了呢？"她自言自语。"别琢磨了，肯定是因为我俩当时没有报考同一所学校呗。"我和她开玩笑

地说。"是啊，没有兰州大学的栽培，哪有我们俩的今天呢！早知道的话，我们1977年就应该报考兰州大学。"这是我们收到母校110周年庆典系列活动"最美爱情故事征文"的邀请后，老伴和我的对话。看得出，她不仅对自己当年的选择非常得意，而且对母校充满感激之情。

就在这天，我们俩作出决定：第一，无论多忙，都要回母校参加110周年庆典活动；第二，从我们俩并不多的积蓄中拿出一部分作为捐款，为母校进一步发展尽绵薄之力；第三，响应本次征文活动的号召，把我们俩的故事讲给大家听。

夫妻简介：

胡孝辉，1979—1983年，兰州大学经济系政治经济学专业（本科）

祝　芸，1979—1983年，兰州大学经济系政治经济学专业（本科）

北方的她，南方的他
从同窗到夫妻相知相伴 40 年
——"我是被他用小鱼小虾收买的"

文／兰州晨报·掌上兰州首席记者武永明

一个班 50 个人，只有 5 名女生，可同班恋爱结婚成家的就有 4 对，胡孝辉和祝芸就是其中的一对。巧的是，这对"50 后"伉俪都是 1977 年第一次参加高考，但由于种种原因未能遂愿，直到 1979 年高考双双以各自所在县文科第二名的成绩考入兰州大学。40 年后，他俩在兰大 110 周年校庆系列活动"最美爱情故事"网络评选中以 59205 票夺得第一名。

牵手校园　相爱一生

祝芸，出生于山西省闻喜县一个小村庄，1974 年高中毕业。上大学前是那个村的团支部书记、民兵营教导员、妇联主任，同时兼任小学教员。1979 年以全县文科考分第二名的成绩被兰州大学经济系政治经济学专业录取。

胡孝辉，出生在福建省三明市一个小县城，1972 年高中毕业后到福建一个偏远山区插队，1975 年调入当地一家兵工厂工作，1977 年首次参加高考，成绩达到了录取线并通过了体检，但未被录取。1979 年再次高考也以全县文科第二名的成绩被兰州大学录取，和祝芸编在同一个班。

"1979 级新生军训课间隙，几个北方男生总挤对我的普通话，我很不服气地争辩道：'我的普通话在我们湖（福）州是最标准的'。对于第一次从南方来到北方的我来说，压根没有意识到'湖'和'福'有什么区别，所以也没太在意几个男生的反应。但没想到的是，这句话却引起了旁边一位女生的格外关注，她不仅笑话我普通话讲得差，还说不明白我的自信来自哪里。更没料到的是，这位女生后来竟然成了我的恋人、妻子、老伴！"现在福州的胡孝辉接受记者采访时如是说。

看得出，他对自己当年的选择非常得意！"我们七九二班总共 5 名女生，其中 4 名是在兰大读书期间与同班同学谈恋爱并最终结为夫妻的。还有一对，女生是我们班男生从七九一班追来的。他们当中有教授、博导、司局长、企业高管，各个事业有成，家庭温馨，幸福感满满。母校 110 周年校庆期间，我们这五对都会一起重返校园，重温母校给予我们这代人的点点滴滴。"

"俗话说，千里姻缘一线牵。我在想，当年抛给我们这五对莘莘学子姻缘红线的，到底是传说中的月下老人呢，还是一起求学的兰州大学呢？毫无疑问，是后者！"祝芸深情地回忆说。

"妹妹"成了爱人

刚入学那会，祝芸和胡孝辉经常在晨读的林荫小道上遇见。周末或节假日也会在阶梯教室、图书馆的某个角落碰到，但见面后也就是打个招呼、寒暄几句。

不知道从什么时候起，他开始关注她：1 米 6 左右的个头，黑黑的，瘦瘦的，泛白的"劳动布"衣服上镶嵌着椭圆形补丁，两根马尾小辫扎得很认真。考试对她来说好像很轻松，入学第一次考试，政治经济学老师就拿她的试卷作为范本给全班同学讲解，哲学课期末考试后，她的成绩在两个班100人中排第一名。从大二开始，学校优秀三好学生表彰栏里有了她的照片，校园广播里也播报过她的事迹。最主要的是，他的衣服破了，她会一针一线帮他补好，而且针脚细而匀。快到月底了，她会把自己节省下来的粮票送给他和其他有需要的同学。

他家里四个兄弟，没有姐妹。但从那时起，他感觉好像天上掉下了个妹妹。"说真的，那时我很想认她做妹妹。有了这个念头后，我就变着法子回馈于她：主动帮她做个书架、衣架什么的，开学或放假时主动到火车站接送她，从老家带些小鱼、小虾、紫菜啥的送给她一些。到大三时，我对她感情发生了微妙变化，如果哪天没有在以前经常碰到的地方遇见她，或者发现她没有来上课，便会感到不安；虽然约了一大帮同学一起外出游玩，但我心思却总在她那里。还有，偶尔单独和她在一起时，却又不知道该说些啥，而且心跳加快。"胡孝辉说。

以至于后来老伴总是对朋友说："我是被他用小鱼、小虾收买的！"

他已经喜欢上这个北方女孩了，并非哥哥喜欢妹妹的那种。一个周末，他俩相约。一见面，胡孝辉鼓起勇气表达了自己的感情，祝芸边听边笑。

"从你把'福州'说成'湖州'的那天起，我就在关注你了，普通话先生！"她回应他的言语很调皮，但神情羞涩而且认真！自那以后，两人很快坠入爱河。

欠爸一个研究生女婿

"有一年，年夜饭刚端上桌，我便对我妈说：'我们班有个同学没回家，在学校过年。'我妈问：'为什么？'我说：'他家在福建，很远，火车票太贵，也买不到。''可怜的孩子，明年你把他带到咱家过年。'我妈嘱咐我。"祝芸用极简的语言对记者说。

大学毕业前，祝芸把他还有另外两个同学一起带到她家玩，并凑到妈妈跟前说："普通话说不好的那个就是我以前跟您说过的福建同学，我在和他谈。"

妈妈没有明确反对，只是嘱咐她："这可是终身大事，得说通你爸才行！"爸爸当时是闻喜县一所特殊教育学校的校长。

"你俩的事我听说了，虽然现在提倡自由恋爱，可是你俩一个分配到太原，一个分配到福州，将来日子怎么过？"她爸问。他好像看出了她的胆怯，抢先回答："我们俩已经商量好了，一起考研究生，到时候就可以分配到一个地方了。""哦，这也是个办法！"爸爸一向喜欢读书上进的孩子，一听说未来的女婿有考研究生的打算，立马就同意了。

"1984 年元旦我俩结婚了。从那天起，我脱离了妈妈的庇护，过上了'嫁鸡随鸡'的日子。"祝芸哽咽着说。

婚后，她回到山西财经学院继续教书；他仍在福州市政府办公厅工作。其间，她曾按答应过父亲的，认真考过一次研究生，但没考上。而他，因为工作太忙，没考！

"虽然我爸此后再没提研究生的事，但在我内心，总有一种欺骗了我爸的愧疚，一直到我后来被福建省委党校研究生班录取，才多少有点释怀，但至今仍然觉得欠我爸一个研究生女婿。"说这话时，祝芸很是自责。

婚后，因工作和家庭原因，他们聚少离多，但恩爱有加。她为了他和他们的家，不仅背井离乡从山西调到福建，而且还一次次放弃自己喜爱的工作。退休前，她在当地一家知名企业任副总裁，因业绩突出，先后被授予省级"三八红旗手"和"巾帼标兵"等称号。而他，在公务员岗位一干就是 33 年，退休后还挑起了市扶贫基金会理事长、大型调水工程协调人的担子，分文不取，乐在其中。

"一晃都 40 年了，每每想起我们在兰大的那些日子，都有说不出美的那种感觉。"祝芸回忆说。

（《兰州晨报》2019 年 8 月 7 日 A06 关注）

夫妻简介：

胡孝辉，1979—1983 年，兰州大学经济系政治经济学专业（本科）

祝　芸，1979—1983 年，兰州大学经济系政治经济学专业（本科）

爱情的化学反应

文／张瑞星

　　徐忠、王安萍是这次参加兰州大学110周年校庆集体婚礼的一对结婚30周年的校友夫妇。他们都来自1987届兰州大学化学院分析化学专业，是曾经的同窗。

　　化学，是一门变化多端、五彩缤纷的学科。他们的爱情也像化学反应那样奇妙。那时的生活条件还没有现在这么优越，娱乐设施也不像今天这样完善，学校更不允许谈恋爱。他们认为，在大学里应该一切以学习为重，但如果谈了恋爱，就必须保证自己的学习比之前更好。平时他们抽出时间来到黄河边散步，伴着河流的清风，体验爱情的美妙。周末的时候，他们常去白塔山、五泉山游玩，锻炼身体，感受爱情的活力。

如果有空闲，也会一起去校外改善伙食，提高生活质量。最浪漫的时光，就是抓住少有的看演唱会的机会，让爱在音乐中产生化学反应。

在和他们相处的一天中，最令我感慨的是，他们勤俭节约的优良品质和相互照顾的平凡举动。在化妆室内，当徐忠师兄拿出前一日还没有吃完的饼时，我感受到他们平时生活中勤俭节约的优良品德。更令我感动的是，由于师兄有鼻炎，不能判断食物是否变质，师姐帮他闻了闻有无异味之后，才放心地让师兄继续进食。

他们之间的爱情像一种长时间的化学反应，虽然每日的变化很小，但长久以后定会发生质的改变。

夫妻简介：

徐　忠，1983—1987 年，兰州大学化学系分析化学专业（本科）

王安萍，1983—1987 年，兰州大学化学系分析化学专业（本科）

毓秀湖边携手行，只做鸳鸯不做仙

——结婚 30 年有感

文／马鹏程　吴增颖

　　如果爱是一场修行，我愿化成一座石桥，时时刻刻在你必经的路上，无论阴晴雨雪都为你等待，每一粒小石子都是我深情的凝望。

　　妻子吴增颖是兰大一院心内一科主任、主任医师。2019 年是我们纪念"珍珠婚"的特殊年份。30 年，在人的一生中不算太长，也不算太短。但 30 年的婚姻在人的一生中，绝不能说它是短暂的。这 30 年，满载着一路的艰辛，蓄积着满怀的感念，流淌着一生的温暖。

　　1983 年秋天，我考入当时的兰州医学院医疗系学习，认识了同班同学吴增颖。开学报到后不久，同学们逐渐熟悉，好多人见面都不叫名字

了，要么用绰号，要么叫昵称。我被叫成"老马"，吴增颖被喊成"老吴"。在5年的学习生涯中，我们从相识、相知到相爱，经历了许许多多坎坷的爱情考验。记得我们的相爱始于大学四年级，当时我感冒发烧，体温接近39℃，头痛、畏寒、乏力，我迷迷糊糊地在宿舍床上躺着。心地善良的她来宿舍看我，每天给我买药、打水、送饭、嘘寒问暖，直到我康复。她的细心和友爱让我感动，心生爱恋。直到现在，我依然对1987年元旦晚自习后，回宿舍的路上向她求爱的情景历历在目。此后，医学院图书馆和兰州大学校园的林荫小道上，多了一对散步的恋人。毓秀湖边的白石见证了我们深情的身影，积石堂边的松树附和过我们的喁喁私语，白色回廊里的藤蔓陪伴过我们月下漫步。

1988年毕业，我留在兰州医学院第一附属医院泌尿外科工作，她被分配到白银公司职工医院。她的主任给她介绍了一位家境殷实的对象，而当时我家住在甘肃偏僻的农村，家境贫寒，既没有住房，也没有存款。她婉言谢绝了主任的好意，依然选择了我。不久，我作为讲师团成员去平凉卫校任教，在这一年里，我们鸿雁传书，相互鼓励，感情日益加深。返回兰州后，我们很快结婚了。我们没有举办隆重的婚礼，只花了200元在农村老家举办了一场简单的婚宴。我们结婚后没有房子，她和同事住在白银公司职工医院的单身宿舍，我住在兰医一院的单身宿舍，甚至孩子出生后，她娘俩还住在单身宿舍。直到1995年，儿子5岁了，爱人调回兰医一院心内科工作后，我们有了一间十几平方米的简易平房，一家三口才有了真正意义上的家。又过了5年，我们分到一套60多平方米的旧楼房。

想起当时我们工作在两地时，爱人从白银到兰州来看我，为了节省1毛钱的车费，宁可抱着孩子乘4毛钱的4路车从西关十字到兰医一院，都不舍得花5毛钱坐"招手停"。每次想到这些，我常情不自禁地暗自落泪，既幸福又心酸。

有人说，爱情是花前月下的窃窃私语；也有人说，爱情是激情燃烧的岁月；还有人说，爱情是油盐酱醋、锅碗瓢盆居家过日子。而我觉得，爱情是一种缘分、一种迷恋，更是一种责任、担当和包容。当你生病时，爱情是一杯热乎乎的姜汤；当你烦恼时，爱情是一句得当体贴、善解人意的

问候。寒冷冬天的夜里，爱情是一双为你盖上被子的手；淫雨霏霏的天气里，爱情是一把及时给你打开的雨伞；简单平凡的日子里，爱情还是隔三差五地争吵与磨合……

有人说夫妻相处久了，爱情会慢慢变为亲情，少了激情与浪漫，多了柴米油盐的平淡，感觉是自己用左手摸右手。其实，爱情往往是平凡的，最长久的爱情，绵延在日复一日、年复一年柴米油盐的陪伴中。在吵吵闹闹的拌嘴中，爱情才会变得有浪漫情调，情感随之越久越浓、越久越醇、越久越恋。两个人一辈子相濡以沫的生活，才是紧紧攥在手中最真实的幸福。所以我认为：爱情是艺术，婚姻是生活。

医务工作者的职业具有一定的特殊性，他们无暇与其他人一样享受节日的美好时光。面对父母、孩子和家人，他们往往会有更多的愧疚。我和妻子作为兰大一院生殖医院和心内科的工作人员，忙碌的工作和生活使我们没有其他人的浪漫和激情，但我们仍然真心相爱，充满甜蜜。说实话，我在情人节从来没有给妻子送过鲜花和礼物，我们之间也没有任何表白，但我们很默契，依然能够执子之手，与子偕老。

工作中的相互支持和鼓励，能充分体现夫妻之间的深厚感情。作为医生，我和妻子永远牢记母校教诲"健康所系，性命相托"，我们始终严格要求自己，对工作认真负责，兢兢业业，恪守着全心全意为患者服务的宗旨；对专业技术精益求精，不断学习和提高，以便为患者提供更优质的服务；对患者不分贫富贵贱、地位高低，均一视同仁；对同事坦诚相待，相互支持；对学生严格要求，育人为先，教学相长。在工作的 30 年里，我们经常加班加点，超负荷工作。每当面对危重病人，我们在积极治疗的同时，总是去安慰他们，鼓励他们与疾病作斗争；面对情绪激动的病人和家属，也能做到换位思考，心平气和地解释。正是基于多年的努力、坚守以及我们夫妻之间的理解与默契配合，使我们在工作中能够互相帮助、互相鼓励，30 年来在医疗工作中平安顺利，没有医疗事故发生，受到患者和家属的好评。对于工作的热爱和尽责，使我们觉得踏实，不负母校栽培。

作为夫妻，对双方父母的孝顺，诠释着我们的爱情箴言。我父母年近 90 岁高龄，和我们夫妻在一起生活近 20 年。我爱人作为儿媳，非常孝顺我的父母，经常给二老洗衣做饭，将他们的生活打理得舒心适意。我母亲身体不好，患有严重的支气管哮喘，多次出现生命危险，均在我和妻子的照顾下转危为安。我岳父岳母也 80 多岁了，岳父因肺心病、Ⅱ型呼吸衰竭、肺性脑病多次住院抢救，在我们夫妻和其他子女的孝心和爱心的召唤下，也屡渡难关。

　　适逢母校 110 周年校庆，在 110 对学子相聚母校、举行集体婚礼的隆重时刻，我想当着所有人的面，大声地对你说：感谢你，妻子，只有你能与我同甘共苦，相濡以沫；感谢你，爱人，赐予我调皮又懂事的儿子，他是我们生命的延续；感谢你，老婆，能够悉心照顾我们的父母数十年，为我分忧解难，让我安心工作。在这 30 年里，只有我知道你受过多少委屈，吃过多少苦，也只有你不嫌弃我的贫穷和寒酸，为了我们一家人的幸福，无悔无怨，辛勤地工作，默默地奉献，给了我一个温暖幸福的家。30 年的婚姻慢慢地走向平实，只要有爱，只要心中永远怀有 30 年前的那份坚持，我们还会有下一个 30 年。同时，也感谢母校让我们有相识、相恋、相爱的缘分，我们忘不了毓秀湖，忘不了积石堂，更忘不了在校的一幕幕。

　　爱人，我是你必经道路上的一座石桥，风里雨里伴你走过，石子与你相触，每一步的摩擦，都是我们的呢喃细语！

夫妻简介：

　　马鹏程，1983—1988 年，兰州大学医学院（原兰州医学院）医疗系（本科）；1988 年至今，兰州大学第一附属医院（工作）

　　吴增颖，1983—1988 年，兰州大学医学院（原兰州医学院）医疗系（本科）；1995 年至今，兰州大学第一医院（工作）

从同班同学到恩爱夫妻
他们相恋相爱32年
——"现在看来，我是嫁给了爱情"

文∕兰州晨报·掌上兰州首席记者武永明

"如果爱是一场修行，我愿化成一座石桥，时时刻刻在你必经的路上，无论阴晴雨雪都为你等待，每一粒小石子都是我深情的凝望……"这是兰大一院生殖专科医院副院长马鹏程给爱人——兰大一院心内一科主任吴增颖诗一般的绵绵情话，这对相识相知36载，相恋相爱32年的大学同班伉俪，今年8月3日迎来他们的珍珠婚纪念。

两人不仅入选参加兰州大学110周年校庆校友集体婚礼，而且在校庆系列活动"最美爱情故事"评选中脱颖而出摘得第一名，赢得前往普吉岛浪漫双人旅行大奖。

大胆表白："我们两个谈对象，怎么样？"

1983年高考，来自甘谷的马鹏程和来自靖远的吴增颖双双被原兰州医学院医疗系临床医疗专业录取，而且是同班。

"开学报到后时间不长，也不知道怎么回事，班上好多人见面都不叫名字了，要么用绰号，要么叫昵称，我被叫成'老马'了，吴增颖被喊成了'老吴'。"马鹏程说。

凭借大一第一学期各科优异的成绩，大一第二学期马鹏程就当上了班长。"那时马鹏程给我的印象仅仅是这人'很凶'，经常摆出一副班长威严的架势'震慑'同学。我心想：谁要是嫁给这个男人，真有点倒霉！"吴增颖说。

此后的几年，两人各忙各的。只不过大家在一个班上，时间久了也就慢慢熟悉了。

"我们相爱始于大四，记得有一次我感冒发烧近39度，住院了。心地善良的吴增颖接连好几天给我打水送饭，嘘寒问暖，直到我康复出院。她的细心和爱心让我有了依恋。"马鹏程说。

大四一次晚自习上，马鹏程主动帮吴增颖占了个座位，这一举动被同学们起哄："老马，老吴这人挺好的，你要追她！"

1987年元旦晚自习后回宿舍的路上，原本走在吴增颖后面的马鹏程三步并作两步，上前挡在了吴增颖面前。

老马：老吴，请等等！

老吴：老马，有事吗？

老马：咱们班同学都说咱们两个是天生的一对，地造的一双，我们两个谈对象，怎么样？

老吴：那我过年回去的时候问一下我爸。

老马：好吧，希望听到好消息！

"老马"和"老吴"就是从那时候起"粘"在了一起，兰州医学院图书馆和兰州大学校园的林荫小道上多了一对散步的恋人，毓秀湖边的白石见证了两人深情的身影，积石堂边的松树聆听过他俩的喁喁私语……

上门提亲：几句话"摆平"未来老丈人

"那个年代，女孩子谈恋爱，必须征得家长同意后才能考虑，确定相恋后就是奔着结婚去的！"吴增颖说。

过完春节返校后，听到吴增颖"我爸说我的对象要找靖远本县的"回复后，马鹏程撂下一句"那就算了！"转身就走。

此后的日子，马鹏程越是想静下心来复习考研，就越想吴增颖对他的好，像着魔了一样无法摆脱。"这事要是不彻底解决，我就没法安心复习考研！"马鹏程与吴增颖商量后决定赴靖远见一次未来的老丈人。

1988 年 5 月，在靖远见到身高 1.84 米的"吴叔"后，家庭经济条件方面的巨大差距让马鹏程多少有些不自信，但他定了定神鼓足勇气说："吴叔您好！听说您对我和小吴的事有些想法和顾虑，因为我们还年轻，考虑事情不成熟不周到不全面，这次来就是征求您的意见……"

"我原则上不反对你们的事，如果你们毕业之后分配不到一起怎么办？"马鹏程听到"吴叔"这话后顿觉"有戏"了，"在您眼里我们还小，但我们已经 25 岁了，考虑问题比较成熟比较周到比较全面，如果分配不到一起，那就她去哪？我就去哪！"马鹏程的对答让"吴叔"当场没刺可挑，留下一句"如果这样的话就行"的话，出门买来一纸箱鸡蛋给马鹏程煮着吃。

"吴叔"出门后，得意的马鹏程拍着吴增颖的肩膀说："摆平了！"

"此后，我也去了一趟马鹏程的家，啥都没有，一家人住在窑洞里，土炕上铺着一张席子，一家老小盖着两床被子……不过，我看重的并不是他家的条件，而是他这个人诚实、聪明、善良、可靠。"吴增颖说。

相亲相爱：此心安处是吾乡

1988 年 7 月大学毕业，马鹏程留在了原兰医一院，吴增颖被分配到了白银公司职工医院（现白银市第一人民医院）。从此，白银和兰州之间的往返成了两人的日常，这样的两地分居生活持续了七年。

1989 年 8 月 3 日，马鹏程和吴增颖结婚了，没有隆重的婚礼仪式，没有钻戒，没有房子，只花了 200 块钱在马鹏程老家办了个简单的婚宴。

大喜的日子，吴增颖穿着自己花 30 元买来的红色连衣裙，除此之外再没有一件新衣服。

完婚后，吴增颖返回白银公司职工医院，继续和同事住单身宿舍，马鹏程住在兰医一院单身宿舍。1990 年 9 月儿子出生后，吴增颖娘俩仍在单身宿舍住。直到 1995 年儿子 5 岁，吴增颖调到兰医一院心内科工作后，一家三口才团聚，挤在十几平方米的活动板房里。

简陋的"房子"不隔音，四处漏风，冬天冷夏天热，还容易招引老鼠、苍蝇、蚊子，晚上睡觉常有老鼠从脸上爬过。两口子白天上班，儿子就被反锁在"房子"里。

2000 年，他们终于有了医院提供的 76.8 平方米的旧房子，简单装潢搞完卫生后的第二天就搬进去了，油漆味还很重。"在活动板房里住了很多年，一下子搬进楼房，有一种一步登天的感觉。2015 年再次搬进 120 平方米的新居时，15 年前那种强烈的归属感反倒没有了。其实，最重要的不是住了多大的房子，而是一家人相濡以沫的时光。记得大学五年，马鹏程唯一一次请我吃饭是在会宁路的一家牛肉面馆，一碗一毛五的牛肉面，最后还是我掏的钱，因为他兜里没有一分钱。他刚工作第一个月发了82.5 块钱的工资，平生第一次见这么多钱，30 块钱还了账，剩下的扯了布料给双方父母每人做了一套新衣服。"吴增颖说。

最让两人欣慰的是，双方的四位老人仍健在，儿子学业有成刚结婚，虽不是大富大贵之家，但一家人和和睦睦，相敬如宾，充满甜蜜，这是最大的幸福。

婚礼愿望：好想大声说爱你

有人说，爱情是花前月下的窃窃私语；也有人说爱情是激情燃烧的岁月；还有人说，爱情是油盐酱醋锅碗瓢盆居家过日子。但在马鹏程、吴增颖夫妇看来，爱情是一种缘分、一种迷恋，更是一种责任、担当和包容。

"我希望嫁给爱情，希望有一个人一生一世对我好，希望他有责任感……现在看来，我是嫁给了爱情。"吴增颖满脸的幸福。

一辈子没有当着吴增颖的面说过情话的马鹏程有个想法：在 8 月 18 日集体婚礼当天，他要当着所有人的面大声对吴增颖说：感谢你，妻子，只有你能与我同甘共苦，相濡以沫；感谢你，爱人，赐予我调皮又懂事的儿子，他是我们生命的延续；感谢你，老婆，能够悉心照顾我们的父母数十年，为我分忧解难，让我安心工作。在这 30 年里，只有我知道你受过多少委屈，吃过多少苦；也只有你不嫌弃我的贫穷和寒酸，为了一家人的幸福，无悔无怨，辛勤工作，默默奉献。30 年的婚姻，在慢慢地走向归真和平实，只要有爱，只要心中永远怀有 30 年前的那份坚持，我们还会有下一个 30 年，再下个 30 年！

（《兰州晨报》2019 年 8 月 6 日　A06 关注）

夫妻简介：

马鹏程，1983—1988 年，兰州大学医学院（原兰州医学院）医疗系（本科）；1988 年至今，兰州大学第一附属医院（工作）

吴增颖，1983—1988 年，兰州大学医学院（原兰州医学院）医疗系（本科）；1995 年至今，兰州大学第一医院（工作）

今生陪着你一起走

文 / 张秀英

　　相爱是一场怦然心动的遇见。幸福就是当激情退去、容颜衰老，牵你的还是那双手，陪你的还是那颗永不回头的心，暖你的还是那份不冷却的情……

　　1983 年 9 月，带着对未来美好生活的憧憬，青春年少的我开始了新的人生历程。怀着此生甘当一名"治病救人好医生"的高远志向，我来到了兰州医学院（兰州大学医学院），开始了五年的漫长学习生活。我遵循妈妈的教诲：大学五年，一心读书，不想其他的事……我明白妈妈不让我在大学里谈恋爱。20 世纪 80 年代，人们思想普遍保守。谈恋爱俗称"搞对象"，还不是敢于见人的举动。作为一名大一年级的乖乖女，平静而忙碌的一年很快过去了。二年级中期，学校组织业余爱好文艺组，我买了一

把当时非常流行的吉他，报名参加。本想在努力学习之余，享受一下音乐带来的快乐，没想到在业余爱好文艺组里，我认识了此生唯一的他。共同的爱好使我们有更多的时间在一起，也有了更深的了解。相同的人生观、世界观、价值观使我们的心越走越近，被丘比特神箭射中的甜蜜时时围绕着我们。我喜欢他的儒雅、稳重、善良、少言。他喜欢我的纯真、活泼，还有一点儿调皮和小任性。就这样，爱情的美妙旋律奏响在我们在一起的每时每刻……

美好浪漫的爱情是每位青年男女都向往的，我和他也不例外。那个年代，人们的思想还很保守。我们去看电影时总是一前一后远远地走着，我们徜徉在爱的海洋里，享受着爱情的甜蜜。操场边、滨河路、皋兰山都留下了我们浪漫而幸福的脚印，教室里留下了我们共同学习求知的身影。青春洋溢的脸庞因爱情的滋润显得更加活泼。

一件精美的玉石要经时日的削刮打磨，方可称之为玉器。我们的爱情也理所当然地要经过亲人们的严格认定，才会有今天珍珠般的光彩。那时，我的家人坚决反对我们的交往，认为他是甘肃农村家庭出身，贫穷不说，还怕他大男子主义严重，怕我受委屈，吃苦受累。全家人苦口婆心地劝我，母亲甚至哭诉我不听话，要和我断绝母女关系。每个假期回家，母亲都苦苦相劝，以泪洗面。我的心被两头的"不舍"撕扯着，痛苦万分……倔强的性格使我坚决遵从内心的选择——从一而终。为了我，也为了我们的将来，他提着礼物，前来拜访说服我父母。全家人除我之外，没有人给他好脸色。那次，尽管家人们都不待见他，但执着的他用真诚、勤劳、善良的举动，打动了我父母的心。他帮忙劈柴、拉煤、砸煤，晚上当着我父母的面给我洗脚，剪趾甲……

后来妈妈对我说，这小伙子眼睛不大，看着心地善良，还透着一股机灵劲儿。只要他对你好，你跟着他，我们也就放心了。多少年来，每当想起这暖心的一幕，我感慨万分，心里总是暖暖的。如果没有他当初那份执着的爱和对爱情的担当，怎么能做到这些……

在那个物资匮乏的年代，由于他家生活拮据，结婚时，我们白手起家，一台小小的燕舞牌录音机是我们唯一的家用电器。为了节省费用，我们没有置办酒席，只是象征性地招待了娘家人及亲朋好友。对我们来说，能和所爱的人在一起蜗居是一种莫大的幸福。

20 世纪 90 年代，在繁忙的工作之余，为了贴补家用，擅长音乐的他在 KTV 歌厅吹黑管、打架子鼓，每天晚上 2 小时挣 10 元钱。一次他去外地出差，回来给我买了一条金项链，是由许多小鱼儿组成的，预示我们将来的生活定会年年有余。金灿灿的项链，光彩夺目，特别漂亮，当时市价 2999 元。当时我们的工资每月才 270 多元，那可是一个人 10 个月不吃不喝的积蓄啊！我责怪他乱花钱，他说从结婚以来，一直觉得很亏欠我。看着他充满深情爱意的眼神，我接下了这沉甸甸的爱的礼物。尽管以后有了许多价值昂贵的首饰，但在我心里这件最为贵重，因为那是铭刻在我心里的礼物。

作为一名医生，我要经常上夜班，还要进修学习，一家人常常聚少离多。节假日经常在工作岗位上，有好几个大年三十晚上我值夜班，他领儿子过来陪着我，抽空吃一顿团圆年夜饭。每当想起曾经的一幕幕，我的心里总会涌起一丝激动和伤感。

爱一个人，就要接受他的一切，包括他的家庭和家人，爱屋及乌，因为亲情是不可替代的。1997 年他老家要盖房子，当时我进修回来时间不长，家里又搬新房子，经济上不宽裕，家里没有太多积蓄，我二话没说借了 5000 元钱给婆婆。因为当时盖房子在农村是非常重要的事情。我这样做也减少了他的后顾之忧，好让他没有牵挂地去工作。

生活中的不愉快、烦心事，每个人都会有。彼此要懂得包容、理解、退让，有时还需要奉献。这是相亲相爱的夫妻之间必不可少的相处之道。

春去秋来，岁月流逝！如今我们已然年过半百，但仍是当年那对恩爱如初的夫妻，一路上收藏着点点滴滴的欢笑。相濡以沫的爱情和温暖的亲情陪我们走过了人生的 30 个春秋。多少年来，他的娇纵使我本来任性和无拘无束的性格更加有恃无恐，我已离不开他给予我娇宠。这就是和所爱的人在一起特有的待遇！

今生陪着你一起走！不在乎生活的困苦，不在乎曾经错过的一切，走过人生的每个路口。风雨同舟，慢慢到白头，到生命的最后！

感谢你一直把我当成手心里的宝……

夫妻简介：

王登廷，1983—1988 年，兰州大学医学院（原兰州医学院，本科）

张秀英，1983—1988 年，兰州大学医学院临床医学专业（原兰州医学院，本科）

三十载风雨，一路有你
东西部牵手，永结同心

文／戈延俐

　　命运总在不经意间安排着一切，在南开就读时我遇到了你，走近了你。因为有你，想要对你居住和生活的城市了解更多，我怀着好奇与喜悦的心情毅然决然地作了决定。毕业后，我们双双被分配到兰州大学工作，我终于可以站在父亲曾于兰州解放期间战斗过的土地上，成为兰州大学发展建设队伍中的一员了。

　　几经辗转，我们下了火车，刚一出站台，满眼的绿色让我欣然：没有想象中那么糟糕呢！临行前，老师同学们的提醒和劝阻都还历历在目，我还作了充分的思想准备。此情此景，怎能不让我喜出望外呀！后来听到骑着骆驼上学的笑谈，想起以往之事，我想我是以五十步笑百步了。

　　工作之余，我在领导、同事、家人的理解支持下，经过不懈努力，终于成为兰州大学经济学院金融学硕士研究生，彻底圆了早年间的兰大读书梦。

不知有多少个这样的周末，早餐过后，我牵着小儿稚嫩的小手，径直来到旧文科楼前那片开阔的草坪。我们找到各自的伙伴，或坐在暖阳里读书聊天，或相携相伴散步赏花，抑或嬉戏打闹，尽情享受着古朴校园带给我们的闲适、安逸。而此时的你，总是留在不足20平方米简易的教职工宿舍里紧锁双眉，或沉思冥想，或奋笔疾书，或认真做着读书笔记，或伴着灵感才思泉涌流于笔下。

不知有多少个黄昏时分，我们静静地散步于校园内的假山之上，你在斟酌酝酿着一行行诗句，我在仔细回味着一天来的点点滴滴。

不知有多少回，我认真地抄写你的诗句，把不经意间留下的错别字悄悄改过，把你发表过的千字文一一收集整理粘贴，形成一本本文集。我还曾把你的第一本诗集试着翻译成英文，尽管没有出版，但通过翻译，我走进了你想象的美丽世界。

你对自己总是那样的苛刻，有一个字不满意便要将全文丢弃，置死地而后生。经过不懈努力，你有越来越多的诗歌得以发表或结集出版，约稿不断。渐渐地，你开始获得各种奖项。尽管如此，桃李不言，下自成蹊，我最喜欢的还是你几年前得到的那个"德艺双馨"奖。

虽然你身上还有这样或那样的缺点，有时情绪化，但由于你的真诚善良，朋友们都很喜欢你，也愿意包容你，你总是慷慨地给予朋友各种帮助。

1991年，我们的爱情结晶诞生了，奶奶给他取了乳名"星星"，希望他的心灵能像天上的星星一样明净，照亮他成长的道路，也照亮别人。

儿子5个月时，我休假结束重返工作岗位。自此，他和我们一起住学生宿舍楼，一住就是9年。在这9年里，他的幼年、童年生活都深深地刻上了兰大的印记：他第一个触摸到的植物是喷泉边的龙爪槐；他第一次听到的动物的声音是水池边、湖塘里青蛙的叫声；他嬉戏时的第一块草坪是旧文科楼前那片曾经的草坪；除父母亲人外，他结交的第一个忘年大朋友和第一个球友，是就读于兰州大学和他同住一个学生宿舍楼的大学生球友；他的第一个幼儿园小伙伴是兰大子弟幼儿园曹姓小朋友，父母也在兰

大供职；他就读的第一所学校是兰大附属小学……

三十多年，一路走来，我们成了家，培育了下一代，也一起见证了兰大在历史变革中不断发展壮大。往事历历在目：1993 年，兰大职工可以由银行代发工资，随着生活水平的提高，教职工可以把暂时不用的部分工资自动存在银行个人账户中，按需支取，集中起来办大事。1996 年，兰大成为国家"211 工程"重点建设高校。1999 年，兰大举办了建校 90 周年校庆，校园面貌大为改观。2001 年，兰大成为国家"985 工程"重点建设的高水平研究型大学。同年，榆中校区正式启动，迎来第一届新生入学。2017 年，兰大成功入选"双一流"建设高校名单（A 类），化学、大气科学、生态学、草学 4 个学科入选世界一流学科建设名单，也迎来了"以本为本"的教育改革黄金期，学校的发展走进了新的时代。同年，兰大喜迎建校 108 周年，在热心校友的支持下为 108 对伉俪组织了集体婚礼。

2019 年是兰大建校 110 周年大庆，学校又选出 110 对校友夫妇，以集体婚礼的形式为母校共同庆生。适逢我们结婚 30 周年，既然是命运的安排，我们果断报名，为兰大送上生日祝福。

桑德伯格曾这样说："未来属于仍然愿意弄脏双手的人。"

我们愿以此共勉，不恋过往，不惧将来，为把兰大建设得更强、更美而努力奋进。

写给延俐

诗／蔡　强(古马)

冬　旅

年关近了
黄昏里次第亮起大红的灯笼

红光映雪，木栅低矮
炊烟熏醉山头的星星
醉了的，还有那明天将要合卺的新人
他们将要交换瓢中清水，庄重饮下
看见喜悦的泪花，出自对方眼中

大红灯笼的村庄，鸡叫前升起太阳的村庄
周围深山老林中
积雪压折松枝的声音一定令松鼠吃惊
人类的觊觎
一定令那沉睡千年的老参平添了几道皱纹

二十年前过此地
二十年后经此山
火车长长的嘶鸣提醒

那村庄并非我们的
村庄
那早已是山海关外白雪茫茫美梦一场

雁 滩

——忆旧兼示延俐

风吹果园
几个农民屁股下横着铁锹
坐着休息，卷烟，看云
看我们骑着自行车
万绿丛中身影高低起伏
衣襟飘飘，携带苹果、花梨花的香气
向着傍晚初升的又大又黄的月亮骑过去
一直兴奋地骑过去，直到炊烟招手链条掉了
直到雁声送玉，直到有一天我们回过头来
塔吊林立，吊车的钢铁长臂猛然把我们拎起
在半空，不知放归何处

小 桥

你可怜芍药不安
小桥边
蛙声起劲
要移种她到月亮上去
你可怜桥影
在黄昏水面不停发抖

花衣楚楚

蜉蝣造句

我可怜你

你可怜我

鱼　刺

海上有行船

明月

照着甲板

飞鱼追逐

呼啦啦化为银刺

好好梳一梳你被海风吹乱的头发吧
她说着，捉两架鱼刺
稍大者如梳子，稍小者如箆子，交你手里
转身走出早晨五点半钟的梦

你赶早起床刷牙洗脸煮牛奶
找一元零钱去挤公交车上班
你头发里确实有些瀚海的风沙
你的手指
远不如鱼刺精致善会梳理

黄昏散步的花园

我们遇见松鼠
翘着尾巴蹲在春天的草地上
享受一顿美餐
啄木鸟倏忽钻进一个树洞
那是什么树？
青青的枝柯迎接
遥远的星星，一颗，两颗
第三颗跃跃升起
在丁香
香雾潮湿的云鬟之侧

那时，在我们周围
松树、云杉、梧桐、槐树都肃清高大
召唤它们的影子
于钟声漾开的湖水深处

倒映在水上
痴迷地写着一生的诗句
垂柳在湖畔打捞灵感
亭子保持古人的耐心
见南山隐没于暮色当中

芍药是否依旧爱红脸
依旧爱和身边的石头窃窃私语

那时
小桥正在等待每日的再渡
我们同心牵领一个儿童
在小径交叉的花园里散步
星辰在苹果树上聚会
青春闪闪

夫妻简介：

蔡　强，1987—1991 年，兰州大学（学习、工作）

戈延俐，1987 年至今，兰州大学（学习、工作）

我们缘起兰大的故事

文／王海涛　王　豫

　　那是 1984 年秋的大学开学季。他从东北的名城沈阳，她从河北的小城宣化，分别来到西北金城的兰州大学，就读于数力系力学专业。他入学就担任班长，作风硬朗粗犷。她却是个有点娇傲的女生。大一、大二期间，他们在相同的教室上课，参加学校、系里组织的活动，比如聆听学术讲座、五泉山赏秋、黄河边的篝火晚会等。运动场上他的矫健身姿也曾吸引她的目光。但是起初他们仿佛两条平行线，在各自的轨道学习生活，交往很少。

　　改变是因为一次活动。1986 年年底，学校组织纪念一二·九学生运动大合唱，系里参加演出的歌曲是《黄河大合唱》和《校园里有一排年轻的

白杨》。她和他分别担任系里的男女声领诵,他们在排练中接触渐渐增多。糟糕的是,演出前她感冒了,声音有些嘶哑。演出那天,他的声音雄浑宽广,一出声就获得喝彩,而她的声音则有些暗哑。演出后,她很沮丧,他第一时间去安慰她,默默地准备了痰咳净……这些点点滴滴感动着她。

之后的日子,他们总能碰上。在上课的教室、图书馆、自习室,甚至食堂,他们的座位在有意无意间总是相邻。他和她去盘旋路吃牛肉面,偶尔也去兰州饭店奢侈一下。周末,他们一起去雁滩黄河边溜达,一路上,他们聊足球、聊电影、聊军事,或者去看场电影……日子就这样,突然过得快了起来。

1987 年 5 月,他们一起去古城西安,登西岳华山。在华山之巅,忘了是因为什么事,她和他吵架了。她小脾气上来,自己扭身跑下山。华山的北坡,地势极其险峻,她咬牙颤抖着下了山。终于在山脚下,他追上了她,紧紧拉住她的手。那一刻,她从他的眼中看到了焦急、担忧和隐隐的泪光,懊悔萦绕她的心头。心照不宣的他们恋爱了,自习室有了出双入对的身影,读书、复习考试也有了乐趣;他在运动场上踢球、打球如风车般奔跑时,她在场外加油助威;她上艺术体操课笨拙地蹦跳时,他乐呵呵地指导。他喜欢唱歌,她喜欢听他唱《故乡的云》。她喜欢唐诗宋词,喜欢诗词中的风花雪月,他以理工男的经典表情表示很难理解。

就这样，时光飞快地过去。转眼到 1988 年 6 月的毕业季。他是家中独子，要回到沈阳父母身边。她没有犹豫，随他来到沈阳，沈阳成了她的第二故乡。1989 年 9 月是沈阳城最美的季节，缘起兰大的爱情有了收获，他们结婚了。第二年的盛夏时节，儿子出生了。像所有的夫妻一样，他们有甜蜜有争吵，柴米油盐酱醋茶的日子倒也平淡充实。她开始喜欢唱歌，常常哼唱的是："我能想到最浪漫的事，就是和你一起慢慢变老，直到我们老得哪儿也去不了，你还依然把我当成手心里的宝。"

虽然他们毕业离开了兰大，但是每年辽宁兰大校友会的活动，让他们始终觉得母校并不遥远。每年的校友会，他们回忆校园的点滴，新加入的师弟师妹们也会介绍母校的发展变化。儿子渐渐长大，他们带着儿子参加校友会的活动，去绥中爬古长城，北陵公园野餐聚会……在辽宁的山水间回忆兰大的校园情缘。儿子也喜欢兰大，喜欢校友会的大伯、大娘、叔叔、阿姨、哥哥、姐姐，以父母毕业于兰大为荣。兰大"勤奋、求实、进取"的优良学风，"海纳百川、兼容并蓄"的博大胸怀，"直面清贫、乐于奉献、淡泊名利、严谨治学"的人格风范，"兰大人自强不息不慕虚荣，举一隅而雄天下"的奋斗精神，也浸润在他们的工作和生活中。

得知母校 110 周年的校庆将举办校友集体婚礼活动，他马上记下报名时间，告诉她一定要报名参加。得知入围的消息后，他们兴高采烈地把这个消息分享给亲朋好友，几个好朋友当即表示要去做"随行记者"，去现场见证他们的幸福时光。他还制订了健身计划，决心减掉小肚腩，用最好的状态重回爱情开始的地方，一向不解风情的他开始期待这场浪漫的聚会。

2019 年 8 月，在离别母校 31 年后，他们一起回到母校。曾经的 5 号楼、6 号楼已经改成研究生公寓，楼前的羽毛球场地依稀可见。熟悉而又陌生的校园，对他们而言是那么亲切。

母校举办的集体婚礼，让他们收获了太多的感激、感动和憧憬。他们穿着华贵的汉服，重回黄河母亲雕塑，站在黄河游轮上，看着白塔山、金城关、清真寺，看着远处的皋兰山隐隐的翠色、黄河边崛起的高楼，兰州在古朴中透出灵秀的气息，让他们感慨万千。集体婚礼热烈又隆重，饮水思源、红毯秀、夫妻对拜、同饮合卺酒，比 30 年前的婚礼还要喜庆庄重。看着满头银发的耄耋夫妻，他们也在感叹自己的金婚、钻石婚。

这段时间，他们回顾 30 年的婚姻，从刚开始的 1 年、2 年、10 年、20 年到 30 年，其中的每一步都和珍珠的形成何其相似。珍珠是砂砾进入贝壳，慢慢被包裹而形成的珍贵物品。而夫妻两人刚刚结婚时，有很多不适应和需要磨合的方面，生活中也会有争吵，但是通过互相包容与磨合慢慢走到今天。彼此经过挑剔、冲突，到相互适应、融合，暴脾气被柔情所覆盖，琐碎与幸福缠绕，这 30 年的婚姻真是弥足珍贵。珍珠婚，是对结婚 30 年最好的比喻吧。

相识 35 载，岁月的车轮碾过了上万个日日夜夜。春夏秋冬，流年的轮回送走了晨风暮霞，似水年华。青春的脚步渐渐苍老了容颜。在时光的流逝中，他们越来越知道：越是平凡的陪伴，就越长久且快乐，在一起比什么都重要。所谓"执子之手，与子偕老"并不只是随着日子的推移，两个人都白了头那么简单，而是彼此是对方心里的唯一，最终修得"不分离"。

夫妻简介：

王海涛，1984—1988 年，兰州大学数力系力学专业（本科）

王　豫，1984—1988 年，兰州大学数力系力学专业（本科）

一生相伴

文／陕雪梅　谢小冬

　　那一年的夏天，我毕业了。曾经幻想过去国际贸易的平台，在充满竞争的外企谈判桌上与对方力争高下的场景都没有发生。我阴差阳错地成了某个成人高校的英语老师。

　　再一次走进兰大的校园，这所我梦寐以求的高等学府的时候，不是以兰大学子的身份，而是一名游客。这种身份上的差别，让不自信写满年轻的脸庞。对于身边谈笑而过的兰大学子们的羡慕，对于当年以几分之差与兰大失之交臂的遗憾，让每次走进兰大校园的我感慨万分。上班以后，工作没有任何压力，对前途、事业的迷茫让我在无所适从的时候，就逃到兰大校园找本科时的好友排遣，而她当时已经是兰大的研究生了。周末，我

们在她的宿舍消磨时光，每每谈及学业、实验、学科的竞争以及对未来的憧憬时，我的心久久不能平静。

有一天中午，我在食堂等好友下课来就餐的时候，突然听到隔壁桌的一个男生急促地说道："谢博，还有 10 分钟你的电泳时间该到了。""好的，我马上就出发。可惜了，饭还没有来呢。算了，我先去做实验了！"一个浑厚而富有磁性的声音传进我的耳朵，那声音极其好听，让人不由得回头看，只瞥见一个穿着白大褂的身影从我身边匆匆而过。一看就是那种投身科学实验的研究生，我又一次被兰大的学习氛围所感动。

人与人的缘分有时候很难说得清、道得明。不久后的某个周末，在好友宿舍楼道里我再次听到这声音，这个富有磁性声音的主人竟是好友隔壁宿舍的谢博士！在厚厚的镜片下，一双眼睛闪着睿智的光芒，不善言辞却彬彬有礼。

以后的日子，在不经意的相遇和好友的刻意撮合下，加上我们都是回族，我们的交流慢慢多了起来。我通过一个声音，认识到了一个投身科学研究、忘我工作的拼命三郎。他是一个沉稳而又善良敦厚的人，是一个完全不一样的存在。在过去 25 年的生命里，我从来没有见过一个人为了科研，从早到晚泡在实验室，废寝忘食，甚至忘了时间……从对科学工作者的欣赏，到对他的同情，后来竟变成对他的心疼。一起在校园漫步的时候，他会滔滔不绝地给我讲他的论文构想、他对未来的憧憬、他的远大抱负以及实验进展停滞不前的苦闷……而我也在他的鼓励之下，终于成为一个真正的兰大学子。

我在他的面前变得沉静，寻寻觅觅的脚步不知不觉慢了下来，最后停留在他的身边，终于在兰州大学 90 年校庆的时候，我们的爱情也水到渠成。步入婚姻的殿堂后，我变成了某人的妻子，某个孩子的母亲，变成更多年轻人眼里温柔宽容的老师。20 年弹指一挥间，我们一起经历了生活的风风雨雨，也一起欣赏过世界各地的风土人情，为了生活中的鸡毛蒜皮吵过架，为了孩子的成长流过泪，为了他的不谙生活之道而恼怒过，为了他只顾忘我地工作而生气过，甚至怀疑过当初的选择。可当回首往事，我知道我们已经长成盘根错节的两棵树，成了对方的生命。

他每天还是只记得工作，但我终于理解了他的沉稳不仅是他的性格，

也是兰大人的个性。不管遇到多大的困难，他总是默默地迎难而上，从不抱怨；不管遇到多么复杂的事情，他总是胸有成竹地化繁为简又淡然处之；他总会在我急躁不安的时候，告诉我"别急，慢慢来"；在我家的大门贴上用一号字体写的纸条"记得带钥匙"；在我急匆匆奔向机场的时候，他总会默默地把家里的水电煤气都关好。

我们一个似火，永远不知道下一刻会烧到哪里；一个似水，永远沉静，并慢慢把火的温度降下来，有时候会降到冰点。你说我们是水火不容吗？不，我们是水火相融！

恰逢母校 110 周年校庆，我们有幸被选中参加 110 对兰大学子集体婚礼庆典。婚礼的每一个环节都让人心潮澎湃，尤其看到同来参加集体婚礼的一对结婚 60 周年的"钻石婚"校友时，看到白发苍苍的老人相互搀扶着走进婚礼现场，我的眼眶湿润了，或许这就是爱情最美的模样。他紧紧握着我的手说："40 年后，咱们争取也来参加校庆，到时候我们也是钻石婚啦！"

夫妻简介：

谢小冬，1988—1992 年，兰州大学生物系（本科）；1995—1998 年，兰州大学生命科学学院（硕士）；1998—2001 年，兰州大学生命科学学院（博士）；2006 年至今，兰州大学遗传学研究所（工作）

陕雪梅，2003—2006 年，兰州大学外语学院应用语言学专业（硕士）

劳动使你我更亲近

文／刘飞燕

迟方旭与尹彦芳校友相识于那个曾经毫无绿色，而现在生机盎然的皋兰山。在他们为皋兰山辛勤播种、增添绿色的时候，也点缀了彼此灿烂幸福的人生。

当时，伴随着新世纪的到来，一对因孜孜求学而相聚于兰州大学法学院的姻缘，含苞待放。如果没有步履维艰的黄土坡，没有团结友爱的集体劳动，没有师姐的娇弱，没有师兄的勇敢，这一段美好佳缘或许会迷失在繁杂的日常生活中，姗姗来迟。幸好，一切都按上天注定的那样蹒跚前行着！

当一个从城市来的小姑娘拎着沉重的植树工具，爬上没有石阶的土坡去植树、浇水时，内心的无助感可想而知。庆幸的是，有那么一个人将她

的难处看在眼里，并为了减轻她的难度而付诸实际行动。他不顾自己承受的重量，义无反顾地拖起她手上的"包袱"，径直向前。这一瞬间，决定了永远！

20世纪90年代的爱情，蕴含着你有情我有意的娇羞，闪躲着旁观人士八卦的目光。为了答谢他在劳动中的友好帮助，她决定请他吃饭。兑现诺言的时机到来了，也许是那天食堂饭食做得太少，也许是那天食堂工作人员下班太早，抑或是两个刻苦钻研的年轻人耽搁在了学习的路上。总之，这一天两个人都没有赶上食堂的营养餐。于是，他主动提出去吃饺子。这时，她犹豫了。她在犹豫什么呢？难道她不想还那份人情了吗？不是，是因为当时单独跟男同学吃饭，需要拿出很大的勇气，万一被别的同学看见，全系都得传开。那么，他们将引来其他人的关注，应付源源不断的询问。但她最终还是答应了，因为她发现自己无法拒绝这个热心肠的小伙子。

对于一个隐藏自身物质贫乏去借自行车的人，对于一个连公交车都不舍得坐的人，对于一个穿着有补丁裤子的人，一顿饺子的可贵性不言而喻。然而，大蒜配饺子的场景，把我们的南方姑娘看傻眼了！难道一段佳缘竟要因为几瓣儿大蒜就地瓦解吗？事实是南方姑娘的精致玲珑与北方后生的憨厚朴实相结合，碰撞出了绚烂的爱情火花，散发出了迷人的爱情芳香。她没有因为他狼吞虎咽的吃相而心生不悦，他没有因为她的善良迷人而掩藏北方男子汉的真性情。这或许就是他们彼此深深吸引的原因吧！他们的爱情故事由此展开，在兰州大学这片沃土上播种、生根、发芽，茁壮成长。

夫妻简介：

迟方旭，1997—2001年，兰州大学法学院经济法专业（本科）；2001年毕业留校工作

尹彦芳，1997—2001年，兰州大学法学院经济法专业（本科）；2001年毕业留校工作

花儿静悄悄地开

文/陈春花　韩运成

　　我和他都是兰州大学 2001 级的学生，我们的故事伴随着榆中新校区的发展开始，萌芽于 18 年前榆中校区东区那片凹凸不平、时有黄沙飞扬的运动场。

　　运动会是大学的一项重要活动，每位同学都会积极参与。同是农村出身的我们，都有一股子蛮力，在 2002 年的那场榆中校区运动会中报了同一个项目：铅球。作为榆中校区第一批"拓荒者"，我们见证着校区的飞速发展，但也因为远离都市，备受缺乏娱乐时光的煎熬。因此，下课以后为运动会做准备，去运动场进行所报项目的训练成为我们调节身心的方式。在训练的过程中，大家相互纠正错误，交流心得，分享经验。渐渐地，我们了解彼此。那一段短暂的时光，为我们播下了爱情的种子。

　　在以后很长一段时间里，我们依然生活在各自的小群体里，上课、吃饭、打球……缘分这个词听起来很玄乎，但是我相信走向婚姻的爱情都需要它来成就。直到大学三年级暑假，我的一个小老乡要去男朋友家里玩。在穷学生拥有一个冰激凌都能乐半天的岁月里，借一个学生证来买半价票是很必要的。他找我帮忙，我就计划找我们班男生给他借一个。缘分也许在这个时候开始眷顾我们。在还学生证的时候，我跑错了楼号。当我敲开另一间学生宿舍的门，我看到了他疑惑的目光，自己也有点儿懵。基于运动场上的战友情谊，我还是被热情地邀请进去，聊聊大家假期的生活。年轻人总是激情满满，我们也都实习回来，正满肚子

的感想。借着这个契机，我们聊了整整一个下午，互相交换了电话号码，成了比较熟悉的朋友。从此以后，我们常常互相借书和课堂笔记，有的时候上晚自习遇到，还一起讨论。有的时候到了饭点发现忘记带钱包，我还可以蹭上一盘炒面。周末我们偶尔会约上三五好友一起打球、爬山，或在校区周边转转。这段时光，让我们彼此了解，成为学生时代的好哥们。这段时间的相伴无声滋润着彼此的心田，爱情的种子不知不觉地开始萌芽了。

我们都选择留在兰州大学核科学与技术学院继续进行研究生学习。从大四暑假开始了从兰州大学本部宿舍到二分部的走读生活。我们延续了在榆中校区的生活习惯，周末相约去爬兰山。由于去的次数不多，我们随便找了一条小道就开始登山之旅。两人爬到半山腰的时候，发现没有路了。兰州地处黄土高原，土质疏松，而且四处都是带刺的灌木，好不容易爬上一个高度，刚站稳，脚下一松又回到原地。一点点向上，手被划破了，衣服也烂了，我们彼此搀扶着，慢慢爬上山顶。眺望金城市区的那一刻，我们似乎已经开始认定对方。自此以后，我们就像忘记冬眠的两只小鼠，相互依偎取暖。一份加了鸡腿的盒饭就能让我们开心半天；夜晚打工回来路口的迎接，就能让零下十五度的冬天变得春意融融；一次小小会议报告的成功就能让我们对未来充满无限憧憬。就这样，爱情的小树苗噌噌地成长起来了！

这样简单美好的生活，在他研一下学期获得去日本东北大学联合培养的机会后，便暂时告一段落。之后，我走过艰难的 TOEFL+GRE 之路，去了美国，开始博士求学生涯。我们之间隔着大西洋和亚欧大陆，或者是太平洋加美洲大陆。平时，我们各自要为博士论文实验忙碌，也要为融入新的生活环境而参加各种活动与聚会。周末约好的视频时间，常常是他在那边做早饭，我在这边做晚饭，吃饭时一个说今天的计划，一个说今天的收获。然后，他开始新的一天，我进入甜美的梦乡，期盼着下一个周末的会面。陌生的国度意味着我们要面对不一样的语言，不一样的规则，但是我们仍然携手慢慢地走向人生新的篇章。时间忽快忽慢，这期间总有失落需要安慰的时候，总有孤单需要温暖的时候。可无论多难，我总是告诉自己，一定要守住自己的心，守住那份简单的美好。很多人问过我，可曾想过放弃。我也问过自己，如此艰难地守护这一份感情是否值得。两年以后，一完成博士论文实验数据采集，我便兴冲冲地向导师请假，告诉他我要回国结婚。老先生也曾经历过情感的波折和婚姻的挫折，作为过来人，他很认真地看着我，然后问："你真的决定了吗？婚姻和爱情不同，婚姻不仅仅需要情感的守护，还需要承担责任。"在那间冻得直打哆嗦的电子学实验室，我记得面对导师时自己激动得说不出话来的窘迫。虽然不知道如何优雅地表达，但内心的火热告诉我：我决定了！经历了这些年牛郎织女般的生活，我们依然共同守候着心底的那一份温柔。他就是我要一起共度一生的那一位。购机票，归国，互访家庭，领证。短短的三周假期转眼就到了，我们连婚礼都没来得及张罗。但我明白，红艳艳的小本庄严地宣誓着那份沉甸甸的承诺。

一年之后，他在兰州大学博士毕业后，来到美国做博士后，我们终于团聚，开始了两个人的小日子。三年之后我也博士毕业，接着又一起做了博士后。我们携手一起归国，落脚合肥科学岛，购车、买房，不久迎来了小宝宝的诞生！科研工作一如既往地忙忙碌碌，再加上淘气的小宝宝，生活中的小惊喜、小惊吓让我们手忙脚乱，应接不暇。我明白爱情之旅又将开启一段崭新的征程。

值此兰州大学 110 周年校庆之际，我们很荣幸地迎来结婚十周年的纪念日。我期待在接下来的岁月里，无论油盐酱醋茶的日子多么琐碎，无论酸甜苦辣咸的经历多么不易，我和他仍能永葆单纯、快乐，共同守护我们的爱情，我们的家！

夫妻简介：

韩运成，2001—2005 年，兰州大学物理科学与技术学院应用物理专业（本科）；2007—2010 年，兰州大学核科学与技术学院（博士）

陈春花，2001—2005 年，兰州大学物理科学与技术学院材料物理专业（本科）；2005—2007 年，兰州大学核科学与技术学院（硕士）

牵　手

文／尹玉琴　黄　枫

　　1981 年 5 月，被她称为"嗡嗡"的他，出生于福建一个偏僻的山沟里。摸鱼、上山爬树、砍柴、摘野果、采蘑菇、田里挖泥鳅以及抓青蛙，是他的童年生活。

　　1983 年 5 月，被他称为"琴琴"的她，出生于新疆天山北麓。作为家族的长孙女，集祖父辈宠爱于一身。草原、高山湖泊、戈壁沙漠，冬天滑雪、扫雪，夏天滑沙、摘棉花是她的童年记忆。

　　相隔千山万水，一个生活在福建，一个生活在新疆，语言、风土习俗、生活环境风马牛不相及的两个人，原本是两条永不相交的平行线。因为兰大，因为榆中，他们相逢了，那一年是 2001 年。

　　初逢于兰大国旗班的训练课上，他对她的第一印象：个子高挑，扎个马尾辫，总爱笑，笑起来有个小酒窝，是一个阳光、活泼、甜美的姑娘。说起来奇怪，军训完，每周他最期盼的还是周末踢正步的训练课。每次训练课的休息间隙，他总喜欢偷偷地瞄她；训练时总喜欢胡闹，喊口令捣乱她训练，逗她笑；组织活动上总喜欢悄悄接近她，看她笑，好像永远看不够一样。她也不排斥，不知道是不是天性如此，对谁都一样喜欢笑，还是只对他笑，搞得他心里像被猫挠了一样。

　　久而久之，同在国旗班的同学感受到他们之间的一丝丝异样，便开玩笑打趣。在一次活动后，一位同学建议他单独送她回去，他突然心跳加快，又期盼又害羞。那一次，迟钝的他意识到，他喜欢上这个爱笑的姑娘了……

　　第二年冬天，他鼓起勇气表白后，他们牵手了。爱情在寒冬腊月，荒芜的土地上开始生根发芽。那年冬天，他觉得很温暖，荒凉的西北竟美得令人陶醉，他爱上了西北荒漠，爱上了兰大榆中校区。自初中以来，他的生活中只有背书、复习、练习卷的单调色彩，现在终于填满了五颜六色。她的甜美笑脸、欢声笑语充实着他的校园生活，即使偶尔有不愉快，但他还是牵着她的手，走过校园的每个角落。他们一起吃饭，一起去图书馆看书复习，一起在电影院哈哈大笑或者哭得稀里哗啦。他们在萃英山、兴隆山、麦积山、五泉山、白塔山、黄河边留下足迹，他只想一直牵着她。

　　幸福快乐的时光总是短暂。很快，毕业季来临，校园里惆怅、伤感的氛围越来越浓烈。命运总是喜欢考验年轻人。她顺利考上研究生继续留校学习，而他只能选择就业，要远去杭州，他们不得不面临相爱以来最远最久的一次分别。离别越来越近，他牵着她逛着小小的校园，一圈又一圈，总舍不得放手。最后一天，他万分不舍却强颜微笑地踏上东去列车，心里默默发誓：她若不弃，必当永不相负。

　　初到杭州，他一点儿也不喜欢这个号称"上有天堂下有苏杭"的美丽城市。因为心在兰州，在兰大，那里有他牵肠挂肚的可人儿。他们像所有异地恋的情侣一样，午饭、晚饭、

睡前在户外一边闲逛一边打电话，时不时傻呵呵地笑着，哪怕听听她的声音，都觉得很幸福、很充实。有了电脑，他们就用那个时代最流行的 QQ 视频联系。他每天在屏幕前看着她吃东西看书，看着她一颦一笑，时不时陪她说说话，感觉她每天就在身边。相隔千里的他们，只能依靠那个"胖企鹅"，小心翼翼地呵护着爱情。

每年的劳动节、国庆节是他最期盼的日子。令他朝思暮想的姑娘会不辞辛劳，坐着拥挤的绿皮火车，辗转千里，历时 30 个小时来杭州看望他。他终于能牵着她的手，去看许仙白娘子相会的断桥，去赏十里柳垂丝的苏堤，去逛美食遍地的清河坊。他们就像牛郎织女一样，每次短暂相聚几天，而后又分离，通过那一根网线相伴相守，周而复始，却始终坚持着……

苦尽甘来，她毕业后义无反顾地背井离乡，南下杭州找工作。他们又相逢了，不再分离，内心倔强的他们终究坚持过来了。他们白天工作，下班后一起研究食谱，尝试各种美食，他们一起做饭，一起吃饭，一起洗碗。天气好的周末，他牵着她的手，带她去苏堤春晓、曲院风荷、花港观鱼、玉皇飞云、宝石流霞、三清山、雁荡山……他们游遍了杭州，游遍了西湖群山，有她的陪伴，他才发现西子湖畔的美丽。

2009 年 9 月 9 日，在兰大百年诞辰之际，他们决定结束 7 年的爱情长跑。走进民政局，两人却懵了，排队 500 多号……熬到临近 24:00，工作人员匆匆忙忙地盖好钢印后，他们终于拿到红艳艳的爱情见证书。那一刻，他们没有激动呐喊，没有相拥而泣，而是感慨：我们是幸福的。神圣的一刻，没有宣誓，没有仪式，但是他们永生难忘。

那一年岁末，为了安家，他们离开了美丽的西子湖畔，北上太湖明珠无锡。在一个陌生的小城里，他们开启了生活的新篇章。每天像两只小鸟一样，飞来飞去，忙忙碌碌，从无到有，慢慢筑起他们的爱巢。往后的生活掺杂了柴米油盐，逐渐褪去他们年少时的激情，沉淀下来的是越来越多的平凡和朴素，越来越浓厚的亲情。他们依然牵着手，一起逛超市，一起逛菜市场，一起散步。改变的是风景，不变的是他们的初心。他姓黄，她姓尹，他们给宝宝取名黄芊颖（意为"黄牵尹"）。他对她宣誓：执子之手，与子偕老。

回顾他们的爱情之路：偶尔磕绊，少有波折，一路平凡。时间继续谱写着平淡如水却令他们甘之如饴的爱情篇章，与他们的生命同在，与兰大同在……

夫妻简介：

黄 枫，2001—2005 年，兰州大学物理科学与技术学院（本科）

尹玉琴，2001—2005 年，兰州大学历史文化学院（本科）；2005—2008 年，兰州大学历史文化学院（硕士）

爱在兰大，一生之托

文／谢　娟　缪志勇

　　这次集体婚礼，让毕业 14 年的我们又回来了。母校的精心筹划，近乎完美的流程，悉心订制的香包和手镯，别具一格的中式婚礼，让我们感受到娘家人的体贴与温情。结婚多年，我们都快被生活磨平了棱角，当司仪动情地说："毓秀湖边，波光闪烁，最美不过，你的酒窝；积石堂前，人流穿梭，最美不过，你的品格；胡杨傲立，艰苦卓绝，最美不过，你能懂我；心怀天下，执手相握，最美不过，我的家国。"老公拉起我的手，为我戴上"爱在兰大"手镯时，指尖相触的一瞬间，我心中又涌起了初恋般的悸动和甜蜜。爱在兰大，一生之托；兰大为美，美在你我。愿今后我们携手并肩，共创美好明天！

现在回想起来，我和缪志勇第一次见面是 2003 年初。大一寒假前，大家都在努力复习备考。我想家心切，计划考完试赶紧回家与家人团聚，因为兰州到昆明的交通实在不便，我们几个云南姑娘商量决定组团飞，打算周末去市区买机票。那段时间一直下雪，很冷，我穿着一件长款白色羽绒服，把自己裹得严严实实。刚下晚自习，同楼层学世界史专业的女孩刘琦跑进宿舍一把抓住我："快，把学生证拿出来，交给缪志勇，他帮我们买机票。"我慌慌张张拿了学生证随她出去，看见一个男生戴着眼镜，个子不高，穿着一件短款羽绒服。我们简单说了几句客套话，并没有留下太深的印象。后来慢慢地熟悉了，缪同学耿直地损我，开口就是："第一次见你，当时你就像一团雪球滚到我面前……"哪有这么打击挖苦一个女生的，我当年突然发胖是因为水土不服，饮食也不习惯。所以，我对缪志勇同学的总结就是两个字：嘴贫。话说回来，大学期间不管坐火车还是飞机，我的那些大行李箱给缪同学添了很多麻烦，虽然现在已是老夫老妻，还是要谢谢缪志勇同学。

4 年时光，我在回校和归家的旅途中认识了几个同乡，漫漫旅途变得轻松有趣。我和缪同学越来越熟悉，从老乡到朋友，毕业后我们都回到家乡昆明，不知从何时起，我们越走越近，对彼此的熟悉加速了感情的升温。

缪志勇回昆明一个月后就到普洱工作，异地恋就此拉开帷幕。那 4 年记忆最深刻的事，就是两人打长途电话经常聊到睡着，耳朵发烧，导致我们的话费都很高。经历过异地恋的人都明白，异地恋人走到最后的不多，两个人面临严峻的考验。我们步入社会，身边不乏异性，每次吵

架闹情绪，心里会拿对方和其他异性比较。要问 4 年怎么坚持下来的，或许是学校里的爱情很纯粹，或许是愿意陪你吵架的人是真正爱你的，也或许是爱让彼此分不开。总之，交往 4 年后经过慎重考虑，我们携手步入了婚姻殿堂。

2009 年 12 月至 2010 年 1 月，我们办了三场热闹的婚礼，新婚燕尔，幸福甜蜜。婚假结束后，我们开启了两地分居的生活，微薄收入的一大半贡献给了长途汽车票。当年，老公为了多陪我一个白天，经常坐晚上的卧铺大巴回单位，近 10 个小时的车程，车里的异味和旅途的疲惫可想而知。婚后有一年我过生日，他偷偷给我准备了生日礼物，一条白金手链。在别人看来几千块钱的东西不入眼，可他不说我也知道，这是他积攒了好几个月工资才买的，因为他知道我喜欢。结婚时买完钻戒，预算就不够了，面对橱窗里挑选好的手链，我只能忍痛割爱。我嘴上说他浪费钱，可心里真的好感动，那条手链一直放在首饰盒里，舍不得带。回归到生活，每当工作压力大、头疼脑热、逢年过节的时候，看到同事的老公嘘寒问暖、陪伴左右，自己也曾恼过，但正如我父母所说：他是你选择陪伴一生的人，两个人都要好好珍惜。

2012 年春节过后，因为工作调动，缪同学回到昆明，我们结束了两地分居。突然要每天在一起面对生活琐事，我们还需要适应磨合。2012年过完端午节，我觉得身体不舒服，去医院检查后知道自己怀孕了，结婚3年才迎来宝宝，我们全家都非常高兴。可是随后，严重的妊娠反应就把我击倒了。我不分白天黑夜地呕吐，基本无法进食，体重不增反减，看着其他准妈妈吃嘛嘛香，我是苦不堪言，度日如年。在我母亲的悉心照料下，2013年大宝出生了。因为胎位不正，顺产转剖腹产的经历让我明白了母爱的伟大，感叹生命不易。看着怀里那个小小的人儿，那种熟悉又陌生的感觉很奇妙。从此，这个柔软的小家伙就和我紧紧连在一起了。初为父母，我们都在学习成长，要把琴棋书画换成柴米油盐，我们也有矛盾，也在争吵。2016年，我家小宝也出生了，还是个臭小子，没能凑个"好"字。不过想到兄弟俩今后有个伴，我的心里也不再纠结。有了两兄弟后，家里越来越热闹，事情越来越多，我们的责任也越来越重。婚姻不是两个人相爱就在一起那么简单，更是两个家庭的磨合。我要处理婆媳关系，缪同学也要照顾丈母娘老岳父，我们想做好父母、好夫妻、好儿媳、好女婿，兼顾家庭与事业太难了，但好在一路上有个人愿意一直陪着，心里也就踏实多了。

17年，从老乡、朋友、恋人、夫妻，到为人父母，我们转换了不同角色，一起携手走过风风雨雨。日出日落，斗转星移，我们一直陪伴着彼此。未来的路也许还是不好走，但是我想告诉缪同学：谢谢你包容我的任性，也希望你改改急脾气，多沟通，保重身体，少喝酒，多陪陪孩子。我们相互扶持走下去，一起慢慢变老。

夫妻简介：

缪志勇，2002—2006年，兰州大学信息科学与工程学院（本科）

谢　娟，2002—2006年，兰州大学历史文化学院（本科）

金城梦海相思寄 明月千里抚萃英

——献给我的爱人和我最珍贵的校园爱情

文∕朱伟源 李 静

金城梦海相思寄，明月千里抚萃英。

初夏的南国珠海，明月高悬，淡淡的月光洒向大湾区的海面。我仰望星月共辉的夜空，思绪亦如这薄纱般的月色，伴随着轻拍沙岸的波涛，飘向阔别 10 年之久、远在 2373 千米之外的萃英山下。所谓隔千里兮共明月，此时此刻，我的第二故乡，亦当月光皎洁、银白如洗……

黄河的水不停地流，我想起了家，想起了兰州……每当回忆起在兰州的日子，心中总有千言万语不知从何说起。兰州有涤荡灵魂的长河落日，母校有永念在心的良师益友，每及思念，浓情满满。但这份浓情，不仅属于我一个人，它同样属于我的爱人、我的家庭。我与爱人相识于萃英山下，相恋于榆中校园，直至毕业之后牵手走进婚礼的殿堂，迎来我们爱情的结晶……我和爱人共同拥有"山色横侵遮不住，明月千里好读书"的甜蜜回忆，是我此生永远抹不去的美好和幸福，更是值得我们永远回味的青春记忆。

当听闻母校将于 110 周年校庆之际举办集体婚礼的消息，我平静的心再次"躁动"了起来。与工作人员电话沟通的过程中，我倾尽全力抑制住内心的激动和渴望，用尽可能平静的语句讲述着我的故事，希望能够有机会参加此次集体婚礼，来弥补我和爱人多年的遗憾。

当被选中的结果出来的那一刻，我心中那股无以言表的激动再也没能忍住，泪水扑簌而下。

一切的美好，从 2004 年的那个夏天开始……

2004，"情"定兰大，缘分在第一学期悄然结下

2004 年高考结束后，全国 700 多万考生迎来了最忐忑的一刻——填报志愿。由于上一年的失利，我当时填报志愿的时候非常纠结和谨慎。我在填报与更换志愿之间来回拉锯，最后在班主任老师的强烈推荐下，经过自己和家人慎重地考虑之后，最终锁定兰州大学。从西南到西北，我正式开启人生最重要的四年求学生涯。

2004 年夏天，我如期来到母校报到，从出火车站看见热情的迎新队伍，到本部至榆中路途中看到的风景，我充满期待和渴望。尽管面对的是荒如沙漠的山坡、偏僻如乡村的校园，但是榆中校区的一切，我依然觉得是那么美好。

大一的第一学期，我主动报名参加校学生会，"入职"秘书处。当时的秘书处与校会的生活部共用一间办公室。在办公室值班期间的一天，我与我的爱人有了一生中的第一次见面：她就读于经济学院，我就读于管理学院；她在生活部，我在秘书处。尽管第一次的见面并无小说中"一见钟情"那么猛烈，甚至双方都没有深刻的印象，但平淡如水的初见，却为我们后续的"缘分"埋下了伏笔。

2006，牵手榆中，一切美好皆有伏笔

对于刚刚迈入大学校门的我，课堂、舍友、学生会……一切事物都是新鲜的。由于加入学生会，大一的我们很快跳出各自院系的交际"局限"，认识了很多不同院系、不同专业的同学。在校会，我有一位相当聊得来的朋友——"捣蛋鬼"。我们都是大一刚刚加入秘书处，巧合的是，她也是我爱人同宿舍的舍友。正因为如此，我与爱人在此后的校园生活中才有了更

多交集。

大一、大二期间，除了学习，我大部分精力都扑在学生会和校园"创业"这两件事情上。而刚好大部分的经历，都有好朋友"捣蛋鬼"带领宿舍舍友的参与和帮助。在不经意的相处中，我心中的"爱情种子"发芽了。

时间来到大二。由于前两个学期的接触，我和爱人渐渐熟悉。就在大二暑期，我的机会来了：暑假开始后，"捣蛋鬼"及宿舍其他几人已陆续回家，只有爱人回家的车票比较晚，而我恰好没有回家计划。因此，她宿舍的女孩顺理成章地把她"托付"给了我。在此期间，两人一起用餐、一起爬萃英山、一起逛校园市场、发信息聊天至深夜……我们的感情急速升温。

2006 年 8 月 26 日，我清晰地记着那个日子。她于暑期返校之后的晚上，我们散步至艺术学院附近的那片草地。我说："做我女朋友吧？"她答："嗯。"我激动地抱起她，原地转了好几圈。就此，在萃英山下，我们正式牵手。

此后的出行，我们身边便多了许多羡慕的目光。她的体贴温柔、知书达礼、温婉漂亮，让我身边的朋友非常"嫉妒"，我们也成为大家眼中很登对的情侣。

2008，异地恋的苦涩，是另一种甜

2008 年，到了我们的毕业季，这个时段对于大部分人而言，是开始，也是离别。对于一些原本幸福、温馨的情侣，或许会增添一份别样的色彩。我们也不例外，毕业后我选择到南方城市珠海，她则继续留在母校深造，我们的异地恋就此开启。

当我踏上前往广东列车的那天，给我送行的除了她，还有不少朋友和同学。人生当中，我首次体会到离别的痛楚，那一刻，我从她的目光中读懂了无限伤悲，听到"我不愿意你离开"的呐喊。在列车员的催促下，我不得不登上离别的火车。渐渐地，火车越开越快，我哭着离开了她的视

线，越来越模糊，直至看不见。

来到珠海以后，很多个不眠的夜晚，我都在脑海中无数次回想同样的画面：校园的一次次牵手，一次次欢声笑语。可现实，却有些苦涩。好在"生活所迫"之下，我疲于工作和奔波，无心其他，加之假期她也会来珠海相聚，3年的异地恋也算是挺了过去。

回首那一段时光，真正成就这段异地恋的，我想正是两人彼此的信任、信心和坚持。异地恋的苦涩，是另一种独有的甜。

2009，拜访未来岳父之旅

2009年春节，我首次拜访未来岳父，来到山西运城。大年三十当天，我带上提前备好的"见面礼"，怀着无比激动和忐忑的心情，坐上启程的飞机。

以下，就是我此次行程的各个片段，每一个片段都是珍贵的"长镜头"。

片段1：上午十点半，飞机落地西安咸阳机场后，打开行李箱，我发现原本准备的五粮液出现滴漏，浸湿了行李箱，后得知是在行李托运过程中的碰撞所致。机场工作人员倒是快速进行了理赔程序，算是顺利离开。

片段 2：出候机楼后，我即刻打车前往西安火车站，计划在那里坐去往运城的火车。司机师傅车技娴熟，可谁想就在即将进入高速公路最后 1 千米的时候，我跟司机聊天得知，我们的方向居然是咸阳火车站！无奈之下，车子调头回到候机楼放下了我，我立即寻找另一辆出租车，往西安火车站飞驰而去。

片段 3：总算到达西安火车站，时间已经比较紧张，我飞奔至火车票售卖点。"这趟车刚发走，你早来几分钟就好了"，售票员的一句话，如一桶凉水把我从头淋到脚跟……

片段 4：办法总比困难多，我立即致电她，她告诉我还可以乘坐到运城的汽车。所幸汽车站就在火车站旁边，眼前隐约闪现一道曙光，我迅速奔向汽车站。"停运了，今天没有开往运城的车，你往前走，还有一个汽车站，大概距离 1 千米，你看看那里有没有车"，估计售票员看我着实可怜，赶紧给我支了一招。希望再次降临，我迅速拉着行李去往另一个汽车站。

片段 5：千辛万苦之下，我终于如愿到达新的汽车站，可现场杳无人烟，明显就是一个停车场而已。我的内心再次失落，无助地返回火车站。

片段 6：返回火车站已是下午两点，询问得知晚上十一点半有一趟前往运城的火车，次日凌晨三点半到达，我毫不犹豫买上车票，静待出发。她在另一端的运城，从最开始的期盼，到焦虑，到无奈，最后只能找一个酒店，静待我的到来。

片段 7：晚上，我顺利上车，但到达渭南站之后，暂停一个多小时。随后得到通知：前方油罐车爆炸，无法通行，要返回西安火车站。于是，火车真的倒回去了，这种奇妙的经历都能被我遇上。火车倒回至接近西安站的时候，列车员又告知可以继续前往运城了。于是，列车改变方向，继续前行……

经历风尘仆仆、劳累疲困的行程之后，我和她终于在大年初一早上八点，胜利"会师"运城火车站。上午十点，我们抵达本次旅行的终点站——未来岳父家。

2011 年 10 月 1，一定是特别的缘分
才可以一路走来变成了一家人

2011 年夏，她毕业了，毫不犹豫地直接来到珠海，并顺利找到理想的工作单位——吉林大学珠海学院。而我一直在珠海机场工作，学校就在机场旁边。自此，我们再未有过长时间的分离。

工作单位落实以后，我们领取结婚证，组建家庭。当时的我几乎是身无分文，更不用提房子、车子。正是组建家庭的这段过程，让我对她心生愧疚，这就是我为何会有如此强烈的参加母校集体婚礼的意愿。

当时我们没有婚礼仪式，作为珠海的新成员，我们没有钱，没有多少朋友，加上双方父母和亲属，我们勉强凑齐两桌一起吃饭，算是所谓的婚礼仪式。

看着当天在同一个酒楼举办婚礼的其他新郎新娘，有鲜花、婚纱照、迎宾、合影等等，高朋满座，仪式感十足。而我感觉自己像是一个不敢抬头的小丑，更不敢跟别人提起我也是新郎。就这样，我强忍着早已在眼眶中打转的泪水，默默地走进预订的婚礼现场的包间，而心里的泪早已滴落。

一定是特别的缘分，才可以一路走来变成了一家人。就这样，我们在 2011 年的国庆，结婚了。

后记：爱是一道光，充满美好与希望

2012 年，宝宝出生，我们有了爱情的结晶。

2013 年，我们有了属于自己的第一套房子。

2014 年，我们有了属于自己的第一辆车子。

2015 年，给妈妈做了心脏瓣膜置换手术，妈妈的身体状况明显好转。同年，我们开始了供第二套房的"旅程"。

2016 年，爱人开始继续深造——攻读博士。

2017 年，我开启了创业生涯。

2018 年，宝宝上小学了。

2019 年，我们期待更好……

相识、相知、相爱，时至今日，概括起来虽寥寥数言，但个中历程却又是何其浩渺而漫长。我们结婚后的很长一段时间，日子过得紧紧巴巴，外出吃饭极少，衣物更换频率极低，置物要价格适中，几乎没有外出旅游……我们不敢有任何懈怠和放松，目标只有一个：让我们的生活越来越美好。

上天不会辜负努力付出的人。我们的日子越来越好，我们的感情越来越好，宝宝乖巧聪慧，父母身体健康。我想，如果我们继续怀着知足、感恩之心，生活一定会更加幸福。

这就是我们的校园爱情故事，平凡得不能再平凡的故事，也是在母校的孕育下充满无限美好与希望的故事。

感恩母校，让我们相识、相知、相爱于萃英山下。尽管我们夫妻远在离母校几千公里之外，但"兰州大学"四个字永远深深镌刻在我们的心里，它是我们内心最坚强、最具力量的精神源泉。"兰大"为"美"，继往开来。作为兰大学子的我们，一定会继续弘扬历代兰大人自强不息、无私奉献、奋斗创新、独树一帜的精神，坚守奋斗向未来。

祝福母校，祝福天下所有的兰大人。

夫妻简介：

朱伟源，2004—2008 年，兰州大学管理学院人力资源管理专业（本科）

李　静，2004—2008 年，兰州大学经济学院（本科）；2008—2011 年，兰州大学经济学院（硕士）

相恋5年，3年时间分隔两地
结婚时仪式简陋得不敢说自己是新郎
——"我欠她一个婚礼，这次母校帮我们办"

文／兰州晨报·掌上兰州首席记者武永明

　　一个人一辈子可能都遇不到的旅途窘境，他一个人在半天时间内悉数经历；一个人一辈子最隆重的婚礼仪式，他却寒酸到不敢跟别人提及他也是新郎。得知他俩有幸参加母校110对校友集体婚礼的那一刻，深埋心中多年的情感再也没能兜住，泪水扑簌而下。即便讲述他和她那段平凡得不能再平凡的校园爱情故事时也几度哽咽：亏欠爱人一个像样的婚礼，这次母校帮我们办！

兰大遇见最好的爱人

　　"兰州有涤荡灵魂的长河落日，母校有永念在心的良师益友，每及思念，浓情满满。这份浓情，不仅属于我一个人，它同样属于我的爱人。和爱人共同拥有'山色横侵遮不住，明月千里好读书'的甜蜜回忆，是我们此生永远抹不去，更是值得永远回味的青春记忆。"从小在四川农村长大、现在珠海机场工作的朱伟源接受记者电话采访时如是说。

　　听闻母校110周年校庆之际举办校友集体婚礼的消息后，朱伟源平静了多年的心再次"躁动"了起来。报名前的一次电话沟通中，他倾尽全力压制住内心的激动与渴望，用尽可能平静但又带着强烈意愿的语句讲述着他俩的故事，结果还是没能忍住激动和"遗憾"的泪水，他渴望参加此次集体婚礼，以弥补多年来对爱人的"遗憾"。

当被选中的结果公布的那一刻，他深埋在心中多年的那股无以言表的激动再也没能兜住，泪水扑簌而下。

一切的美好，从2004年的那个夏天开始，这一切都源于他在最好的年纪，走进了最好的大学，遇到了最好的爱人。

2004年高考填报志愿，在班主任的强烈推荐之下，经过和家人慎之又慎的考虑之后，朱伟源锁定了兰州大学。从西南到西北，正式开启了他人生最重要的四年。

大一第一学期，他主动报名加入校学生会并"入职"秘书处，当时的秘书处与校学生会的另一个部门——生活部共用一间办公室。在办公室值班期间的一天，他与他的爱人李静有了一生中的第一次见面。她来自经济学院，在学生会生活部；他来自管理学院，在学生会秘书处。尽管第一次见面并没有影视剧中的"一见钟情"那么猛烈，甚至双方都没有深刻的印象，但平淡如水的见面为两人后续的"缘分"埋下了伏笔。

真挚爱情通过异地考验

大一、大二除了学习，朱伟源的大部分精力都扑在了学生会和校园"创业"这两件事上，这期间的大部分经历都有好友"捣蛋鬼"带领宿舍舍友的参与和帮助。印象最深刻的莫过于倒腾（收购）二手自行车："捣蛋鬼"和李静所在宿舍的4个女生集体上阵，在各个宿舍楼下张贴收购二手自行车的广告，赚了钱大伙一起吃饭。或许正是这些不经意的相处，他心中的"爱情种子"开始发芽。

"到了大二，凭借大一的接触，我俩也渐渐熟悉起来。就在大二暑期，我的机会来了，'捣蛋鬼'和宿舍其他人陆续回家，只有李静回家的车票比较晚，而我恰好暑期无回家计划。就这样，李静宿舍的几个女孩就顺理成章地把她'托付'给了我。这期间，多次的两人独处，一起用餐、一起爬萃英山、一起逛校园市场，发信息聊天至深夜……感情急速升温。我清晰地记得那个日子：2006年8月26日她暑期返校后的晚上，我们一起散步至一片草地时，我鼓足勇气说：'做我女朋友吧！'她'嗯'了一声，我

激动地抱起她原地转了好几圈。从此以后，我们的手就牵在了一起！"

跟其他校园情侣一样，朱伟源的身边从此多了许多羡慕的目光。两人牵手走在校园，共进三餐，同上自习，一起坐校车去兰州市区逛街、爬五泉山、游黄河铁桥……时至今日仍历历在目。她体贴温柔、知书达理、温婉漂亮，他们成为身边同学和朋友都认为很"登对儿"的情侣。

2008 年毕业后，朱伟源选择了南方城市珠海，李静则留在兰大继续深造，异地恋大幕就此开启。

当他踏上开往广东列车的那一刻，送行的除了她，还有不少朋友和同学，依依不舍的离别，狂泻不止的泪水，他首次体会到了离别的痛楚，那一刻，他从她的眼光中读懂了伤悲。火车越开越快，她离他越来越远，越来越模糊，直至看不见……

"时间过得飞快，3 年异地恋在煎熬平淡的日子中挺了过去。回首那段时光，真正成就那段异地恋的，正是我们相互之间的信任、信心和坚持，这些都随着时间的累加不减反增——异地恋的苦涩，是另一种独有的甜。"朱伟源说。

拜访未来岳父尽显"人在囧途"

2009 年春节，朱伟源首次踏上了拜访未来岳父的旅途，目的地：山西运城！大年三十，他带着提前备好的"见面礼"，怀着无比激动和忐忑的心情，搭乘从珠海启程的飞机。殊不知，一个人一辈子可能都遇不到的旅途窘境，12 小时内他悉数经历。

"以下是我那次'人在囧途'的各个片段，每个片段都是珍贵的'长镜头'。"朱伟源说。

片段 1：上午十点半，飞机落地西安咸阳机场后，打开行李箱发现原本准备的五粮液出现滴漏，浸湿了行李箱，后来得知是在行李托运过程中的碰撞所致，机场方面快速理赔，算是顺利离开。

片段 2：出候机楼后，即刻打车前往西安火车站，目的是赶上到运城的火车。司机师傅的车开得倒是挺溜，没承想就在即将进入高速公路最后 1 公里时，跟司机聊天才得知，车子行进的方向居然是咸阳火车站！无奈之下，车子调头返回候机楼，换乘另一辆出租车朝西安火车站飞驰而去。

片段 3：紧赶慢赶到达西安火车站售票窗口，"这趟车刚发车，你早来几分钟就好了。"售票员的一句话，如一桶凉水从头淋到脚。

片段 4：立即致电在运城家里静候他到来的她，告知还可以乘坐到运城的汽车，所幸汽车站就在火车站旁边。"停运了，今天没有开往运城的班车"——晴天霹雳！"你往前走，还有一个汽车站，大概距离 1 公里，你看看那里有没有车。"售票员估计看他着实可怜，赶紧支了一招。他迅速拉着行李奔向另一个汽车站。

片段 5：一阵奔波后终于如愿到达新的汽车站，可真实的场景那里就是一个停车场而已，"汽车站"三个硕大的字立在那里，却无车无人，他无助地返回火车站。

片段 6：返回火车站后已是下午两点，问询得知晚上十一点半有一趟开往运城的火车，次日凌晨三点半到达。买票、候车、出发……

经历了不寻常的旅程之后，他和她终于在大年初一上午八点胜利"会师"运城火车站。上午十点抵达此次旅途的终点站——未来岳父家。

像样的婚礼母校帮我们办

2011 年夏天，她研究生毕业后供职于珠海当地一所高校，他和她很快就领证结婚、组建了小家庭。当时的他，几乎身无分文，更甭提房子、车子。也正是这段经历，让他的遗憾至今都无法弥补，这也是他为何如此强烈地希望参加母校集体婚礼的缘由。

"拍完婚纱照后，我们如期举办了'婚礼'。作为珠海的新成员，我们没有什么存款，也没有多少朋友亲属，加上双方的父母和亲属，勉强凑齐了两桌，两家人一起吃了个饭，这就是我们俩的婚礼。整个过程，一件别人或许并不在意的事情，这么多年一直深深地刺痛着我的心。当时婚礼定在国庆节当天，同一家酒楼举办婚礼的还有好几对，其中最不起眼的那个便是我。其他新郎和新娘，鲜花、婚纱照、迎宾、合影等一概不缺，而且高朋满座，仪式感满满。就这样，自己一个人默默地走进了预订好的那个所谓婚礼现场的包间，心里的泪却早已滴落。"朱伟源哽咽着说。

"婚礼仪式只是一个过程，没必要跟别人比较，凡事都要斤斤计较，那还不把人累趴下了！"一向低调的李静倒是很开明。不过，她对即将到来的兰州大学校友集体婚礼特别期待："能参加这个活动我们非常开心，到时候可以见见老师，看看同学，顺便弥补我俩没有一个像样的婚礼的缺憾，特别有意义！"

朱伟源说："婚后很长一段时间，我们一直陷在还钱、借钱、还钱的循环模式里，日子过得紧紧巴巴，很少外出吃饭，衣物更换频率极低，几乎没有外出旅游……可就算是这样，我们都不敢有任何的懈怠和放松，我要让我们的生活越来越好！"

付出就有收获，如今，他们爱情的结晶——宝宝已上小学了，而且有了属于自己的房子、车子。爱人继续深造攻读博士学位，他也开启了创业生涯。

这个日子过得蒸蒸日上的小家庭，期待更好的未来！

（《兰州晨报》2019 年 8 月 9 日　A07 关注）

夫妻简介：

朱伟源，2004—2008 年，兰州大学管理学院人力资源管理专业（本科）

李　静，2004—2008 年，兰州大学经济学院（本科）；2008—2011 年，兰州大学经济学院（硕士）

缘

文／马崇博　杜　衍　喻靖源

前　记

　　暑期夏令营前，为了加深自己对研究所的了解程度，我特意浏览了导师界面，发现上面竟然有一位校友——杜衍！在点击查看后，对老师从事的研究方向产生了兴趣，便兴致勃勃地给老师发了一封邮件，阐明自己想找她了解一下专业和研究所情况的意愿。

　　当晚收到杜师姐的回复后，我从她的邮件中感受到的是对校友的欢迎和关怀。第二天上午讲座结束，我怀着忐忑激动的心情去寻找杜师姐。在与她谈话之后，我之前的忧虑和担心不复存在，而我也因此在异地深刻地体会到"校友"二字的含义。这期间，我了解到她会在 8 月中旬回到学校

参加集体婚礼，我便暗自下决心要报名做志愿者。第二天，我见到了杜衍师姐的丈夫——马崇博师兄。刚开始我以为他是个严肃刻板的人，就在师姐说有个兰大的学弟过来一起聊一聊后，他幽默生动的话语顿时让气氛活跃起来。夏令营这些天，师兄师姐给予了我许多帮助，我也通过这段时间认识到他们之间的缘。

正　文

杜师姐是 2002 级化学基地班的，而马师兄则是 2005 级化学基地班的。当我得知这个信息的时候，不禁感叹缘的奇妙。他们是在"学代会"上认识的，那时还是大一新生的师兄对大学生活充满着好奇与憧憬，而此时杜师姐作为大四学姐，因为对马师兄的帮助，悄然地走进了师兄的心中。自"学代会"之后，师兄把对师姐的爱慕化为每日的问候，希望师姐能在内心分他一席之地。也许是缘分使然，也许是师兄对师姐的心感动了天地，他们走到了一起。我相信，第一次恋爱的师兄，当牵到师姐的手时，便对师姐死心塌地。

然而，他们却不得不面对地域分隔的困境，因为师姐获得了外地保送研究生的名额，选择了长春应化所攻读研究生。正如师兄所说："毕业的你，最终离我远去。远在长春，那寒冷之地。"同时，寒冷的还有他们的内心。虽然师兄师姐身处异地，但他们都深知感情来之不易。即便人们说，异地是恋爱的大忌，异地很苦，异地不易，但他们仍然竭尽全力。第一个 3 年，他们感情依旧，打破了异地的魔咒。因为从牵手那一刻，他们就深知这一路的荆棘，二人之间的情感就是利斧，斩断一切苦难。

师兄本科毕业以后，继续留在兰大攻读硕士，这使两人依旧无法相聚。第二个 3 年，师兄师姐之间不可避免地出现吵闹，产生分歧，但他们内心坚定的信念仿佛是月老手中的红线，将他们牢牢地拴在一起。终于，师兄在硕士毕业后来到师姐身边，才真正结束了这段煎熬的异地时光。

如今，分离的岁月已经过去，他们对彼此更加珍惜！师兄师姐过去幸福而又艰辛的 10 年，记载了柴米油盐的点点滴滴。而让师兄师姐感到最大的幸福就是爱情的结晶——孩子的诞生，让他们回忆起"学代会"的相遇是如此美妙。

我一定要附上师兄的这句话："感谢你，我的爱人，对我一直以来的陪伴和鼓励。如今，我们要感谢所经历的风风雨雨，使我们的感情如风雨后的彩虹般绚丽，那些考验和磨砺，对彼此的牵挂与羁绊有着奠定意义。"

在夏令营期间，我能感受到师兄师姐对集体婚礼的期待。因为正是兰大让他们有了这么一段情感，而在兰大举行婚礼，使他们的爱情得到了兰大的见证，得到了母校的祝福。在集体婚礼那天，我看到他们眼中对兰大的依恋和感激，感受到师兄师姐之间如蜜的情谊。我很高兴自己参加了应化所的夏令营，让我认识了师兄师姐，也很荣幸在 8 月 18 日这天见证了他们的婚礼。同时，我对兰大的敬意愈发崇高！

夫妻简介：

马崇博，2005—2009 年，兰州大学化学化工学院化学基地班（本科）；2009—2013 年，兰州大学化学化工学院有机化学专业（硕士）

杜　衍，2002—2006 年，兰州大学化学化工学院化学基地班（本科）

风雨彩虹

——纪念母校兰州大学一百一十周年华诞
暨回首我与爱人锡婚的十年

文／马崇博　杜　衍

你与我，
不远千里来到兰州相聚，
你与我，
缘起于榆中校区，
这一块充满灵气的土地。

那是一个冬季，
怀揣着大一新生对大学生活的憧憬，
"学代会"带来了我与大四学姐的相遇。
平素里我的高傲与自信，
都不及你的端庄与美丽。
那时的我，不敢表达心中的爱意，
那时的我，却心中窃喜，
你能在自己那风景秀丽的内心世界里分给我一席之地。
不知何时，我发现自己已经深陷其中，
每日的殷勤，
每日的问候，

希望能唤起你的一丝感激。

也许是缘分使然，
也许是我对你的心，感动了天地，
我们最终走到了一起。
第一次恋爱的我，
牵着你的手，
我的人已经死心塌地。

然而，你我却即将面对地域上的分离：
毕业的你，最终离我远去，
远在长春，那寒冷之地。
你我虽身处异地，
但都深知我们的感情来之不易。
人们都说，异地是恋爱的大忌，
异地很苦，
异地不易，
但我们仍然竭尽全力。
因为从牵手那一刻起，
我们就深知这一路的荆棘。

有过吵闹，
有过分歧，
但坚定的信念始终把我们捏在一起。

六年的异地，
数不尽的短信按坏了多少部手机。
六年的异地，

每次短暂相聚过后又有多少不可回避的分离。

如今，分离的岁月已经过去，
带给我们的是对彼此更加的珍惜！
锡婚的脚印布满了我们过去幸福而又艰辛的十年，
也记载了我们柴米油盐的点点滴滴。
其实，最大的幸福莫过于孩子的咿呀学语，
其实，家人的陪伴才是爱的真谛。
感谢你，我的爱人，对我一直以来的陪伴和鼓励。
如今，我们要感谢所经历的风风雨雨，
使我们的感情如风雨后的彩虹般绚丽。
那些风吹雨打般的考验与磨砺，
对彼此的牵挂与羁绊有着奠基的意义。

正如母校一百一十载的沧桑砥砺，
若没有饱经风雨的洗礼，
哪来今日的巍峨耸立。
在母校华诞之际，
我等兰大儿女，
从五湖四海，四面八方，
特回家献上最珍贵的贺礼，
瞻仰母校的神气。

万言千语，
感谢母校的培育。
母校钟灵毓秀，人杰地灵，
为祖国造就多少奇迹。
一代又一代兰大人，
前仆后继，

为母校争得荣誉。

母校，你就像一棵屹立的松柏，
不畏严寒，四季常绿。
母校，你就像镶嵌在我国西北地区的一颗明珠，
熠熠生辉，光鲜亮丽。

今日，
我们在这里，
向母校献上最崇高的敬意！
"自强不息、独树一帜"，
在每个兰大人心中都有深远的意义。
愿母校继续书写，
那华夏历史上的奇迹！

夫妻简介：

马崇博，2005—2009 年，兰州大学化学化工学院化学基地班（本科）；2009—2013 年，兰州大学化学化工学院有机化学专业（硕士）

杜　衍，2002—2006 年，兰州大学化学化工学院化学基地班（本科）

我们的爱情故事

文／黄丽珍　王伟伟

　　故事的开始很简单，2010 年暑假，我升大三，王先生升大二。我们因一个暑期实践项目相识。王先生说相见的那一眼就是一生，他第一次在天山堂的大教室看见我，记忆很深刻，感觉似曾相识。相比王先生对我的一见钟情，我对于第一次见面印象模糊，只记得这个男孩拥有灿烂的笑容。

　　为期一个星期的暑期实践，我们在西北烈日下用最省钱的方案走遍调研地点，完成项目任务。相处时光很短暂，但抵挡不住青春时期的相互吸引。我们很谈得来，一开始是 QQ 短信，后来他主动给我打电话，经过一个暑期，我们好像就熟悉了。我想大概是因为在行走过程中王先生接住了我沉重的行李，也可能因为每一次交谈时的会心一笑。也许就是因为命中注定，我们相恋了。大三上半年，根据学院安排，我要到深圳实习，王先生正常返校开学。在 2010 年我生日那天，王先生对我表白了，没有深情的话语，他只是在电话里对我唱了一首生日快乐歌，我们就相互默认了。现在想想，大概是因为我们都想恋爱了，于是每年我的生日就默认为我们的纪念日。

　　异地恋，需要理解和勇气。对我们来说，初恋是一辈子，也是人生中一段相互了解和增进情感的美好旅程。恋爱的时光里，虽然不能天天见面，但是因为心里装着对方，每天都元气满满。9 年前没有微信，通信没有这么方便，短信和电话成为重要纽带，接通深圳和兰州的千里距

离。那时候我们会静下来写信，用文字记录一些琐碎的小事，至今还记得收到信的那份欢喜。2011年初，我结束实习回到学校，我们在萃英山上露营，在灯光下数六瓣雪花，在图书馆里复习，在塔尔寺舒缓情绪，在后市场里找美食，像所有情侣那样有时吵闹、有时欢喜。2012年我要毕业了，在机缘巧合下考上了家乡的公务员，没有更合适的工作，便只能回桂林，我们再次面临异地。毕业分离的伤感没有淹没我们对未来的期望。我的内心对过于具体的计划和承诺有些恐惧，这些会给我们的感情带来压力，所以我们没有给对方许下什么具体的承诺，先各自开始天南地北的奋斗之路，但是我们彼此很坚定，从来没有想过分开。

2012—2017年，是我们为美好未来坚持奋斗的5年。这段时间有压力和痛苦，工作相距千里，父母坚决反对，还有一些亲朋好友的消极"现身"举例等，都在劝说我们趁早分手，各自安家。经常有人问我，异地恋辛苦吗？说实话我已经回忆不起来痛苦的时候了，更多的是在一起的快乐时光，所以人生不管再怎么艰难都不要放弃。我们之间相互的关爱足够多，虽然没有时刻在身边，但是每一个重要的时间节点我们都在一起。这几年我们各自工作，生活也非常简单，不敢说工作成绩有多好，但是为我们后来去深圳发展提供了基础。空间上的距离没有阻碍我们的情感沟通，我们每天交流发生在身边的事，彼此之间非常亲密。两个人要想相处得好，必然有一方更谦让、包容，而我是被谦让、包容的那个人。我要感谢王先生对我的宽容和关爱，感谢我们彼此的理解和坚持，让我们跨越重重阻隔一直在一起。

生活到处充满惊喜，兵来将挡，水来土掩。

我们一直在寻找团聚的机会，在多次尝试之后，2017 年 9 月我来到深圳工作，同时王先生开始准备中山大学研究生考试。2018 年 6 月王先生辞职，9 月开始就读中山大学研究生，我们在珠三角开始了人生新旅程。面对新的环境，我不畏惧，反而更有动力了。2018 年，我的父母松口了，他们看到我们的坚持，也相信我们会过好自己的小日子。天下父母为孩子着想的心都是一样的，我们用实际行动告诉他们能幸福，他们就会支持我们。2018 年 10 月，我们举办了婚礼，水到渠成。

生活不会总是一帆风顺，婚后不久，我体检发现甲状腺有问题，得知结果的时候，我的心情五味杂陈。从发现到治疗是很短的一个过程，疑惑、担忧、烦躁等一系列情绪让我很崩溃。王先生充分展现了他的耐心、细心和担当，一直在身边悉心照顾我。很庆幸，遇到难题的时候王先生总能在身边给我及时的帮助，祸兮福之所倚，福兮祸之所伏，我相信一切都是最好的安排。

一辈子很长，我们一起见日月星辰，谈往后余生。我们的生活总是有悲有喜，这样才是人生。在最美好的年华里，

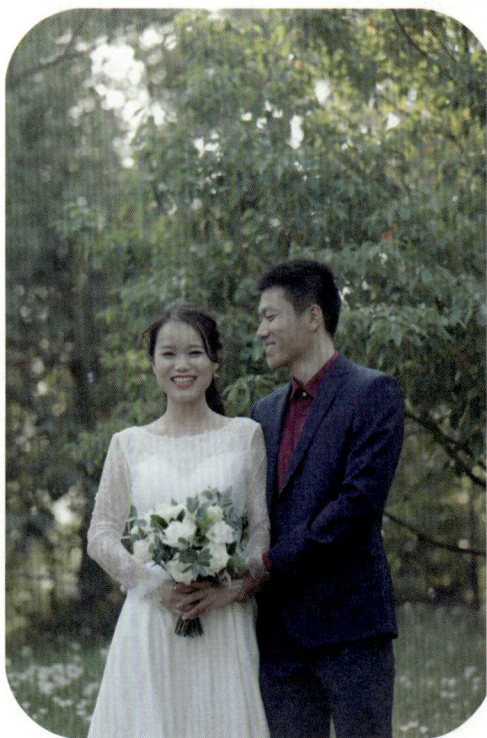

我们在兰州大学相遇、相知到相守，感谢母校培养了我们自强不息的品格，让我们不论在爱情、生活还是工作中都能从容不迫、迎难而上。愿岁月静好，琴瑟和鸣。

夫妻简介：

王伟伟，2009—2013 年，兰州大学大气科学学院大气科学专业（本科）

黄丽珍，2008—2012 年，兰州大学历史文化学院旅游管理专业（本科）

情出于兰，爱在兰大

文/李迎军　许丽华

故事开始于 2008 年。

那年夏天，一个从来没有出过远门的小伙子，千里迢迢、独自一人来到兰州大学。在这里，他邂逅了一位兰州姑娘，找到自己一生的幸福。

千里而来，在兰大遇见她

小伙子来自河南，个头一米七八，眼睛很小，看上去白白瘦瘦。女孩则是一名典型的西北姑娘，性格开朗、大方，一米七四的身高，显得格外高挑。两个人同属一个班级——2008 级教育学班。教育学院是兰州大学成立较晚的院系之一，一个年级只有两个班，每班人数二十多人，同学们熟悉起来比较快。不过在开始的一两个月内，故事中的两个人并不相熟。他们仅有的交集，只限于课堂上的礼貌问候。不过，随着时间的流转，由于共同的爱好，两个人逐渐熟悉，变成无话不谈的好友。有时候，在学校的后市场吃饭时遇到，聊起某位老师的课程；有时候，是在志愿支教的路上，谈论起今天遇到了某个有趣的小朋友，给小朋友们教了什么；有时候，是在学校的操场边，谈论个人的兴趣爱好及科比、贝克汉姆等喜欢的球星……而更多的时候，两个人则是通过电话短信的方式交流。

那时，微信还没产生，手机还不智能，男孩甚至连电脑都没有，两个人通过手机互发短消息，聊到深夜。有一天，同宿舍的兄弟们看到男孩一个月的话费明细上，竟然有一两千条短消息，大家觉得惊奇不已。殊不知，这是他和她在榆中校区的夜晚，通过讯息传递爱的情愫。

蓦然回首，那人却在灯火阑珊处

爱情如藤蔓，总在不经意间如野草般疯长，盘踞着恋人的心田。2009年5月，在蔚蓝的青海湖边，男生向女孩表达了爱意。女孩一开始有些慌乱，或许是害羞，或许是认为两人的关系处于友情以上，恋人未满，于是和男生订下了两年的爱情之约——如果男生愿意为她等候两年，就答应他。

同在一个学校，更是一个班级的同学，两个人每天上课，低头不见抬头见。两年的时光对于男生而言，是何等的难。在这两年默默暧昧的期间，有许多难忘的瞬间。为了表明心意，男生和女孩每隔一段时间，将近期的感悟写在一个记录本上，通过兰大图书馆的柜子，以书传情。事后想来，有一分幼稚之外，其余九分则显得那么甜蜜。

不过，随着两人身边的同学，一个个都有了男女朋友，甚至班级里陆续出现了同班情侣。两个人也为了要不要公开恋爱关系，有过激烈的讨论，甚至争吵。好在冷静过后，两个人总会找到理由重归于好，用一份真诚信守着两年之约。

时间在不知不觉中流逝，2011年6月，两年之期到了。男孩守得云开见月明，两个人的恋人关系终于得以公开，得到周围同学们的调侃与祝福。众里寻他千百度，蓦然回首，那人却在灯火阑珊处。两个人之前的相守、相约，在这一刻得到了最圆满的结果！

大四期间，是两个人在大学最幸福的一段时光。两人去萃英山看日出，兴隆山春游，官滩沟探秘，黄河边漫步……校园的周边都是两个人的涉足之地，有时候感觉空气中都洋溢着爱的气息。不过，快乐的时光总是短暂，转眼步入了毕业的季节，离开母校的日子越来越近了！两个人都选

择了考研，一个目标江苏，一个目标浙江。可是，男生顺利地实现了目标，女生却失利了……分手还是坚守，成了摆在两人面前最现实的问题。

相思相见知何日，此时此夜难为情

"入我相思门，知我相思苦，长相思兮长相忆，短相思兮无穷极。"身处异地的恋人，往往饱受相思之苦。兰大本科毕业以后，男生去江苏南京上学，女生留在甘肃兰州工作。一个居于黄河之源，一个居于长江之尾，相隔1700多千米，需要乘一天一夜的火车才能到达。距离，让两个人只能凭借通信手段来经营、维持恋爱关系。有一段时间，女生工作不顺利，找男生诉苦，男生恨不得立刻飞到女生身边去安慰她。有时候，男生遇到了困惑，女孩也会在电话里安慰对方。虽然相隔千里，没有海誓山盟，但两人的心紧贴在一起。2013年，男生凭借勤工俭学的收入带女孩游玩，两人度过了一段难忘的时光，并相约一定坚守住爱情。少有的相聚，显得那么弥足珍贵。距离，不仅是一种阻碍、考验，更是一块爱情的试金石。

2014 年夏，女生来到南京上学，两个异地恋爱两年的人，终于重逢了。他们总算能够一周相聚一两次，天长地久、触手可及的幸福似乎就在眼前。不过，命运似乎总给两人的爱情故事增添曲折。2015 年，男生即将毕业，或许是冥冥注定，男生最终的工作地，是离南京 300 千米外的浙江杭州——女孩本科毕业时考研的目标城市。刚刚重逢一年的恋人，又分开了……

好在，这次的距离从 1700 多千米，缩短到只有 300 千米，高铁更是让两个城市的距离变得更短。闲暇时，两个人泛舟西湖，夜宿乌镇，登览黄山，漫步鼓浪屿……"金风玉露一相逢，便胜却人间无数"，从 2015 年到 2019 年，分处两地的他们，少了一分苦楚，多了几分甜蜜。

2019 年，男生下定决心回到南京，和 11 年前相识、8 年前相恋的姑娘团聚。历经情感波折和距离的考验，两个人终于走到了一起。缘于兰大，成于江南，相守天涯的恋人终成眷侣。两情若是久长时，又岂在朝朝暮暮，这是异地恋情侣对爱情抱有的良好期望。相识是缘，相守是爱，祝愿每一朵在兰大种下的爱情之花，都能在时间的长河中历经考验，生根、发芽、开花。

夫妻简介：

李迎军，2008—2012 年，兰州大学教育学院教育学专业（本科）

许丽华，2008—2012 年，兰州大学教育学院教育学专业（本科）

相遇兰大·相守终生

文／曹钦茹　杨建强

　　现在回想起来，如果知道我们的感情会经历如此漫长的等待和煎熬，我们还会坚持吗？

　　时间回到 2008 年 9 月榆中校区开学的课堂上，老师让同学们一个个自我介绍。女生在前排先介绍了自己，等到男生介绍完，女生转过头激动地说："原来你也是宝鸡的啊。"男生害羞地涨红了脸，淡淡地点了点头。其实在女生介绍完之后，男生就记住了女生跟自己是老乡的事，只是因为害羞，他不知道该说什么。自此，他们就算认识了。

　　男生的害羞使故事的真正开始晚了很多。大一、大二期间，他们都在

各自的世界中，中间似乎隔着一层薄薄的纸。榆中校区的时光温吞、缓慢，天很蓝，云很轻。男生每天在图书馆借一大堆书，到了大二，女生去台湾交流，她寄来一张明信片，男生想不到女生还惦记着自己，他把明信片偷偷地压在抽屉里，心里埋下了一粒种子。

到了大三，女生从台湾回来，他们才真正熟络了起来。终于在2011年3月16日，初春的晚上，男生约了女生，两人一起走在兰大博物馆旁边那条小路上，当两个人陷入沉默之际，他突然紧紧地牵起了她的手，将友情升华成了爱情。虽然那一刻，两个人的手都有些颤抖和僵硬，但是他们从此再也没有松开过。他们手牵着手几乎走遍了榆中校区的角角落落。

大四，同学们都开始各自为未来而奔波，他们两人每天结伴，在兰大医学校区核学院对面那间老旧的自习室里学习，除了晚上的休息，每天形影不离。学累了，就在旁边的花园里坐坐，晒晒太阳，聊聊心事。冬天的自习室里没有暖气，很冷，但是内心很充实，也很快乐。

两个人都是跨校跨专业考研，女生没有考上目标学校，男生则因为英语没过线而遗憾落榜。成绩出来那天，两个人都很失落，好在女生最终调剂到家乡的一个211院校。六月的毕业季，送走了同学，也送走了女生，男生决定回到榆中校区重新考研，接着考他的目标学校。

他们开始了长时间的异地恋。男生在兰州，女生在西安。那时还没有微信，为了不影响男生学习，他们约定每周只打一次电话。同时，他们还通过写信互诉衷肠。尽管如此，女生还是有几次没有提前说，就坐了一夜火车来看望男生。男生嘴上责怪她，心里却无比开心和感恩。在他枯燥的考研过程中，女生不断寄来吃的、穿的，为他购买考研的资料……这一切都让男生从心灵深处有了责任感。考研报名那天，因为男生是往届生，户籍又不在兰州，除非拿户口本，否则男生无法报考。那时，距离报考结束只有一天了。男生急哭了，赶忙打电话给女生，女生当即决定从男生家里取来户口本，坐当天晚上的火车，在第二天早上赶到兰州，男生才报名成功。

男生在复习期间非常用功，每天五六点起床去图书馆排队占座，当图书馆响起肯尼·基的萨克斯曲《回家》时，才回到住处，日复一日。考研

结束，他们短暂相见，本想一起回家，但男生因为前途未卜，决定暂不回家，他要在兰州找份短暂的工作以等待考研成绩。其实男生不是狠心，而是他觉得自己到了承担责任的年纪，应该要自食其力了。就这样，他在兰州一家管吃管住的饭店里打工，过了一个年。

功不唐捐，当年男生以该校专业第一的成绩进入面试，且最终获得硕博连读的资格。即将离开兰州的时候，他将打工所得的 2600 元工资寄给了女生。女生则又把钱给了男生，让他作为去北京面试的"盘缠"。

从此，他们又要开始漫长的相隔千里的思念。北京和西安距离 1100 多千米，六年间，男生在学习之余多次往返北京和西安。硕士毕业那年，女生在家乡找了一份工作，男生也开始筹划回到家乡。2017 年，男生赴日本学习交流一年，他们离得更远了，但每天都要互发视频，其间女生也去了两趟日本，男生用他蹩脚的外语带着她游玩了西日本。一次难忘的旅途，也让他们彼此更加坚定。

4 月 12 日，男生决定向女生求婚。男生开玩笑说是取谐音"死要爱"。男生提前买好了戒指和玫瑰花，前一天晚上整夜都睡不着，偷偷翻出女生的手机记下了她同事的电话号码，以便里应外合。这一切，女生都蒙在鼓里。直到下午下班的时候，男生手捧玫瑰和戒指出现在女生的办公室，当着同事的面向女生求婚，男生唱了一首《相知相爱》：

经历的不会都记起

过去的不会都忘记

有些往事有些回忆

成熟了我也就陶冶了你

……

为女生戴上戒指的那一刻，男生和女生眼中都泛起了泪花，不是因为异地恋的辛苦，而是渡尽劫波后终得爱情的幸福。

回到开头的问题，我想时间给了我们答案，我们都会说，不后悔。即使重新选择，我们也会将平凡的爱情坚持到底。正是兰大造就了我们这份不渝的情缘。因为兰大我们相识相知，也因为兰大我们相濡以沫，是兰大赋予了我们坚守爱情的勇气和毅力。2011 年到 2019 年，8 年的时光见证了我们最美好的青春时代，这份深情将铭刻在彼此生命的深处。相遇兰大，相守终生！

夫妻简介：

杨建强，2008—2012 年，兰州大学政治与行政学院思想政治教育专业（本科）

曹钦茹，2008—2012 年，兰州大学政治与行政学院思想政治教育专业（本科）

爱在兰大，相约永远

文/黄波 叶蕾

相爱兰大

　　我来自湖北，他来自四川。本来相隔万水千山，生活毫无交集，一场高考让我们有幸成为兰州大学地球化学专业的同学，缘分由此开始。我们相识于 2008 年，恰逢青春年华，初见的那一刻没有想到彼此相互陪伴，白头偕老。我们相恋于 2012 年 6 月 16 日，临近毕业离别，几个要好的朋友在一起把酒话别，说一些"苟富贵，勿相忘""好聚好散"之类的话语。突然，他开始声情并茂地向我表达爱慕之情，希望能照顾我的余生。大家都觉得他可能是吃多了肉、喝多了酒，上头了。我也在犹豫彷徨，毕竟我们下个阶段的人生已经计划好了，都要读研。我被保送兰大的研究生，他考上中国地质大学（北京）的研究生，两地相隔 1500 多千米，而

且老家也不在一个地方，人生似乎很难再有交集。我本想拒绝他，但话到嘴边却因为他坚定地说"以后你去哪里我便去哪里"，而变成了"给彼此一个机会试试看"。于是我们在一起了，没有校园某个角落喜剧般的突然相撞、一吻定情，也没有楼下的蜡烛摆心和为爱歌唱。不过，也许幸福就是这样，你伸手相邀，我欣然相伴，两个懵懵懂懂的年轻人在兰大校园里开始一段爱的旅行，成为彼此的初恋。

我们后来也讨论过，为什么大学4年不在一起，却要在离别时在一起？他的理解是：毕业在即的时候，其他人的感觉是大学4年结束了，而他最强烈的感觉却是见到我的时间所剩无多。坐在一起说离别的时候，他才知道多么的不舍，犹豫让人痛苦，不舍让人痛苦，如果不表白，后悔也会让人痛苦，所以才会在离别之际勇敢表白。而我觉得：大学期间，虽然关系一直不错，但是他总觉得时机还不够成熟，只有等到快毕业的时候，方觉时间短暂万分不舍，不想留有遗憾，因此暗下决心要克服困难放手一搏。虽然同学都说他看我眼中带光，但我觉得他对我只是同学之间的关心和照顾，完全没放在心上，只有当他把爱说出口，才发现自己并不是对他没有感觉。

相守异地

在一起 10 天，我们还没来得及好好牵手、好好拥抱，他就提前开启了北京的研究生生活。自此，我们开启了三年异地恋爱之旅。

兰州与北京相隔 1500 多千米，最快的火车耗时 17 个小时，为了兼顾爱人和学业，我们平时省吃俭用、认真学习。每隔两个月，他坐晚上出发的火车硬座或者硬卧来看我。第二天两人一起穿梭在大街小巷：亲近黄河的浪花，尝遍正宁路的小吃，上白塔山一览金城的壮丽；或者我去北京看他，我们逛故宫、游颐和园、爬香山看红叶、去长城看人海，好不欢乐。晚上找个同学的宿舍挤一挤凑合一晚，过两天又挤晚上的火车赶回学校上课。

3 年的异地时光里，我们虽然距离很远，但心却很近。我遇到快乐的事情，第一个想分享的人是他；我遇到难过的事情，第一个想倾诉的人也是他。犹记得我在野外被困秦岭山中，他等了我一晚上的电话，凌晨五点钟电话接通的时候他快哭了，我就知道此生是他；犹记得 2014 年我在汕尾出差出车祸右腿骨裂，我怕父母担心，只告诉了他。他抛下项目来兰州照顾我，整整一个月每天煲汤煮饭陪我散步，我就知道此生一定是他。

3 年时光里，我们的感情逐步升华，很默契地形成了三条"异地铁律"：每天打电话，创造机会多见面，不能随便提分手。我们始终坚持这三条"异地铁律"，甚至在异地结束之后，我们还在践行这三点。3 年的异地生活，并没有让我们耐不住寂寞、彼此疏远，反而让我们越走越近，更懂得沟通交流，更珍惜彼此，更坚定相爱相守的信念。

相约旅行

读万卷书穷通世理，行万里路明德亲民。我们坚定地认为：说 100 遍我爱你，都不如一起手牵手，去看雄伟的山，去看秀丽的水，去看日出和日落，去感受春夏秋冬来得真实。

在一起的 7 年里，我们一起去过 5A 级景区 20 余处，包括奇险第一的华山、秀绝天下的峨眉山、巍峨的长城、"天下江山第一楼"的黄鹤楼、神奇的九寨黄龙等。没遇见你之前，我路过山，山不语，路过海，海无声，春夏秋冬也只是自然更替；可我遇见你之后，浮云抱着山，山笑了，浪潮从远处赶来，和堤岸嬉戏。春有惊雷，夏有凉风，秋有绵雨，冬有落雪。我四季有你，胜过人间无数。每一处美景都与爱结合，化成美好的共同回忆，每一帧风景都因为有你而变得特别。

在爱的旅行中，他是旅行前的筹谋者，是旅途中的引领者，而我是旅途中的参与者，是旅行后的总结者。我会收集旅行的车票、机票、门票和电影票等，把每一次旅行中的各种票用皮筋绑成厚厚的一沓，有时候拿出来翻一翻，一起回忆这趟旅程中的奇闻逸事，顺便畅想下次的旅行目标。有时候也会整理旅行中的照片，选一些照片做成小视频、马赛克照片集和爱情旅行记录册等，爱情让我变得多才多艺。

钱钟书说，旅行是最劳顿、最麻烦、叫人本相毕现的时候，经过长期旅行而彼此不讨厌的人，才可以结交做朋友。我们也是在一次次的旅行中，找到了舒服、合适的相处方式，坚定了共同走下去的决心。

相伴余生

2015 年，我们研究生毕业了。与之前约定不同的是，我们并没有去离我家乡近的武汉工作，而是最后选择离他家近的成都。他觉得他肯为了我放下一切承诺要追随左右，最后发现我也愿意为了他不顾一切永远相随，爱情就是这样，两个人彼此靠近。有人

说，因为一个人，爱上一座城。本来成都于我而言是一座陌生的城市，但是因为有他，我感受到温暖和爱，我们一起在这座城市买房子安家，这里成了我们全新的开始。

2019 年，正值我们的母校兰大 110 周年校庆，也是我们相恋的第 7 年。我们决定用合法的方式对这段感情进行升华，也用特别的方式为母校送上一份祝福，于是我们领证结婚了。举行婚礼的时间是西方的情人节，在"有情人终成眷属"的特别日子里，我们在双方亲戚朋友的见证下，许下一生一世的誓言。更令人喜悦的是，我们入选参加了母校 110 周年校庆集体婚礼，我们回到母校，与在这里收获爱情、学业的 110 对幸福夫妇一起，在母校老师和同学们的祝福中，为爱情喝彩，为母校庆生。

我们的爱情之路，在母校生根发芽，在异地和旅行中升华，最后修成正果。回首来时的路，并非一路坦途，我们也曾迷茫，也曾争吵，但这些都是短暂的。虽然迷茫，但仍不改在一起的决心。虽然争吵，但仍不忘相互关心。无论是异地还是在一起，我们都从未丢弃对彼此的温柔与关怀。爱让我们褪去青涩的棱角，爱让我们学会成长和担当。往后余生，我们将继续带着母校的祝福和教诲，诚恳踏实地与爱人一起，不忘初心、与爱同行。一起携手并肩走过人生得意、事业繁华，走过幸福美满、宜室宜家……

夫妻简介：

黄　波，2008—2012 年，兰州大学地质科学与矿产资源学院地球化学专业（本科）

叶　蕾，2008—2012 年，兰州大学地质科学与矿产资源学院地球化学专业（本科）；2012—2015 年，兰州大学地质科学与矿产资源学院地球化学专业（硕士）

我若转身，他就在那儿

文／常 婧 张 毅

那年夏天，我和你的初遇

2009 年 8 月 21 日，这是一个特殊的日子。这一天，我们共同进入兰州大学学习，成为同班同学。班级的第一次见面是在兰州大学榆中校区的将军院，当时我对他的第一印象就是：这个同学好高啊！当然了，他对我的印象可能是，班级第二高的女生。

放飞自我的大学生活，我们成了"好哥们儿"

大学的生活对于我们来说，一切都是那么新奇。我们如同放飞的小

鸟，终于来到可以自由飞翔的天地。军训开始之后，我们共同担任副排长，每天一起训练，后来班级选举，我们又竞选了班委，成为工作搭档。由于我的性格开朗，特别像个男孩子，所以开学没多久我就和同学们迅速打成一片。聚餐、玩耍成了我们大学生活中的一部分，我们就这样成为"好哥们儿"。

"好哥们儿"的常态，除了互相吐槽、嫌弃，还互相给予温暖、相互依靠。我说喜欢吃草莓蛋糕，他就在我生日的时候买了一个上面都是草莓的蛋糕，当时我惊呆了——这个蛋糕太"实在"了，兄弟真的很够意思。还有一次帮别人订房间，由于冰雹天气航班晚到，我不得不将房卡寄存在酒店前台。但是当时已经很晚，天空不停地打着雷，我一个人不敢去，只好找人求助。我第一时间给他打电话，说明事情缘由，他立马说要借个自行车载我过去。回来的时候，他笑话我说："你是老鼠胆子吧，打个雷把你吓得，自己都照顾不好自己。"虽然被他笑话，但是我觉得在那个时候，他在我心里就值得被信赖。

确认过眼神，你就是对的人

时间过得很快，我们在吵吵闹闹中度过了四年的大学时光。还记得一位老师说过，大学四年是人生最宝贵的四年，这是一段如金子般闪闪发光

的岁月。在最宝贵的时间里，我们出现在彼此生命中。后来，我们很幸运地被同时保送至兰州大学西部环境与气候变化研究院，再次成为硕士研究生同学。虽然我们不是跟随同一个导师学习，但是日常上课还是会在一起。可能是认识太久了，我们都不记得何时正式确定了恋爱关系。后来我总说，他欠我一次正儿八经的表白。可能一旦遇到对的人，追求和表白也就没有那么重要，只要在一起就对了。

我在叽叽喳喳，你却一脸微笑

刚开始，我们由"好哥们儿"模式向"恋人"模式转变，彼此还很难适应新的身份。但是在一起久了，彼此的潜质得到了充分的挖掘，我们本来想拥有有趣的灵魂，没想到在搞笑的路上越走越远，一去不复返。

一直以来，我都是话多的那个，平时聊天时叽叽喳喳地讲个不停，他在一边默默地听着，偶尔发表自己的意见。朋友聚餐的时候，也是我一直在讲话，他在旁边静静地看，静静地听。有时候我问他："我这样是不是太闹了？"他说："没事，你开心就好，就算你在我的朋友圈比我受欢迎也没有关系。"

我们偶尔也会浪漫。有时候去师兄家吃饭，我提出要帮忙，他会说："你和师妹们去玩吧，我去帮忙就行，有我在就不会让你的手沾水干活。"这一刻，男友力十足。虽然他话不多，但是我说过的心愿，他都会记在心里，并默默地做好。我无意间说自己喜欢的口红丢了，他会在出差的时候买一支给我惊喜，还用他有限的彩妆知识让导购帮忙试色再进行挑选。但凡他吃过的美食，而我没有吃，他会问别人在哪里买，然后买给我或者带我去那里吃。

我们都有自己的个性，但是他愿意迁就我，愿意把我的感受和需求放在第一位，这让我觉得很温暖。

爱是疲惫生活中的精神梦想

我们的爱情，时而甜蜜，时而搞笑。我们在不知不觉中相继进入博士学习阶段。博士的学习是枯燥的，但也是塑造科学思维、培养科研能力至关重要的时期，而我们也开始面临选择。

2016 年，我提出我们需要申请公派留学去国外学习的想法，但他是排斥的。多年的相处让我知道，他其实不是不想出国学习，只是不想和我分开。而我是一个特别倔强的人，认定的事情不会改变主意。还记得当时我说，暂时的分开是为了以后更好地在一起，我坚信自己可以在没有他陪伴的日子里挺住。然而在他出国的当天，我一路从火车站哭着回到学校，原来我并没有那么坚强。

分别的阴霾很快过去，我知道他周围没有中国的小伙伴和同事，知道他喜欢和我聊天，所以在他去英国的那一年，我每天都会和他聊天。他如同以前一样，在手机的另一端静静地看，静静地听，静静地微笑。考虑到两地有时差，我们经常选择北京时间的早上进行视频，而我要早起、他要晚睡才能实现。对于一个经常睡不醒的人来说，每一天的早起都是挑战，可是我知道他需要陪伴，我就一定起得来。也许这就是生活让我们经历的一点小磨难吧，如果经受磨难是无法逃避的现实，那我们就勇敢地面对它、接受它、克服它。事实证明，我做到了。

他会不断地和我分享在英国的一些见闻。比如，英国的超市周末只开到下午四点，他们的蔬菜比肉还贵，超市的甜品和冰激凌种类丰富、外观好看，等等。记得有一次他去诺丁汉城堡玩，站在高处拍了一张比心的照片发给我，说："对着远方比心，是我在想远方的你！"不管身在哪里，他都是一个心中充满爱的人，他会在圣诞节为我挑选表盘上刻有爱心的手表，生日时送上我期待已久的玫瑰花。

回国之时，他满载而归。他对我说，如果没有我的陪伴，在孤独的异国他乡，他可能会抑郁。我就是他的精神支柱，我们的爱是他疲惫生活中的精神梦想！

我说以春为期，你开始了漫长的等待

　　2017 年，我选择了国家公派留学，前往德国学习一年。前一年的分别明显提高了我们对异国恋的免疫力。虽然心有不舍，但他还是很支持我的选择，我对前路也充满期待。他说："只要是你想做的，我都支持。"就这样，在 2017 年 3 月 8 日，我们开启了第二年的异国恋。我说："明年的春天我就回来了。"他说："我等你，等你回来，我娶你。"

　　相比他的英国之旅，我的德国之行比较轻松，周围中国留学生很多，房东也是温和友善的中国人，没有艰难的过渡适应期，一切都显得十分顺利和惬意。虽然我在德国过得很开心，没有什么烦恼，但是他依旧保持每天视频的习惯。我说："其实你可以去工作学习，我一个人没有问题。"他很坚持地说："不，就算你可以，我也要陪着你，你有什么事情可以给我打视频电话，一个人在国外不要害怕。"其实他睡觉很轻，但是他为了能第一时间接到电话，那一年他在休息的时候都不会关静音。

　　到达德国之后我们的模式就反过来了，我会讲一些德国见闻给他，比如在柏林和波茨坦可以用共同的月票，冲锋衣是德国人的"国衣"，德国薯条和烤肠很好吃，家门口的土耳其烤肉夹馍不错，等等。

2018 年 5 月 20 日，他很用心地用折纸、照片和手势，以图片的形式向我比 LOVE。2019 年 1 月 6 日，我在捷克旅行的途中，以同样的形式回应他，因为我知道，他是喜欢的。

始于初见，止于终老

相识 10 年，我们都从青涩走向成熟。相恋 5 年，我们都变成了更好的自己。我们终于在 2018 年 9 月 17 日开始了新的爱情旅程，我们结婚了！

我希望在未知的未来，我们能够成为工作中的好伙伴，生活中的好伴侣，一如初见般坦率真诚，亦如初恋般温暖灿烂。

夫妻简介：

张　毅，2009—2013 年，兰州大学资源环境学院地理信息系统专业（本科）；2013—2018 年，兰州大学资源环境学院自然地理学专业（硕博连读）

常　婧，2009—2013 年，兰州大学资源环境学院地理信息系统专业（本科）；2013—2016 年，兰州大学资源环境学院自然地理学专业（硕士）；2016—2020 年，兰州大学资源环境学院自然地理学专业（博士）

爱在兰大

文/仲 凯 苑广辉

他 说

雪终有一天会降落在梦中，

爱情也会在青春悄然而至。

10 年光阴的轮转，写下日日夜夜的诗，爱情的样子在岁月光景中无比耀眼。从校园的相伴到异地的难熬，一路走来，幸而有你。

对我们来说，2019 年注定不平凡。3 月 11 日，我们领证了。本想在朋友圈写下举世无双的文字，最终只写了"超级开心"四个字，我想这就是幸福吧。它并不高调，也不华丽，但真的开心！拿着小红本，我们买了

属于自己的第一套房子，虽然不大，但是我们终于在这遥远的城市安家。7月28日，我们在西宁举行了终生难忘的婚礼，为你写诗，在我眼中，你永远是最美丽的新娘！那天我还是现役军人，穿着军装向你敬礼，我的军旅生涯虽然不长，但因为有你，它非常圆满。我们随后辗转临江，回门喜宴，夏天的临江真的美，那是因为你在我身边啊！8月18日回到兰州，回到母校，参加了盛大的中式集体婚礼，站在桥上远远相望，真是一眼万年。只有站在母校的土地上，那些年少初识的爱情记忆才能历久弥新。感恩母校，我们爱在兰大，更有幸10年之后重返校园！

致往昔

青春年少恰相识，

萃英山下昆仑堂。

校苑之中杏林楼，

寒去暑往四载已。

西北东南东北方，

纵万水千山难涉。

亦千言万语夜尽，

雨雪风晴相思寄。

气象万千风云聚，

不负往昔不负卿。

寄将至

一时四刻

可取一半

一刻半用来看尽世间风景

一刻半用来尝遍天下美食

一刻半用来创造我们的幸福

剩下一刻半是属于思念的时间

七月流火

八月未央

未来可期

她　说

离开母校已一年，工作之后心中感慨万千。原来人们常说上学是最美好的时光，都是真的。怀念的同时也庆幸自己将最美好的青春留在了兰大，收获了弥足珍贵的友谊，学到了受益终身的知识，遇到了相守一生的爱人！

我是 2009 级大气科学类的苑广辉，来自吉林省的边陲小城——临江，他是 2009 级大气国防班的仲凯，来自青海西宁。2009 年，有一天晚上从图书馆出来的时候，我坠下台阶，扭到了脚。当时我的内心极度崩溃，想家想妈妈，但是怕影响舍友睡觉不敢哭出声。类似的遭遇也落到他身上，在训练的时候掉进沟里。让我们认识的纽带就是治疗跌打损伤的奇药——红花油，他把红花油拿给我用，就这样，我们俩相识了。初次见面是在陈进源老师的高等数学课上，算是一见钟情。那时候短信和飞信是最频繁使用的联系方式了。确定恋爱关系前的聊天是最难忘的，现在还记得当时的我有多激动。

2010 年 11 月 7 日，我们正式在一起了。恋爱中有甜蜜也有争吵，遇见我之前，他因为没有学习自己喜欢的专业而自暴自弃不爱学习，后来两个人互相迁就，他陪我去图书馆教学楼上自习，我陪他出去散心，各自改变了生活和学习的习惯。转眼间到了大三下学期，我决定考研，他决定陪我考研，因此我的考研历程没有那么孤单，因为他给了我很多帮助和鼓励，至今我还保留着他帮我整理的大气物理重点内容。最终我如愿以偿地考上研究生，而他作为国防生服从分配，到镇江的部队工作。分别的时候他送我上火车，在站台上回头拥抱的瞬间，我至今记忆犹新。从此，我们开始了漫长的异地恋。

研一的时候，我面临困难重重的科研任务，他进入单位也遇到各种困难。我们互相抱怨，也因此吵过架，但更多的是相互鼓励支持。第一次异地恋见面的地点是在南京，金秋的桂花香味沁人心脾，是我喜欢的味道。他带着我吃吃玩玩，时间过得很快，分别的时候又是那么地不舍。他的单位在一个偏僻的村庄旁边，每次放假的时候去见他，为了能够省点钱都是坐硬座去，一路上的辛苦，在见到他之后就消散了，他总是在现有的条件中给我最好的，这就够了！

2015 年 1 月，他第一次去我家，我心里既兴奋又担心，但是一个爱你的人又怎么会介意那么多呢？他只想去见你的家人，了解你的生长环境，看看你从小长大的城市、读书的学校，尝尝你吃过的麻辣

烫和板面……在爱你的人面前不需要有任何伪装和掩饰，他会接受你的全部。

当时的我们，对未来也没有很好的规划，总觉得我毕业去找他就好了，随后发现硕士毕业去镇江工作很困难，所以我申请了硕博连读，让我们的异地恋时间又加长 2 年。读博期间我遇到很多棘手的困难，对他发脾气，而他每次都会温柔耐心地安慰我。我知道在我获取学位的道路上有我的努力，也有他的付出，感谢他一直都在。

2017 年，他的单位整体搬到南京，我的就业地址也要因此变动。收到南信大的面试通知，很兴奋，我连夜坐飞机奔向南京，那时候我觉得我马上就可以奔向他了，然而上天总是喜欢跟你开玩笑，二轮面试的时候没过。之后我们每天都在网上找南京学校招聘信息，经历了几个月的难过，发现南信大的气候与环境治理研究院的招聘信息，我又一次来到这所学校面试，并如愿以偿地进入这所学校工作，我们终于结束了 5 年的异地生活。

2018 年 5 月，我回到学校准备毕业答辩、拍毕业照、同学聚餐、离校，这一切都显得格外仓促。在兰州待了 9 年，最后的遗憾是因为工作的缘故，没有投入更多的精力去完成毕业论文，没有好好和大家告别。庆幸的是自己每次做的决定都是正确的，选择了兰大、选择了考研、选择了读博、选择了我的导师张镭老师。

2018 年 6 月，我来到新的学校参加工作。2018 年 12 月，他申请了现役转文职，我们离得更近了。我们仍然会遇到各种各样的困难和问题，不同的是我们再也不用通过电话和视频来彼此抱怨和倾诉。

2019 年 2 月 14 日，我们订婚，3 月 11 日领证，一切都在按部就班进行着。一路走来有太多的快乐、满足、感动，当然也有争吵，但我们都坚定着一份信念和初心：爱彼此，爱自己，一直陪伴。

2009 年在兰大遇见仲先生，并有幸参加 100 周年校庆。在我们携手走过 10 个春秋之后，很荣幸能够参加 110 周年校庆集体婚礼，作为我们爱情最美好的见证，也祝愿母校生日快乐。

回想起和仲先生一路走来，心里满是感慨，长达近 9 年的爱情长跑终于有了满意的结果。在最美好的年纪彼此陪伴，见过彼此年轻时最帅气、漂亮的模样，尽管以后的日子我们不再年轻，希望我们仍然记住彼此最美好的模样，相互扶持，一起度过未来美好的时光。我会一直记得你在婚礼上的热泪盈眶和真挚情感，这是其他那些奢侈的婚礼都不能相比的，感谢仲先生一直在努力让我幸福！

夫妻简介：

仲　凯，2009—2013 年，兰州大学大气科学学院（本科）

苑广辉，2009—2018 年，兰州大学大气科学学院大气物理学与大气环境专业（本科、硕士、博士）

我与车先生

文／程 婷 车 轰

　　我们是高中同学，2009 年我考入兰州大学，车轰去马来西亚理科大学念书，我们自此开启数年的异地恋模式。那时，国际通信费用很高，手机不像现在这般无所不能。那时，发往国外的短信 1 元钱一条，通话是每 6 秒 8 毛钱，过于奢侈，所以我们基本依靠 QQ 沟通。我们每天睡前在网上聊几句，或是偶尔视频，这对我们而言是最简单而温暖的事情。以前用的手机最多只能保存 100 条短信，每当短信存满，新的信息就进不来，但车先生发给我的每一条短信都舍不得删除，于是我专门找了一个小笔记本，将他发给我的每一条信息都抄录下来。对于一些有感触的内容，我还在旁边做上批注，以防日后记不起细节。后来手机更新换代，新买的手机可以像电脑一样不限量储存短消息，所以我没有再坚持抄录短信的习惯，不过两个笔记本的文字倒是成了非常珍贵的记忆。

　　时光流转，不知不觉我和车轰已相处了十年。以时间为轴，十年间我们在一起的时光并非听起来这般冗长。本科四年我在兰大，车轰在国外念书；2013 年他毕业回到兰州，我又参加研究生支教团前往支教地工作一年；待我返校继续读研，他又去外地工作；2017 年他考入兰大，我又刚好毕业。二十几岁的年轻人，总喜欢在人生最美好的时间里惆怅，未知的将来似乎充满了变数，我们的内心总是无法得到安定，长期的异地恋令人变得敏感，也会为一些不值一提的小事生气。我们不了解对方身边正在发生的事情，感受不到真实的情绪，听不到对方说话的声音和语气，只能通过文字传达的意思去揣测，所以很多情侣见一面就能解决的事情，对我们来说会变得困难。庆幸的是，我们之间的爱和信任并未被消磨，一根无形的线一直牵引着我们渡过一次次成长的难关，最终走到一起。

我们都属于性情温和内敛的人，所以我们的爱情里并无太多轰轰烈烈、跌宕起伏的情节，更多的是相互陪伴。从榆中校区到医学校区，再到校本部，那里的教室、图书馆、操场、食堂以及每一条小路都是我们感情的见证。车先生最喜欢本部的图书馆，他觉得积石堂是一个有灵气的地方，只要进图书馆找到座位，接一杯开水，摊开书，内心便得到快速的安定。在我们有较重的学业和工作任务或是无所事事的时候，都可以去那里，自习一会儿、逛逛阅览室，或是坐在大厅一楼的休息区看一部电影，真实又美好。我喜欢和他在校园里"压马路"，图书馆门前的新知大道备受我的青睐。我们长期异地，总觉得在一起的时间很短暂，因此他来学校找我的时候，我总是想尽办法把他拖到公交末班车的时间才让他离开。而新知大道沿途可以路过几个"景点"，我便顺道把他拐到毓秀湖边逛逛，爬一爬钟灵园的小土山，再拉着他看会儿篮球场上的角逐，内心觉得时间被拉长，并感到充实而满足。我猜车先生可能看穿了我的小心机，但也无

可奈何，只好配合我的行动。

我一直给车先生扣着"情商低"的帽子，他的事迹常常成为我给别人讲低情商表现的具体事例，他本人不服气，但申诉常被驳回。我在母校学习生活了8年，其间很多重要的节点车先生都未能参加，一直有点儿遗憾。硕士毕业时，车先生出乎意料地在学院典礼结束后，捧着一束鲜花出现在我面前，祝我毕业快乐。旁边散场的同学看到这个架势以为是求婚，驻足欢呼，车先生不知如何应对，面红耳赤，场面非常欢乐。

几日前，无意中翻出车先生早期写给我的一封信，上书："不知道为什么，我总觉得不能与你分开，似乎感觉失去你的话，我的人生轨迹可能将会停滞不前，真的一点儿也不夸张。现在的情况是有点儿艰难，但我相信我们能携手度过。"是的，我们坚持下来了，如今我们已结束爱情长跑，组建家庭，开启我们的新生活，兑现了对彼此的承诺。我看过李开复发表的一段言论：最好的爱情，并不是终日互相对视，而是共同眺望远方，相伴而行。他们眺望着的，始终是同一个方向。这也是我们希望的爱情的样子。在一段好的感情里，相互信任和包容，可抬头仰望星空共筑梦想，可低头脚踏实地抵肩而行，俯仰之间携手度过一生。

夫妻简介：

车　轰，2017—2020年，兰州大学管理学院工商管理专业（硕士）

程　婷，2009—2013年，兰州大学药学院药学专业（本科）；2014—2017年，兰州大学管理学院行政管理专业（硕士）

兰大——我们的故事从这里开始

文 / 文强强　程印印

2009 年，恰逢兰大百年。我入校，等待着她的出现。

2010 年，兰大新百年的开局之年。她入校，期待着与我的遇见。

2011 年，我们的故事从兰大开始。

兰州，故事开始的地方

那年我大二，在文化行者负责策划和组织校园活动；她大一，作为积极分子踊跃参加校园活动。在一次纪念端午节的校园活动中，我们相识。她不是最漂亮的，但她的直爽、干练深深吸引了我。于是我暗暗下定决心追求她，但如何追求成了我面临的最大问题。

就在那一年暑假，我与她一起跟随文化行者的脚步，走进甘肃文县，让我们的故事有了可能。文县的山好，水好，人更好，我们在这里一起度过了一段美好的时光。在一个安静的晚上，我和她在草河坝小学的旗杆下促膝长谈，从一开始的项目实施到校园生活，再到家中轶事……正是我的细心让她感受到了温暖。

没有轰轰烈烈的表白，也没有甜言蜜语的"哄骗"，甚至连一句"我爱你"都没有。就这样，我们走到一起。有时候我会想：如果她也要求这些，那我还会如此顺利吗？我想大抵不会了吧。

相爱的那年暑假，我先她回家，习惯轻装上阵的我只背了一个双肩包。在送我去火车站的路上，她一会儿买一提水果，一会儿买一箱酸奶，一会儿又买一袋零食……因为东西过多不好拿，只能系在双肩包的背带上，到家后才发现前前后后系了 8 个袋子之多，都是她买给我路上吃的东西，还有带给我爸妈的礼物。就这样，当我出现在我妈面前时，她忍不住笑出了声，说我"仿佛就是一个拾荒的老头"。

2011 年的一天深夜，我急性腹痛，疼得在床上打滚，被朋友送去校医院，后被诊断为尿道结石。因为校医院不具备超声碎石设备，我生平第一次上了救护车，被拉到了市区。因怕她担心，临行前特意嘱咐好友不必告知她，然而疼痛之余我忽略了一个小细节：每天早上我都会通过电话提醒她吃早饭，那天我忘记了。当我平安返回学校的时候，朋友们告诉我：她疯了一般向我的朋友打听我的情况。当看到她时，望着她委屈的眼神，我心痛不已！

我是一个内向害羞的人。恋爱初期，拉手、拥抱都会让我脸红。我们在一起时，我总是刻意与她保持一定的距离，这一行为如今看来是如此的可笑。直到有一天她颇有醋意地向我抱怨，说我们根本就不像一对情侣，此时的我才意识到问题的存在。自此之后，只要有时间，我便会拉着她的手漫步在校园里，感受校园爱情的浪漫，接受"单身狗"的羡慕与嫉妒。在天山堂，我们一起上课；在昆仑堂，我们一起自习；在萃英山上，我们一起欣赏日出日落……整个榆中校区，到处都留下了我们的身影。

我妈常说："当年村子里一共出生了 30 多个孩子，无疑，你是最胖

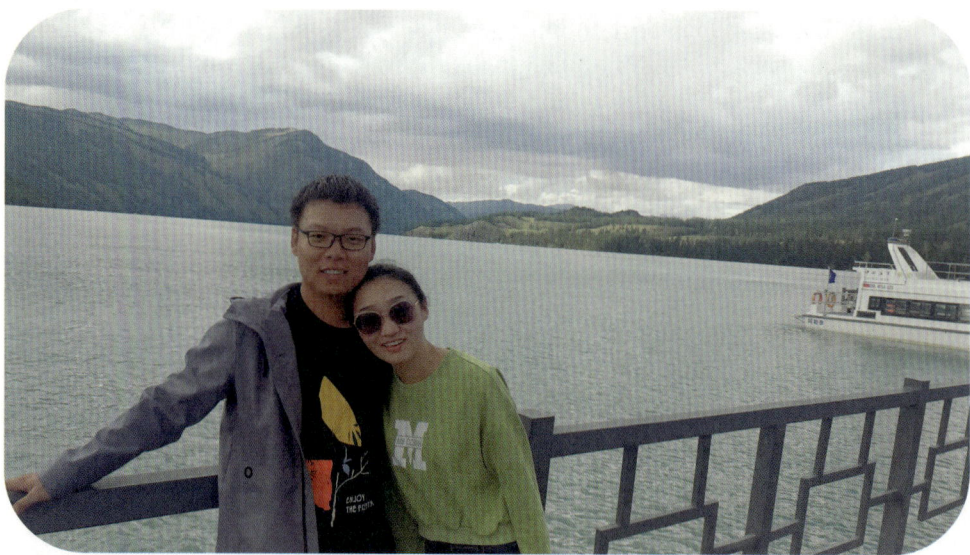

的。"到我们恋爱时，我一如既往地保持着我的"肥胖"。但就是这样一个胖子，却因为她，喜欢上了骑行。无论是长假还是短假，我们都会相约出行。刘家峡、青城古镇、甘南草原、青海湖……都留下了我们的足迹。

美好的校园恋情，无忧无虑。就这样，我们度过了 2 年的美好时光。

天南海北，故事不间断

2013 年，随着我毕业，我们开始了一段长达 4 年的异地恋。

毕业后，我赴承德开始我的第一份工作，她在兰大积极备战考研。2014 年，我辞职赴山东"创业"，她读研。2015 年，我在兰大开始了我的研究生生涯，她在北京继续读研。2016 年，我远赴千里之外的格鲁吉亚教授汉语，她在上海开始了艰苦的"沪漂"生活。

2016 年，"恋爱保险"风靡高校校园，投保满 3 年后两人顺利携手便可在婚礼上获得 10000 朵玫瑰花的"赔付"。不过，我不喜欢"赔付"这个字眼，总觉得万朵玫瑰花对每个人来说都是一种幸福，用"赔付"略显悲情了。我偷偷为她买了这份保险，一来给她一个情人节的惊喜，二来我相信我们的爱情会长长久久。收到保单后，她流泪了，因为感动。她告诉我，她要在婚礼上做全世界最幸福的新娘，把玫瑰花铺满整个屋子。

在异地恋这段时间里，我们只能通过电话互诉衷肠，只能通过视频来解相思之苦。压力大时，她总是喜欢在电话中骂一骂；思念时，她总是会通过视频向我哭一哭。女孩大多感性，在不开心的时候，她也会把分手挂在嘴边，只不过最后都没有成功罢了。

当然，在合适的时候我们也会赴彼此的城市短暂相聚。2015 年，我再次入学兰大，她陪我同往，一起回忆在榆中的点点滴滴；2016 年，她研究生毕业，我从兰大千里奔赴北京，见证她最耀眼的时刻……

就这样，我们的异地恋整整持续了 4 年，因父亲病重，我提前回国。在照顾父亲的这段时间，她常常在忙碌的工作后，趁双休日陪伴在我的身边，陪我一起照顾父亲，为父亲端茶倒水、陪父亲聊天……妈妈常说："没过门的媳妇能做到如此，已经足矣！"也正是经历了这次变故，让我更加坚定"非她不娶"的决心，更加坚定我们能够携手一生的信念。

上海，故事新始

我们的恋爱经受住了时间和空间的考验，在进入恋爱的第 8 个年头，我们结婚了。2018 年 12 月 25 日，我们携手走进了婚姻的殿堂。上海，

成了我们新故事开始的地方。

遗憾的是，我们结婚的时间离"恋爱保险"赔付期仅仅差了 2 个月，这也就意味着我们曾经无比期待的"玫瑰花大秀"没有了，她放弃了那足以铺满整个屋子的玫瑰花。有朋友问："就差 2 个月可以拿到 10000 朵玫瑰花，难道你们不遗憾吗？"每次听到这样的问题，她总是抢在我之前回答："有 10000 朵玫瑰花加持的婚礼固然可喜，但提前 2 个月携手更令我满足。有遗憾，但我们不后悔！"

婚礼，是一个女人最美丽、最幸福的时刻！很惭愧，我没有给她一个婚礼。我们的结合，其实只不过多了一个"红本本"罢了，没有大家期待的婚礼，也没有传统习俗的婚宴。就这样，我在一家事业单位上班，她在一家外企工作，我们一起在上海开始了艰苦奋斗的日子。上海生活不易，不求大富大贵，但求两人相互扶持，共度美好未来！

兰州，是我们的故事开始的地方。上海，是我们的故事延续的地方。这里，不是故事的结束，而是新故事的开始。我们的故事已经持续了 8 年，未来，还会延续很久很久……

夫妻简介：

文强强，2009—2013 年，兰州大学历史文化学院历史学基地班（本科）；2015—2017 年，兰州大学文学院汉语国际教育专业（硕士）

程印印，2010—2014 年，兰州大学外国语学院英语语言文学 1 班（本科）

最美的爱情故事

文／吴文波　陈珍珠

　　每当提起大学时光，我总是忘不了兰大七月的天空，纯净而空灵；忘不了榆中校区红绿相间的操场，充满活力和激情；更忘不了那一汪如镜的毓秀湖水，承载了我和她最美好的青春记忆。兰州大学不仅改变了我的人生轨迹，塑造了我独立、坚毅的品格，更让我收获了一份甜美的校园爱情，并最终携手走进婚姻的殿堂。

两条平行线

　　2010 年的夏天，我和爱人进入兰州大学榆中校区的百亩校园，但我们的相识要在两年之后。在此之前，我们走了一段很长的平行线。每当我

回忆我们相识之前的大学生活，我总会不由自主地产生一种"缘分天注定"的感觉，总觉得自己前两年的每一次看似随机的选择，付出的每一分努力都是为了两年后与她相遇。

我前两年的大学生活可以用两个词概括：学习和体育服务。这两件事是我认识她不可或缺的条件。因高考不顺，我起初所选专业并非心仪，便渴望机会，期待自己能够在大学时光中扭转局面。我很幸运，通过自己的努力，先是转到生命科学学院，一年后又幸运地入选了萃英学院的选拔。我在学习上的付出不仅让我收获了学业上的进步，更让我一步步走近了我的爱人。与此同时，我选择进入学生会，以此来锻炼个人能力。在选择学生会部门时，我进入了体育部——这个看起来和我身体特征有些不符的部门。我开始参与体育策划以及后勤服务工作，这种忙碌的生活一直伴随我走进萃英学院，走进我爱人的生活。

缘于运动

由于我具备学生会工作经验，在进入萃英学院后，我参与了萃英学院学生会的组建，并继续负责体育运动策划以及后勤服务工作。学院刚成立不久，我们便迎来一年一度的校运动会。尴尬的是，我们学院全体学生只有 65 人，应该是当时全校人数最少的学院了。更糟糕的是，我们各专业的同学还不相识，每个人心心念念的还是之前的老学院，各专业之间缺乏凝聚力。

幸运的是，上天派遣了几

位运动能手"拯救"我们学院，我的爱人便是其中之一。那天，上午赛事刚刚结束，作为后勤人员的我正在逐一通知参加下午赛事的同学。就这样，我第一次拨通了她的电话。

"喂，你好。请你下午一点准时参加女子百米比赛。"

"我知道。我就坐在你面前。"

她挂了电话，一脸嫌弃地望着对面的我。一脸诧异的我回过神来，上下打量坐在对面的她，只见她皮肤略黑、身材高挑，头上扎起一个马尾辫，一双水灵灵的大眼睛炯炯有神。她的双脚架在旁边的凳子上，身边几个朋友正在为她捶腿捏背。当时我在心中嘀咕：这姑娘怎么那么霸气外露，一点儿女孩子的矜持都没有。

是的。我们的相识是在彼此嫌弃的眼神中开始的。

不过，在后面的比赛中，她用实力狠狠地给我上了一课，我对她的印象也发生了180度的转变。因为我们学院一多半的比赛得分都归功于她，她的存在让我们整个学院在运动场上扬眉吐气。

就这样，我和她的人生便开始逐渐产生交集。从学院偶然相遇时的寒暄，时不时食堂吃饭时的偶遇，到一起相约打羽毛球，假期一起去爬山，一起在教室包饺子，一起在毓秀湖旁聊聊天。慢慢地，我认识了一个全新的她。我在与她的交谈中了解了她的开朗和热情，在与她外出爬山中体会到她的体贴周到和善解人意，与她在毓秀湖旁谈心时，感受到她的勤劳、懂事和孝顺。就这样，一个假小子在我心目中逐渐隐去，取而代之的是一位美丽善良的姑娘，我在不知不觉中喜欢上了她，一个当初让我嫌弃的她。

时光飞逝，第二年的校运动会又一次如约而至。经过一年的熟悉，大

家已经没有刚来时的生疏。而我也逐渐从体育后勤服务的工作中解脱出来，变成她的"私人助理"或"跟屁虫"。我陪她穿梭在不同的比赛场地间，陪她检录，为她加油、喝彩，为她按摩放松肌肉。在此过程中，我痴迷于她健步如飞的身影，我心动于她每每全力以赴的决心，我醉心于她赢得比赛后笑靥如花的脸庞。让我记忆深刻的是，学院4×100米混合接力比赛决赛中，她在交接棒时猛然摔倒，身体在跑道上连滚数圈。我心疼不已，飞奔到她的身边，小心翼翼地把她搀扶到休息区。经过这场运动会的洗礼，我们之间的感情逐渐升温。

这个学期结束后，我们确定了恋爱关系，她成为我的初恋。我们每天一同去积石堂占座学习，一同去食堂吃饭，一同在毓秀湖牵手散心……几个月的时间悄悄流过，我们也一同进入了毕业季。

异国相恋的考验

在我们相识之前，我申请到出国交流一年的学习机会。就这样，我们在相恋不久后便开始一段异国相恋的考验。

国外的生活很忙碌，我不仅要完成当地学校规定的课程，还要抓紧机会进入实验室，按照兰大的规定完成毕业论文。热恋期的我们对彼此甚是思念，而这种思念只能寄托在每日的视频时间。刚开始，我对她述说国外的奇闻逸事，她与我谈论国内毕业季所见所感。渐渐地，我们开始探讨厨艺技巧。每当我这个"做饭小白"有了新的得意之作，我会拍照留念，向她炫耀一番，企图得到她的夸奖，但经常换来的是先扬后抑的"夸奖"。有时我们也会坐着发呆，但视频通话一直开着。在这个过程中，我莫名其妙地产生了一种要跟她携手共赴一生的想法。我开始在每次视频时，偷偷截屏，耐心归类，记录她的点点滴滴，希望在若干年后的某一天，这些记录能够出现在我的求婚视频中，能够帮我取得她的首肯。我很自豪，兑现了自己当时的承诺，让一张张截屏照片出现在五年后我求婚的视频中，着实让她感动不已。

而她不知从何时起，在每日的视频中守着一团毛线，为我编织围巾。她的手非常灵巧，颜色各异的毛线在她手中缠绕，很快便服服帖帖地匍匐在她的身边。直到现在,我依然记得当年在视频中看她一针一线为我编织围巾时,满满的幸福感萦绕心头的感觉。我更记得在年关将至,孤独寂寞的我收到两条围巾时的感动和欣喜。

出国时,她陪我辗转兰州、山东、北京,将我送出国门;回国时,她又一次不远千里从兰州到达北京机场,将我迎入国门,陪我回到兰大。她的这份付出让我非常感动,也让我更加坚定了自己的选择。

携手迈入婚姻的殿堂

在毕业季的尾巴,我们一同在兰大拍照留念,一同"横扫"正宁路小吃街,一同牵手溜达商业步行街,一同去黄河边饮酒吃串,一同和即将分别的老同学把酒言欢……

我和爱人于 2014 年毕业于兰州大学萃英学院。我们虽然毕业于同一学院,但专业不同。我学生物学专业,我的爱人学数学专业。从某种意义上来说,萃英学院就是我和她的"红娘",让我们牵手相识、彼此相知、逐渐相恋。与此同时,我们也一同见证了萃英学院从无到有的建设历程,切身体会到当时学院各位老师的辛勤付出。这段奇妙的旅程也让我和她对萃英学院、对兰州大学多了一份深深的挂念和爱恋。

后来,我们在北京大学度过五年平静又甜蜜的校园生活,于 2019 年1 月 19 日她生日那天携手走进北京市海淀区民政局,迈入婚姻的殿堂,翻开新的生活篇章。

夫妻简介:

吴文波,2010—2014 年,兰州大学萃英学院生物学专业(本科)

陈珍珠,2010—2014 年,兰州大学萃英学院数学专业(本科)

记兰州大学 110 周年集体婚礼

文 / 李丹茜

　　恰逢兰州大学 110 周年校庆，学校邀请 110 对曾在兰大同窗的夫妇，共同举办一场别开生面的集体婚礼。这场婚礼不仅见证了兰大 110 周年的辉煌，更见证了一场又一场唯美的爱情盛宴。作为一名志愿者，我有机会接触并了解到吴强学长和孙彩虹学姐的爱情经历。

　　他们 2010 年入学，本科 4 年，作为同学的他们没有想过成为情侣，反而是在毕业 3 年后正式确定关系，直到现在。

　　恋爱之始，他在南海岛礁上戍边，她在上海工作，开启两人的异地"网恋"。之后，他被派往郑州学习，她在节假日到郑州去看他，异地"网恋"开始有了异地恋的样子。之后他又回到海南，在这份跨越 2000 多千米的爱情中，结婚前的 3 年时间内，他们仅相聚 16 次，每一次都弥足

珍贵。

她说："如果我们只是经过别人介绍认识的情侣，我可能不会一开始就相信他。但是由于同学这层关系，让我敢于给予他完全的信任。"他说："当她答应了我，我们的爱情便以相伴一生的挚诚走向必定交融的'吴虹余生'。"的确，同学关系本来就很微妙，尤其在大学期间。恰恰就是这份同学情生成的爱情，让两个人打破内心的芥蒂，可以跨越山海的距离，最终收获婚姻的果实。

纪伯伦曾经说过："爱情就是一杯水，你把它倒进杯中，它就是杯子的形状；你把它倒进茶壶里，它就是茶壶的形状。彼此恋爱，却不要做爱的系链。"这就是爱情的真谛吧!我眼中真正的爱情，是人与人之间强烈的依赖、亲近、呵护、陪伴、信任、关怀、忠诚和尊重。可以没有花前月下，没有时刻相见，只要能够给予对方足够的安全感与信任，让两颗心永远地拴在一起，就可以在生活中风雨同舟。我相信在任何人的眼中，爱情都是一件很美的艺术品，美得让人流泪。

6月2日，他们最终走入婚姻的殿堂。整个婚礼都是学长学姐亲自操办。学长在部队请假回家43天，设计筹备婚礼，从婚礼LOGO到婚房布置，方方面面无一不体现学长对学姐浓浓的爱意。

在婚礼当天，学长乘龙舟迎娶学姐，既有新意又不失传统。浪漫的草坪婚礼、洁白的礼服、独特的新婚礼物，所有的一切在爱情的映照下显得如此美丽生动。最让他们满意的是，婚礼的费用全部由自己承担，虽然结婚是两个家族的事情，但不能掩埋自己承担责任的能力与渴望承担的热忱。

从年轻时的懵懂到后来的相互扶持，这一路有欢笑、有泪水、有不甘、也有执着。喜欢是一瞬间的心动，婚姻生活却是长久的坚持；喜欢能拉近彼此的距离，婚姻生活的平淡却能疏远这距离；喜欢能给人踏破坚冰

的勇气，婚姻生活却是验证勇气的唯一真理。当爱情转变成亲情的时候，更多的是用包容的心温暖彼此。

学长曾说，如果在上学期间就确定关系，可能他们走不到今天。正是毕业之后多年的阅历，让他们变得更加成熟与独立，没有了之前的孩子气，多了一份理解，才可以走入婚姻的大门。我曾听过一句话：17岁的恋爱是希望被百般呵护，喜欢被哄着；27岁时学会了体谅，我知道就算我不吵不闹，你从未忘记我在你心里有多重要。长大后，我们明白爱情固然重要，但不是生活的全部。或许一切形式都会随时间消失，但是彼此在对方心中的地位永远不会动摇。

最好的爱情，不是一开始的一拍即合，而是愿意在未来漫长岁月中，为彼此变成更好的自己。爱情不存在天造地设，只有彼此努力，互相成就。

祝学长学姐相亲相爱，同德同心，一生幸福！

夫妻简介：

吴　强，2010—2014年，兰州大学管理学院人力资源管理专业（本科）

孙彩虹，2010—2014年，兰州大学管理学院人力资源管理专业（本科）

让我牵你的手

文／王强强　孙　杰

在南疆已一年有余，当地雨水向来稀少，可此时豆般大的雨点却狠狠地拍打着玻璃，仿佛示意我打开窗户，有什么要紧的话要对我讲，或许是在传递天山北边的人儿魂牵梦萦的相思和挂念。

毕业季，往往充斥着别离和感伤，"分手"也成为了这个十字路口的关键词之一。然而，我们却"独树一帜"，在这个不少人都在考虑分手的"不宜"时节，开始了恋爱之旅。六月的校园，空气里总弥漫着淡淡的忧伤。身边的气氛不知从何时开始变得格外柔和，积石堂前不时有师生三五成群地合影留念，毓秀湖旁总有即将分离的恋人依依惜别，观云楼下常常有行李箱划过路面的"轧轧"声传来……

等我来牵你的手

她嘟着嘴巴，一脸严肃地问我："离校的日子越来越近，你觉得我们能挺过 1900 多千米的空间距离吗？""傻姑娘，你的手现在是不是在我手里？距离虽远，可我们心挨着心，自习室那一缕温暖阳光，天边那朵美丽祥云，窗外那声悦耳蝉鸣，都是我的思念和陪伴，所以你一定要等我来牵你的手！"

2017 年 6 月 28 日，结束了 7 年兰大求学之路后，我怀揣着梦想，踏上开往乌鲁木齐的列车，开始了自己的职业人生。她继续"三点一线"的校园生活，每天看文献、做实验、写论文。

初来乍到，举目无亲，在这个陌生的城市里，每当夜幕降临之时，孤独和悲伤总会填满我的胸膛。于是，晚上 11 点半和她的通话，承载了我所有的希望和欢乐，也成为支撑我继续前进的强大动力。下晚自习回宿舍的路上，她会滔滔不绝地跟我讲述一天的趣事、烦恼和忧愁，也时常会为我友情送唱。而我，好像只要听到她的声音，就会开心得像个孩子，只剩下幸福和快乐。那无数个孤单的夜晚，都是她陪着我一起度过。

七夕上午，她紧张地告诉我，好像有人在暗恋自己，还偷偷送了花。我心里暗笑，问她喜不喜欢。她认真地说，如果是你送的就很喜欢，换成别人，感觉有点怕怕的。我笑着说，真是个傻瓜，是不是9枝红色玫瑰？是不是还有一张卡片？她装作生气地说，不早说，吓死我了。那一刹那，我好像就在她身旁，能清晰地感觉到她的呼吸和心跳，能清楚地看到她开心的模样。

有一次，我们吵架了。乌鲁木齐的天气冷得刺骨，外面飘着鹅毛大雪，地上的积雪足足有一尺多厚，昏黄的灯光里，隐约可见稀疏的行人，我一个人漫无目的地行走在空旷的大街上。"终于等到你……"一阵铃声响起，我知道是她打来的，连忙接通，电话那头，她哭得很悲伤，抽泣着跟我说："说好的等你牵我手，可你却变卦了。"那一刻，我心如刀绞，愧疚至极，刚才我到底对这个美丽的姑娘说了多么无情的话语，才能让她如此难过。我知道，只要一个结实的拥抱，她的心情至少会好一半，可我够不着。我知道，此刻只要我带着一份美食出现，她的心情也会好一半，可我做不到。我知道，此刻只要我在跟前嬉皮笑脸，她的心情肯定能好起来，可我在将近两千公里之外。

有一天通视频，她说都快不记得我长什么样了，白了还是胖了，她都不知道。2018年元旦放假前一天晚上，我偷偷买了去兰州的机票。在观云楼下看到我时，她连忙跑过来，用尽了全身力气紧紧地抱住我，好像要把缺席了几个月的拥抱全部补上一样。那两天，我们像所有的校园情侣一样，我加班，她学习，一起吃饭，一起逛校园，一起听音乐，一起看电影。

再等等，我一定会牵你的手

2018年1月，为响应党中央和自治区党委关于选配青年干部到基层锻炼的号召，我想申请到维护稳定、脱贫攻坚一线，参加"访惠聚"驻村工作。她得知后，一天没跟我说话。一直到第二天，她发短信告诉我："我担心南疆条件太艰苦，你会吃太多苦，所以我不想你去。可是，既然你想去，那我只能支持你。"那一刻，我发现，本以为她毕业到乌鲁木齐，我们的异地恋就会结束，可是我们只是换了个地方继续着这艰难的路程，距离从1900千米变为1500千米，她在天山北，我在天山南。

在南疆驻村的 16 个月里，入农户、进田地成了我工作和生活的重心，所以时常也会因为手机没信号而"失联"，每次都让她心急如焚。有一次，我去村里最远的农户家里走访，他家在偏僻的戈壁滩上，当我意识到要给她留言时，手机已经没信号了。心想，那就尽快走访结束回办公室再跟她联系。到农户家时，年迈的老爷爷正在收割麦子，我和同事立马上前帮忙，天黑才往回走。一路上收到了几十条她未打通电话的短信提醒和上百条微信消息。电话打过去，她既生气又担心，置气说以后再也不管我。可事后，她要走了我们队里所有人的手机号。于是，连接我俩的除了网络，还有我的同事。

又是一年毕业季，她每天忙碌、焦虑，通宵达旦地处理数据、绘图、修改论文。终于有一天，她告诉我，论文盲审通过，可以申请毕业了。紧接着，她又有些失落地说，我终于可以去你的城市找你了，但那个城市却没有你。当时我心里五味杂陈，我能感受到她喜悦过后的失落，却也只能小声地对她说："再等等，等脱贫和驻村任务完成了，我一定会牵你的手！"

为了陪她在兰大过最后一个生日，我和同事调休，赶在生日前夕来到兰州。一天晚饭后在校园里散步，她一脸认真地对我讲："在兰大生活了快十年，还真舍不得离开这儿。对了，我还有一个愿望，能在兰大拍一套婚纱照。"我提出找专业的摄影公司，她却说太费钱，要自己拍。我建议租一套婚纱，她说自己亲手缝制的才有意义。经过好几天的精心准备，一件漂亮的婚纱就在她那双灵巧的手中诞生了。但是，就在她生日的前一天中午，我却因为工作提前返回村里。我们连午饭都没吃，就开始准备拍摄婚纱照，我们都知道，这样的日子以后不多，所以恨不得把兰大校园的每一片土地都带走，至少能记录在照片里。踏上返程的列车，我才忽然想起忘了提前给她过生日，甚至连一声生日祝福都没说。不一会儿，她发来照片，说自己买了个小蛋糕。没有抱怨，没有吵闹，我知道是这该死的异地恋才让她如此坚强！

2019 年 5 月 21 日，是一个我们终生难忘的日子。那天，我们恋爱的"列车"到达终点，转搭"结婚城际列车"。那天，我们克服了异地恋的种种困难和阻碍。从领证大厅出来，我拉着她的手，认真地对她说道："何其幸运，此生有你。等我回来，我一定牵你手，永远不松开。"

在爱情的世界里，她一无所知，在情感的小站里，我成为第一位来客，也会是永远的主人，伴着她宠着她，一生一世坚守在爱情这条长河里。自从我们相爱的那一天开始，她的生命中就多了一种等待，等待着我早日牵她手；我的心中就多了一种期盼，期盼着朝暮能与她厮守，期盼着能牵她手到永远。

于新疆喀什麦盖提县阿亚克塔木村

2019 年 6 月 23 日凌晨

夫妻简介：

王强强，2010—2017 年，兰州大学地质科学与矿产资源科学院地质学专业（本科、硕士）

孙　杰，2008—2018 年，兰州大学资源环境学院地球系统科学专业（本科、硕士、博士）

漫步濠上知鱼乐

文／迟英杰　崔姣姣

迟老师

　　我的理想就是找个有话聊的人，恰好迟老师就是那个能和我聊得来的人。在他面前，我的话太多了，甚至有些唠叨。可我就想事无巨细，什么都跟他说。还好两人智商情商匹配，上到天文下到地理，都能随意胡诌。在一起多年，彼此是恋人更是知己好友。

　　迟老师说和我在一起非常舒服，没有压力。结果我自信心非常膨胀，开始认为任何人和我在一起都很轻松舒服。他表示了"呵呵"。翻了之前写的日志才想起，有次开组会，被老板批评，又赶上那段时间压力很大，每天怀疑自己，觉得自己一无是处。具体发生了什么他并不清楚，但他忽

然说感谢我，说我是很温暖的人，让漂浮在冰冷海水中的我一下子抓到了木板，那样恰恰好的时机，好像只有他才能毫不费力地理解。

有一次夜里和闺蜜聊得很晚了，他没睡着，发现我还在聊。说你是不是和谁在聊。我说你真是我肚子里的蛔虫。猛然问他我最喜欢的女歌手是谁，他也能快准狠地答对。在我面对压力非常焦虑的时候，他鼓励我不要怕，等事情发生了，就会发现没有那么严重。当局者迷，迟老师总是比我更了解我自己，了解我的胆小，了解我的小心思。

迟老师非常喜欢老师这个职业，总想把自己的观点介绍给大家。动不动给我讲历史，虽然我初中的时候也是历史课代表，但是并不喜欢这个沉重的科目。可他就喜欢说，我常常打断。他也非常自负，认为自己知道得太多，老被我嘲笑。很多事情会跟他判断的差不多，也有很多是他胡诌的。我在信与不信之间徘徊，发现他懂的确实挺多。看了那么多古今典故，其间的沉浮纠葛，他比我更清楚。我只不过是完全凭着自己的心意瞎生活罢了，常常没有逻辑和道理。

我们的爱情可以追溯到十九岁，当他交给我一篇乱七八糟的文章时，命运的齿轮就已经悄悄启动。第一次见面，虽然有点尴尬，也算认识了彼此。往后的岁月虽然各自经历，各自生活，但有些东西却已然悄悄埋下了种子，就等着破土而出的那一刻。年轻的我们青涩稚嫩，不懂感情，不懂自我，初出茅庐，在这个世界横冲直撞，碰得头破血流。等着慢慢理解世间种种，才猛然清醒，何谓灵魂伴侣。我等他清扫过往，还我干净世界，他等我情窦萌发，给他成熟情感。时机到了，一切顺其自然，就像冰雪要消融，春草要萌发一样顺乎自然与时节。

我都准备开始独自生活了，打算就这样过下去。他也拒绝家长的安排，决定茕茕孑立。但幸好，我们遇见了彼此。

崔博士

我和她是在 2011 年 2 月 28 日认识的。当时的场景我终生难忘：文史学社是我们哲学社会学院的学生非常喜爱的一个社团，热爱文史的我却因为习惯了独来独往并没有参加，她作为一名后来常常被我嘲笑的"愚蠢的理科生"（夫人及理工科校友们且手下留情）却是该社团的活跃分子。她担任文史学社所办报刊的编辑，需要找人投一篇关于"慎独"的文章。因此，我初中、高中的同学好友，同时也是她大学同学的张雅敏，将我的联系方式给了她。

起初，我们只是存了手机号码、加了QQ，直到2011年4月6日那天，我们班与他们班"清明"联谊去兴隆山，才第一次见面。我记得那天她穿着一件浅色风衣，戴着一顶卡其色帽子，有点儿害羞，也许是胆怯，目光躲在帽檐下。我记得那天很冷，因为家在兰州所以宿舍里没有几件衣服。那天我把放宿舍的所有能穿的衣服全都穿在身上，两件厚运动衫，三件外套，休闲裤外面套着牛仔裤，最外面套着运动裤，可毕竟不是冬天的装备，还是冻了个透心凉。可能穿着臃肿遮蔽了我那婀娜纤瘦的身姿和光芒四射的俏脸，再加上冻得哆嗦，我就记得我只跟她说了一句话而压根不记得她跟我说了什么："原来你就是崔姣姣啊！"然后便没有了下文，毕竟当时故事虽然已经开始，主角却远没到登场的时候。

主角的正式登场要等到2015年夏天。我依稀记得她的小说里总是以原西做女主人公，问过她一次为什么，她说因为《艽野尘梦》的女主人公叫西原，所以她把两个字颠倒了用。我是2015年5月买的这本书，还以为是写一个爱情故事，没想到却是陈渠珍关于当年带兵入藏恰逢辛亥又退出西藏的回忆。此书给我最大的印象是这段话："予既怀古人勿撄人心之戒，以为从此鼓励激撮，清政可复。然偾骄之祸，收拾綦难，则始于救国者，必终于误国。"意思是说："我心怀古人不要违背人心的告诫，认为从此鼓励激起一撮撮人们起来，就可以恢复清明的政治。但是骄纵愤怒的情绪带来的灾祸，收拾起后事来恐怕特别困难。虽然事情起始于救国的念头，往往最终会误国。"虽然陈渠珍与西原感情甚笃，可却并不是这本书留给我最深的印象。这本书中描绘的爱情故事让她念念不忘，以至于我在看完这本书之后，在六月中旬一个微醺的深夜跟她开始聊天，本想聊聊这本陈渠珍回忆当年的书，却聊成了我前二十多年人生的回忆，并在半个月后那个下过雨的中午，按捺不住内心狂热向她表露心迹，情诗《听鱼》如下：

> 蒙蒙宿雨影潺潺，形形初心身来来。
> 漫步濠上知鱼乐，何必栖身惹尘凡。
> 欲伴子期形心报，伯牙抚琴默声叹。
> 怯寻前景荆棘路，姣姣莫嫌步履跚。

　　要知道那时候我和她只不过见过一次面，面对面只说过一句话。那时她已经在上海读研，而我已开始在兰州工作。用她的话来讲，我和她之间与其说是同学相恋，倒不如说是网恋奔现。横亘在面前的是兰州到上海2000千米的距离，以及我多年习惯于九点半早睡而她最早十点才能从实验室晚归。我在悲歌"不入庙堂，不知案牍之劳形"的时候恐怕她也在感叹"不做实验，不知柱子之难过"。现实生活中的差距过于遥远，可我们硬是坚持挺过了这四年。

　　我记得应该在2016年的夏天，半夜十二点半在睡梦中被她的电话吵醒，她那段时间非常焦虑，常常为要不要转博纠结痛苦，我以为她又要因

此跟我倾诉心声，但她告诉我的事却让人啼笑皆非。原来她晚上临走前忘记是否关掉实验机器，担心出实验事故，要去实验室看看。幸好她有辆自行车足以在十分钟内到达 3 千米之外的实验室。但繁华如上海，在浦东的一个科技小镇——张江的半夜，也没有路人，孤零零一人骑着车还是会感到害怕。于是我在电话里企图用富有磁性和魅力的声音驱散黑夜带给人的恐惧。当然，实验机器是关掉的，优秀的崔博士怎么可能犯这种低级错误，只是焦虑的情绪让她迷幻，常规的日常操作并没有被大脑所记忆，搜索不到该记忆片段使她产生了没关机器的错觉，故而无论如何都要到实验室去亲眼确认一下。

按理说，异地情侣应该有很多不同寻常的故事赚足读者的眼泪，可我们似乎并没有什么感天动地的故事。她整天忙于实验室工作，我虽然朝九晚五，但也工作繁重，两个人休息的时候除了拿两千公里外的手机宠物开涮之外，就是各自瘫在床或沙发上，累得动都不想动，连出门吃饭都需要挣扎很久，4 年来每天除了工作就是休息，机械地重复着一天又一天。幸而这样艰难的异地生活就要伴随着她的毕业而告终，虽然艰难，但我觉得多年之后回忆起这段经历之时也会感慨万千。毕竟，两个近乎于苦行僧一样生活的人能够以彼此为信念坚持下来，确实没有比这样的爱情更加难能可贵的了。爱情最重要的就是彼此陪伴，哪怕远在千里之外，哪怕生活艰苦，哪怕平平淡淡，但知道那个人总是不离不弃，随时都张开双臂准备给你温暖的拥抱，就会有无尽的动力和蓬勃的斗志，让自己和对方都变得更好。

夫妻简介：

迟英杰，2010—2014 年，兰州大学哲学社会学院社会学专业（本科）

崔姣姣，2010—2014 年，兰州大学化学化工学院应用化学专业（本科）；2019 年至今，兰州大学博士后

最美的遇见

文/喻 翩 施 冲

相遇相知

我们来自同一座城市，却流转近 20 年后在兰大相遇。曾记否，老乡会的初遇，那年你锦瑟年华，彷徨而灵动，稚嫩的脸庞红似苹果，留有军训的痕迹。席间的你畅谈初入大学的所见所闻，像个小精灵在席间穿梭，积极地认识陌生又温暖的老乡们。你像一只欢乐的小麻雀，给学长们取难听的外号，在我眼中有点儿傻，却不曾预料，这是我生命中最美的遇见。

此后一段时间的我们，如两条不相交的平行线，各自过着不同的大学生活。你积极找寻自己的人生目标，欣喜而充实，足迹遍布天山堂、昆仑堂、将军院、萃英山等榆中校区各个角落。我每天在繁重的课程中度过，两点一线。因为不太好的初遇印象，我渐渐忘记有你这样一个学妹……

这世间总有一些不经意发生的事情会极大程度地改变未来。

还记得大三寒假，轩轩告诉我："咱们老乡会里有一个不错的新生，介绍给你认识。"一问得知，那个人竟是你，我心生好奇，顿时心血来潮并加你为 QQ 好友。记得当时聊天，你问我如何使大学生活更有意义，并提及你想变得优秀的愿望，我给你分享了我的人生规划和经验。我对你的印象有了很大改观，于是两条平行线都向彼此靠近了一些。

我们一直保持着学长与学妹的关系，你向我讲述你的见闻，我给你一些大学生活的建议，偶尔开个玩笑。直到 4 月的一个晚上，在榆中校区我们第二次见面。我还记得，当时你洗完澡，头发湿漉漉地跑过来，宛如出水芙蓉，有南方姑娘特有的水灵和精致。那顿饭后，我对你有了些许好感，之后一直和你保持联系，通过不断地交流，我们越来越了解彼此。

日子就这样过着，后来我们近一个月没有联系，各忙各的。

相　恋

我们再见面，是五月的运动会。这次，你给了我一个"惊喜"，你带着男朋友过来和我们一起吃饭。我是个开朗的人，待人接物很和善，但这一次我很不自在，全程都没有和你们说一句话，显得很小气。此后很长一段时间，我都想着刻意避开你们。事实却如同"墨菲定律"，我总是可以遇到你，或者是你们，每次都给我内心带来不悦。那段时间，我有很多次尝试让自己走出来，放开内心，但总会忍不住偷偷关注你的近况。

时间就这样流逝，苦涩而充实，我顺利地考完研，后来被录取。我回到学校，整个人有点儿志得意满，计划在毕业之前去做一些以前没做或者不敢做的事，让大学生活不留遗憾。其实，你才是我最大的遗憾。4月26日晚上，大半年没逛QQ空间的我饶有兴致地翻看朋友们过去发的动态，发现你把留有多年的长发剪掉了，以此表达重新开始生活的决心。我很好

奇到底发生了什么事，致使你这么活泼天真的人变得些许沉重而决绝。于是，我用略带戏谑的文字给你留言："小美女，到底发生了什么，你的小男友呢？"没过五分钟，你回答："我们分手了。"顿时，我心潮澎湃，莫名的喜悦涌上心头！于是，我鼓起勇气，说出很逗又很真实的话："我对你很有好感，敢不敢给次机会啊，让我追求你。"发完这句话，我不敢再看手机屏幕，感觉过了好久，其实才几分钟，你发了条消息："学长，你在开玩笑吧，你怎么可能喜欢我！"我立刻回答："真的！"此时，我内心有点儿害怕，怕朋友都没得做，但又不后悔。哪知，这次你立刻回答："那我就接受了！"现在还记得那个晚上，我辗转反侧，兴奋得整夜没有合眼，还有什么比这更开心的事呢！

短暂相处后，我们发现两人竟然如此合拍，拥有类似的人生经历，相同的价值观、同样的口味，甚至对颜色和音乐的喜好都一模一样。没过多久，我们就达到一种默契——语言太烦琐，眼神就足够！那段时间，我总感觉我们认识了很久，仿佛前世就在一起了。你也曾说："从来没想过自己会和一个人有这种感觉，太奇妙了。"那个时候，我每天和你在一起，一起吃饭，一起学习，听同一首歌，分享彼此的见解。等到每天晚上宿舍要关门了，我们才依依不舍地分开。

美好来得太晚，离别让人心痛，但短暂离别是为了不再离别。转眼我就要离开生活了4年的兰州，最让我不舍的当然是你。不忍离开，但不得不离开，为了我们约定的未来。"男儿有泪不轻弹"，我记得在即将登机那一刻，满脑子都是你，我没能控制住情绪，眼泪就这样流了出来，我真的舍不得你。

我们开启了两年的异地恋。这期间，我每个月都会去兰州找你，"因为一个人，留恋一座城"。这两年，我们无数次体会了恋人相见的喜悦与离别的痛苦，刻骨铭心地理解了"金风玉露一相逢，便胜却人间无数""衣带渐宽终不悔，为伊消得人憔悴"这些诗歌中的浓浓情意。

也许上天看到了我们为彼此的付出，两年后，你顺利地考上我所在的大学读研！这漫长的两年终于结束了，我们的异地恋画上了完美的句号！

"愿心之自由共天地俊秀，有情有梦。"你读研的这三年，我们在同一座城市、同一个学校继续我们的故事，一起追逐内心的波涛与宁静。平时，我们各自在实验室挥洒汗水；周末，我们手挽手搜寻街边美食；假日，我们携手相伴回家看望家人。岳麓山的美景留下我们攀爬的足迹，橘子洲的烟花映衬着我们的欢歌笑语，湘江上的星空见证我们的山盟海誓。我们一同赋予时光意义，褪去稚气，愈发沉稳而自信。

陪 伴

陪伴是最长情的告白，时光很长，步伐很小，我们携手一步一步走到现在，即将迈入婚姻的殿堂。五年前，我们约定一起踏上科研之路，相互陪伴，"天地合，乃敢与君绝"。如今，我们一同踏上博士求学之路，道阻且长，幸而有你！

时间让我们更懂彼此，我们不追求别人的轰轰烈烈，也不羡慕别人的浪漫华丽，只愿"执子之手，与子偕老"。我们不当彼此的世界，只做彼此的肩膀，就这样继续我们平凡的爱情故事，陪伴到海枯石烂！

夫妻简介：

施 冲，2010—2014 年，兰州大学土木工程与力学学院土木工程专业（本科）

喻 翩，2012—2016 年，兰州大学药学院药学专业（本科）

陪 伴

文／魏其鹏　刘丽红

　　我们的爱情，与大多数的爱情故事相同却又不同。没有华丽的开场，毫无预兆、悄无声息地开始，经历怦然心动的甜蜜爱恋后，缓缓归于细水长流的平淡。我想，这就是我期待中爱情的样子。

　　大学是每个学子心目中的"象牙塔"。在高中期间，我无数次幻想我的大学生活是什么样子。也许一切都是命中注定，明明相隔十分遥远的两个人，就这么机缘巧合地进入同一所大学，同一个院系，同一个班级，有了后来的相遇相恋。

　　当别人在大学期间经历轰轰烈烈的爱情、过着精彩的大学生活时，我们并没有太多的交集。最初的印象是见过这个女孩子，穿着粉红色运动外套，头发用一根黑头绳束起来，每天规规矩矩地上课。我们就像两棵大

树，安静地各自生长，看似无关却又重叠。日子就这样一天天过去。

本以为大学生活就要无聊地结束了，没想到爱情却悄无声息地来临。我从来没有想过我们会有什么交集，但彼此走到一起是那么自然，就像认识了好几百年一样，无比默契。一个眼神，我们就能知道对方想说的话，想做的事。我心里想，如果我知道往后余生陪伴我的那个人是她，我希望我们的相遇早一点、再早一点。

缘分是冥冥之中注定的。两个毫不相关的人能够走到一起，从相识、相知到长相厮守，或许早已注定。跟她在一起之后，再细数之前的点点滴滴，发现我们的生活不是没有交集，不知道从什么时候开始，我已经默默地关注她。缘起于那只企鹅，在那个腾讯 QQ 盛行的年代，是它成为我们之间沟通的桥梁。再翻看她的空间，原来我的足迹一直都在。我曾经关注她的每一条说说，关注她的喜怒哀乐。也许这便是月老手里的那根线吧。大三的时候，我们聊天频繁起来，分享彼此的所见所闻和喜怒哀乐便成了一种习惯，成为生活中不可或缺的一部分。慢慢地，两颗心开始靠近，相互吸引。

要问我最快乐的时光，我会毫不犹豫地说是大四毕业时，因为每天有你，感觉空气都是甜甜的。毕业季大家都忙着工作，忙着读研，忙着离别，忙着伤感，而我们完全没有感受到那种离伤，沉浸在爱情的小美好里。

和她的第一次旅行是在毕业答辩后。大家都在尽情地狂欢，尽情地放纵，而我们选择和三五好友一起旅行，来结束我们的大学生活。我们去了有"天府之国"美誉的成都。这次旅行让我们对彼此了解更深，也认识到自己的缺点。我是一个比较自私的人，从来没有照顾过别人，所以和她的初次旅行显得非常笨拙，完全没有关心别人、照顾别人的意识。我记得那时成都的蚊子毒性很大，在她腿上咬了好多包，红彤彤一片。要是换了现在的我，肯定带她去医院或者药店看看，而那个时候我没有主动照顾的意识。最后在她的要求下买了一瓶花露水，就这样坚持过来。我们在成都穷游了很多地方，每天都在拼命地赶路，她的脚被鞋子磨破了。她是一个坚强的姑娘，没有在我面前说有多疼，也没有掉队。换了一双鞋后，依然陪我们在成都各景点之间赶路。现在想想，我当时应该陪她休整，等脚伤好了，再走走看看岂不更好。虽然这趟旅行问题不断，不过在那个年纪，那样一个时间节点和那些人在一起出游，对于我们来说是一种特别珍贵、美好的记忆。

都说异地恋需要很大的勇气和考验。刚经历爱情的甜蜜，我们就要面对毕业后的异地。她去了北京大学读博士，我留在学校的附属医院工作。虽然有很多不舍，但我们从来没有担心过分手这个问题。也许是性格使然，也许是对彼此的信任，我们坚持下来了。她是一个很依赖人的姑娘，对一个新环境往往需要很长时间才能适应。她在北京大学的第一年，周围的同学都很优秀，学习压力自然不用多说。我记得那时每天下班要做的事情就是鼓励她、开导她，让她安心学习，不要多想。无论她实验做到多晚，我都陪着她。这件事一做就是5年，也让我们更加明白"陪伴是最长情的告白"这句话的意义。安全感、信任感不是简单说说，而是在细水长流的生活中一点一滴慢慢积累起来的。

第二年，她开始做实验了，在一个陌生的领域，一切都是新的开始。每一步都历经千辛万苦。她非常有韧性，这一点我远远不如她。刚开始的

时候，每次实验中受到挫折，对于她而言就像末日一样。我知道她的辛苦，我能为她做的只有每天的陪伴，不管是深夜还是凌晨，她都知道有人在等她，彼此安心，就是幸福。随着知识的积累，那些曾经感觉无法跨越的困难，在她的努力下都慢慢解决。经历这些后，我们都有所成长。遇到问题不再急躁，也不再逃避，承担自己的责任，做自己该做的事。看着她即将毕业，再去回味她一路上的不容易，那些酸楚都变成我们美好的回忆，浇灌心田。

择一城终老，选一人白首。要在一个自己喜欢的城市里生存，我们必须要努力奋斗。还记得刚毕业的时候，我租了一间小房子，一张床就占满了所有的空间。4年过去了，我们在这个城市里有了自己的家，一起走过我们一生中可能最艰难的日子。异地4年多后，我们决定结婚。为了迎接这个特殊的时刻，我们去三亚这个美丽的城市拍了结婚照，我们最美好的模样，最开心的时刻都用照片记录下来。为了纪念我们一起走过的大学生活，我们特意把领证日期推迟到校庆年，想着日后有机会能够参加学校的集体婚礼活动。很荣幸，我们成为其中一对幸运儿，和其他109对校友夫妇一起参加学校的集体婚礼，见证大家的美好爱情。用这种特殊的方式庆祝母校110周年，这将成为我人生中最珍贵的回忆。特别感谢母校不遗余力地为我们操办这场盛大庄严的婚礼，不管过多少年，当我回想起这一刻，我的笑容都是甜的，内心都是激情澎湃的。更值得怀念的是，在这个特殊的日子里，我们7个多月的胎宝宝也跟着准爸爸、准妈妈一起来见证

他们的爱情。大家都说这才是最好的胎教。是啊，让宝宝来母校感受父母的爱情，这本身就是计划之外的惊喜，我想这就是最好的安排。

每天清晨起床和晚上睡觉，我们都会互道安好。这样便觉心安，感觉彼此一直在身边陪伴。

虽然婚后的生活仍然异地，但是无法阻挡我们彼此相爱相惜的心意。从当初处处矛盾，到今天相互体谅包容，我们由爱人变成亲人。我们的感情没有玫瑰花海里的浪漫，却有平凡中不离不弃的踏实；没有海枯石烂的海誓山盟，却有无怨无悔的默默陪伴。异地距离虽远，心却一直相拥。一路走来，困难重重，聚少离多，难得的是信任，珍贵的是陪伴。我们会一如既往地陪在彼此身边，过好未来的每一天。

夫妻简介：

魏其鹏，2010—2014 年，兰州大学药学院药学专业（本科）；现就职于兰州大学第一医院药剂科

刘丽红，2010—2014 年，兰州大学药学院药学专业（本科）

相识　相恋　相守

文／姬亚娟　王学锋

6 年
在人生的长河中虽然短暂
在相恋的时光里却很长
翻看往昔的一张张照片
记忆似拉开闸门的洪水
汹涌而来

相　识

我学临床 他学口腔
我们相识于同一个社团
蒲公英科普协会
积极 正能量 充满爱的地方
彼此工作于不同小组
每周的例会是我们的交集

被临时通知开会
医学院精诚楼
进门后瞬间泪目
小伙伴们异口同声的"生日快乐"

意外又惊喜
聚会结束他护送我回寝室
后来 就有了后来的故事

推开相识的那道门
我们之间的互动渐渐多了起来
熬过最深的夜是和他 QQ 聊天
最开心的事是和他一起共事
除此之外
还有打不完的羽毛球和乒乓球
逛不完的田径场和图书馆
一切都很自然
2013 年
我们相恋了

人们说 20 岁是最美的年华
而我的 20 岁却忙于"斤斤"计较
记忆中有一次带着晚饭去课堂的路上
同班的一个男同学毫不掩饰地说
你都是班里最胖的女生了
怎么还吃那么多
所以我在 20 岁的生日许愿
让我瘦一点儿吧

后来的事实证明
在我最胖最糟糕的时候
还是爱上我的人
就是真爱吧

相 恋

同为医学生的我们
在一起最多的时光
应属于杏林楼和图书馆
那是一种别样的陪伴和浪漫

在最初相恋的那段时光
我们向对方展示了更加完美的自己
他说那是我最温柔的时候
我也觉得那是他最绅士的阶段

然而问题终归慢慢浮现
生活中鸡毛蒜皮的小事
时时都在上演
当小事变成彼此认为的大事
吵架便在所难免
每次吵架我都哭得厉害
他则次次道歉并扮演喜剧演员

因为一个人的迁就和疼爱
让我慢慢成熟
在磨合的过程中慢慢改掉坏习惯
一个好的爱人
会迁就自己的无理取闹
也会引导自己变得更好

在与异性相处的界线问题上
我们产生了分歧
我觉得只要问心无愧自然坦坦荡荡
他说人心难测应该保持距离
我曾经一度不以为然
但见证了身边朋友
因为类似的事情
最终分道扬镳
我开始认同他的观点

最终我们达成共识
爱对方就不要让对方产生误会

我在身材发胖的时候与他相恋
他并没有说我胖了就不好看
也不会让我节食
相反是很用心地夸我
在他的力宠之下
我渐渐重拾自信
相恋以来我听到最多的情话
并不是他说爱我
而是渗透在生活里
每一句他夸我的话

在恋爱的道路上
我们都是初学者
没有模板　没有经验
学习如何成为合格的男女朋友
学习为对方作出细微的改变
从恋爱前各自的棱角分明
到现在的心有灵犀
这一路走来
我们一起成长
因为相爱
彼此成为更好的自己

相　守

我是一名定向医学生

毕业后要回当地基层医疗单位工作
相恋容易相守难
面对现实生活抛出的难题
有多少爱情夭折于毕业的分离
只是何其有幸
我们的爱情依然在继续

拿到保研名额之后
他放弃出去学习的机会
选择留在本校读研
我申请在学校附属医院规培

读研和工作一样忙忙碌碌
但是我们的感情并未变淡
因为我们已经一起走过 3 年
重新审视彼此的角色
我们更像亲人
懂得相互理解和包容
也会更加珍惜相守的时光

3 年过去
转眼又到毕业季
我面临回家乡基层单位
而他面临找工作
去有利于他职业发展的远方
还是留在有利于我们相守的西北
我们站在选择的分岔路口
我们的爱情将何去何从

最终我接受回基层工作的现实
接受他即将奔赴远方
接受为了更长久的相守而各自做出让步
接受了异地婚姻

我还是会惧怕
异地婚姻的艰辛
但也做好了准备
迎接日后的重重困难
我们携手走过 6 年的光阴
我们的爱情不会让彼此失望
无论多少个 6 年
我们的故事
还要继续

夫妻简介：

　　王学锋，2011—2016 年，兰州大学口腔医学（本科）；2016—2019
年，兰州大学口腔医学（硕士）

　　姬亚娟，2011—2016 年，兰州大学第一临床医学院（本科）

情出于兰，纸短情长
此心归处，便是吾乡

文/贾 妮 李 杰

你来的那天，春天也来到，风景刚好，初相识

她是学院学生会主席，开朗大方，老师喜爱，同学喜欢，是品学兼优的好学生。他是二本学校的毕业生，普普通通，好不容易通过考研进入兰州大学。

因为他们同在一个学院，恰巧又同在一个医院实习，便认识了。她本科在医院病房实习，他研究生在医院进行住院医师规范化培训。在病房实习时，她活泼开朗，周围总有一群好朋友说说笑笑，他认为这就是青春美好的样子。他的研究生生活，除了上课实验和PPT讲述，其他时候他沉默寡言，看到她时，眼里总是露出羡慕的目光。在他眼里，她就像春天娇艳盛开的花朵，或是夜晚灿烂的烟花，而他就是站在路边静静赏花的人。她就是他心中暗藏的美好。

他们一起实习了三个月，平平淡淡，没有更深的交往。他依旧是上课下课、实验文献、诊室病房和自习室，忙碌的医学生学习生活让他觉得充实。直到一年后参加一次活动，他们再次相遇。

春水出生，春林初盛，春风十里，遇见你

或许是缘分，导师让他去天水参加一次流行病学调查活动。到达目的

地后，他发现她居然也在调查人员之列。再次的相遇，开启了属于他们的美好。工作闲暇，年轻人精力充沛，按捺不住自己的好奇，喜欢跑跑转转，去更多了解这个对他们来说陌生的城市。他们一起去看伏羲庙、南宅子，爬玉泉观、南郭寺，一起去看麦积山石窟，傍晚沿着藉河散步，去吃当地有名的小吃。两个人慢慢熟悉起来，她不像他认为的那么高冷、不易近人，他也并不无趣，两个人有说不完的话，聊不完的天，年轻的心越走越近。渐渐地，爱情的种子趁着春风，悄悄地种在两个人心中，慢慢生根发芽。他觉得她就像黎明前的一道光，照亮了他的生活。

回到兰州后，她成了他的女朋友。从此以后，他的生活里多了一个她。他们一起"压马路"，用两人的脚步，丈量兰州的大街小巷，仿佛有使不完的力气，说不完的话。他们一起出去旅游，一起去看外面的世界。幸福的日子总是过得很快，他参加了她的本科毕业典礼，她毕业顺利留校，成为兰州大学一名思政辅导员。生活越来越美好、幸福，他接她上下班，她陪他做实验。如果她下班早，她就会在食堂买好饭等着他。如果他想看书学习，她就陪着他一起去自习室。幸福的日子过了一天又一天，生活总是充满阳光。直到有一天，他开始准备毕业论文了。

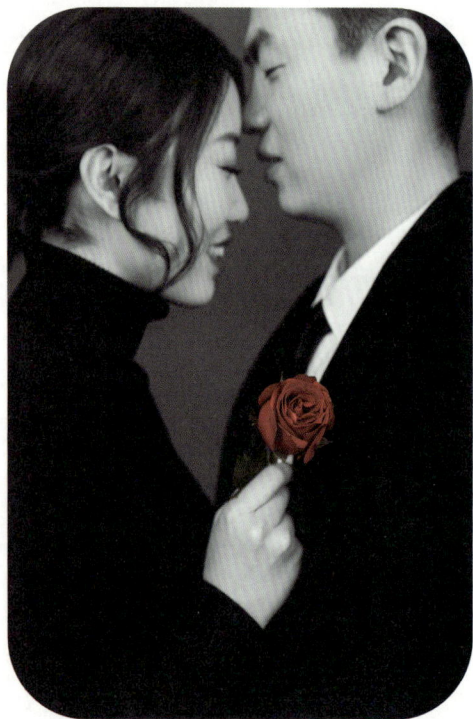

诺不轻信　故人不负我
诺不轻许　故我不负人

当爱情遇上毕业，任何选择都值得被尊重。只是在这大学的五月芬芳里，那些不顾一切追随爱情的果敢，那些并肩携手、一路走来的温暖，还有那些分担与分享，那些诚挚与坚贞都一并融入了这个不同寻常的夏天。这个夏天，他们学会告别，也学会相信未来。毕业是一个伤感的季节，他写毕业论文的时候，她只是默默地陪在一旁，心里不知道在想什么。他在兰州实习的医院出了招聘通知，她兴高采烈地让他报名。如她所愿，他报名留在医院准备就业实习，她感觉生活仿佛又回到刚开始恋爱时的甜蜜幸福，只是他心中有些不舍。岂无远道思亲泪，不及高堂念子心。实习期间，他看到家乡一所三甲专科医院的招聘信息，那是他上本科时就希望能进入工作的一所医院。他跟她商量，想去试一试，如果不行，他就死心了。她拗不过他，最后他在 73 人中以第二名的好成绩通过了招聘。可是他俩却高兴不起来，只是觉得生活好像进入倒计时，在一起的日子越来越少了……

情出于兰，纸短情长，此心归处，便是吾乡

异地恋没有让彼此疏远，他们好像刚认识时那样，还是有说不完的话，每天都会联系。不知不觉，时间过得飞快。她顺利进入研究生阶段开始学习。他每个月底都计划调整时间去看她。他们也相互约定，每次离开的时候不要送别，因为他们都承受不了分离。2019 年，他们领了结婚证，学业繁重的她没在他家多待一天又匆匆赶回学校。母校 110 周年校庆，她披上嫁衣成为他的新娘，在母校生日的时候他们成为一家人。

当阳光照在海面上，他就会思念她；当朦胧的月色洒在泉水上，他就会思念她……

夫妻简介：

李　杰，2014—2017 年，兰州大学口腔医学院（硕士）

贾　妮，2011—2016 年，兰州大学口腔医学院（本科）；2016—2018 年，兰州大学土木工程与力学学院（工作）；2018—2021 年，兰州大学口腔医学院（硕士）

我与双梅

文 / 刘 志　杨双梅

相　遇

　　2016 年 7 月，研究所提供赴京听会学习的机会，我历经近 20 个小时的车程，到京后与另一队同学会合吃晚饭并相邀去校园散步。其中有一个留着齐刘海儿发型的姑娘，一路讲述自己前几日在苏州、无锡等地的旅游经历，甚是惹人注意。姑娘叫杨双梅，我喜欢叫她双梅。

　　我们真正接触是在会议过半后到奥体中心游览时，大家开始熟络起来，合影时我们有了第一次同框机会，她在方便之余还帮我拍了几张照

片。现在看到这些照片时我都会嘴角上扬，心里满满欢喜。

相　知

返校后，双梅开始做我导师的秘书，顺理成章地搬进了师门专用的办公室。我们接触愈加频繁，相互之间开始慢慢了解。办公室里最容不下的就是单身的同学，她自然成了大家开玩笑的焦点，双梅也从不排斥，有时候自己还拿我开玩笑。9月28日，双梅回家处理事情，我下电梯遇困，发朋友圈吐槽，双梅给我评论"让你跟我来见家长你不来"。自此之后，我心里好像有一根弦被撩拨起来。渐渐地发现，我会期待在办公室看到她，会因为连续一两天没看到她而感觉心里空落落的。每天回到宿舍之后也会给她发个信息，不管有事没事，养成了习惯。我在接触过程中了解到双梅希望毕业能回西安，而我当时已决意回山东老家，甚至连考博士都没有留第二选择，只备考山大。在这样的心绪之中，我一直极力压制，提醒自己不要在即将离开的时候留下一段没有结果的感情。2017年2月14日情人节，在自习室的我接到双梅发来信息，"需马上回家，我家妹妹有事"。出于担心，我送双梅去火车站坐车，这件事被我定义为两人关系的转机。双梅料理完事情返校后，我开始每天送她回宿舍，还经常去附近水果店买水果给她吃。一直到我毕业离校，两人的关系非常特殊，我强迫自己认为这只是我对师妹的关心，但是心却诚实地对她产生了依赖。那时候特别奇怪，我经常在凌晨三四点钟醒一次，并且经常能看到双梅的留言，有时候甚至会非常期待。

相　恋

有人说过，旅行能够拉近两人之间的距离。如果没有毕业离校时与双梅两人的独自旅行，也许我现在的生活会是完全不同的景象。毕业前夕，离别的悲伤情绪加上考博复试被拒，整个人感觉找不到方向。离校前的一晚，我与师兄、师姐以及双梅相约聚会喝酒，醉得一塌糊涂，但是斗胆牵起了双梅的手。离校回山东时，双梅恰好计划去青岛游玩，我们搭乘同一班飞机，在咸阳机场短暂休息一晚，凌晨又启程飞济南。分别时，两人默默不语，有千万种不舍和留念。当天我回到聊城，双梅去威海、烟台和青岛一线游玩，这期间我们保持着联系。7月12日，双梅回家后，我们正式确认关系。

我们并不像其他情侣一样可以相约一起吃三餐、泡图书馆、逛街、喝咖啡。我面临找工作的压力，双梅启程赴南京交流学习。我随后去了上海工作，当时完全没有任何方向和目标，感到前途一片茫然。那时候每到周五下午，我一定在赶去南京的火车上，唯恐晚一分钟见到双梅。就这样持续近3个月，或者我从上海去南京，或者双梅从南京到上海，从未中止。后来在机缘巧合下，西安有一份合适的工作机会，于是在2017年的圣诞节，我启程飞往西安，自此开始了我的西安生活。

来到西安，我的生活、工作以及心情都发生转变。此后，南京至上海的火车上少了我的身影，西安到兰州的次数倒是频繁起来，双梅在哪里，我生活的重心就在哪里。转眼到了2018年3月，新的问题提上两人的议程——买房，自3月至8月，这个话题几乎每天被提及，两人为这件事心力交瘁，最终选择了现在的房子作为我们的小家。自此，我们开始对两个人的未来生活充满了无限的幻想，"刘志刘志，你看这套沙发茶几怎么样？""刘志刘志，我想买个微波炉。""刘志刘志，我想买个餐桌。"……正如我妈说："双梅在家的时候，这个家才像个家。"

本想写"相恋"，写着写着，成了"生活"。这样也对，如果把生活当作一块田野，我们生活的点滴就是田野里的花草庄稼，而双梅是我田野中最无比绚烂的花，又是这片田园中最夺目的女主人，是我所有感情的寄托和表达。

相爱与相守

"桃之夭夭，灼灼其华。之子于归，宜其室家。"这是我们在一起之后双梅送我的一句诗，比较契合我们的状态。在父母的见证下，我们订婚了，双梅成为我的未婚妻。

接下来，她将在另一个城市继续攻读博士学位，而我需要在西安稳定下来。在以后的时间里，我们将继续保持异地状态，但是我相信，我们会有一个特别美好的未来。

我一个人的时候会想，到底是什么原因让我们变成现在的样子。想来想去，也许只有齐秦在歌里唱的"宿命"，可以给出一个满意但不一定合理的解释。

原来的我们都在各自的世界里孤独地前行，你是一个点，我也是一个点，却在缘分中彼此相遇，继而逐渐了解到相爱，这就是奇妙的爱情几何学。我很享受这个过程，期待我们的未来会更好。

夫妻简介：

刘 志，2014—2017 年，兰州大学国际政治专业（硕士）

杨双梅，2013—2017 年，兰州大学国际政治专业（本科）；2017—2019 年，兰州大学国际关系专业（硕士）

學大州蘭立國

1946

國立蘭州大學

國立兰州大学

　　抗战胜利后，国民
政府行政院决议组建国
立兰州大学，1946年8
月正式成立，著名教育
家辛树帜为首任校长，
拥有文、理、法、医和
兽医等五学院及众多著
名行，成为在全国有较大
影响的综合大学，为其
远发展奠定基础。

爱在兰大

——这是我们的婚礼

文/周兰霞 董守良

参加兰州大学110周年校庆的集体婚礼，是我们的第一次正式婚礼仪式。

我俩相识在1992年，结缘在联谊宿舍。1992年秋季我入校，那时的我对家千般不舍，初到学校有太多的惶恐和紧张，陌生的同学和环境带给我太多的不安。我的宿舍，原女生宿舍2号楼319房间，共7位同学。周师兄是91级生物系生化班的，所在宿舍是原男生宿舍3号楼233房间，共7位同学，同样来自天南地北。在周师兄的筹谋下，我们两个宿舍进行联谊。1992年的冬天，他们邀请我们宿舍7位女生去他们宿舍做客。我们互相介绍认识，初步结识了这几位师兄。

不记得从何时起，他们宿舍有一位董师兄慢慢进入我的视线，他来自东北吉林农村，穿着极其朴素，我总是在上课或下课的路上遇到他，我俩就在大柳树下聊几句。现在想想，也许他是有意的，不过一切都很美好，我也未拒绝。令我印象深刻的是，大一我考植物学，他将他的笔记以及整理的复习资料，都给了我。我不擅长植物学，他给我这些资料无异于雪中送炭。那时在新文科楼里上晚自习占座是必须的"功课"，他整理了四楼一周内每个教室没有课的记录，并帮我占座位。他占座位的本子是特别制作的，用草稿纸装订好，还用特有的笔迹写上"占座"两个字。他每次占两个座位，前后不挨着……至此，我俩开始了一起上晚自习的日子。他来自东北农村的一个大家庭，有年迈的父母，有4个哥哥，3个姐姐，他是最小的一个，也是离家最远的一个。我来自山西农村，有一个妹妹，家境比他稍好点儿。在我上小学时，随着做水电站工作的父亲转成了城市户口，在青海的几个地方生活了很多年，搬入西宁之后，我考入兰大。相似的境遇使我们俩走到一起，我们对学习都比较认真，他帮助我，我对学习更加有信心了。接下来的日子我们一直在新文科楼四楼学习，那里留下我们太多回忆。

大三，我们的感情趋于稳定。我家在青海西宁，暑假时他来我家，我父母第一次见到他，对他印象一般，就像天底下所有的父母一样，对他的家庭有点担心，但那时我比较坦然，想继续相处。他临近毕业，因学习优秀保送硕士研究生。他经常鼓励我、帮助我，之后我也如愿在毕业时保研。除了在日常学习上的帮助，在休息时间，他还带我去看电

影，在礼堂门口的小卖部买一根麻酱雪糕。我印象深刻的是去看电影《泰坦尼克号》，我们都哭了。我还清晰地记得礼堂屏幕太小，投射出来的电影比幕布大，电影院座无虚席……那时这部电影很火，一进入宿舍楼道，就能听到电脑传出席琳迪翁演唱的主题曲。

日子一天天过去，我们从新文科楼转战到实验室。他的实验室在原生物楼二楼，我在四楼。他们实验室因做化学实验，味道很大，我很少去。他常到四楼找我。三年的研究生学习生活过得很快，寒来暑往，我们在校园里留下许多美好的回忆，人工湖、假山、花园、路灯下……多年来我们看着美丽的校园在一天天地变化。

董师兄在硕士研三时又保送读博士，继续留在兰大，我在硕士毕业后顺理成章地在离兰大最近的兰州医学院第一附属医院（现兰州大学第一医院）找到了工作。1999 年 6 月，我们领了结婚证。就这样，我们开始在兰州经营这个家，属于我俩的家。2002 年，我们的儿子出生，之后孩子慢慢长大，虽然辛苦，但生活幸福。2019 年是我们结婚 20 周年，有幸能参加母校举办的集体婚礼，算是弥补我们过去的遗憾。回头看走过的路，满满的都是幸福，我很知足，感恩能遇到董先生，感恩在兰大的生活，感恩兰大的所有……

从 1992 年开始，我已经在兰大生活了 27 年，这里早已是我的家，我们永远是兰大人，爱在兰大，幸福会一直延续下去……

夫妻简介：

董守良，1991—1995 年，兰州大学生物系（本科）；1995—1998 年，兰州大学生命科学学院（硕士）；1998—2001 年，兰州大学生命科学学院（博士）；

周兰霞，1992—1996 年，兰州大学生物系（本科）；1996—1999 年，兰州大学生命科学学院（硕士）

遇见你，幸运之至

文／任鹏贵　王琳霞

任鹏贵的回忆

何其有幸，能在茫茫人海遇见你。何其有幸，往后余生可以同你朝朝暮暮。何其有幸，可以与你一道参加母校 110 周年庆典。回想起过往的点点滴滴，我觉得遇见你是上天对我最大的恩赐，遇见你是我人生的拐点，遇见你是我人生幸福航程的起点，选择了你是我做的最正确的决定。思绪飘飘，时光倒流，往事慢慢浮现在眼前。

回忆把我带到 2003 年春天的一个午后，那天我第一次为一个人怦然心动，我第一次因为听见一个女孩的名字而情绪格外高涨，我的脸第一次因为看见一个女孩而滚滚发烫。那时的你梳着羊角小辫，穿着一身干净的格子服，清新美丽，手里的奖状和奖品在阳光下格外耀眼，那个暖暖的午后，我至今都觉得甜甜的。从那时开始，你就成了我的榜样，成了我向往的女神。那时懵懂的我虽然不知道这就是爱情，但是每天总是喜欢看见你阳光般的笑脸，听见你银铃般爽朗的笑声。从那时开始，我的学习有了动力，有了方向，我的成绩也有了起色，我不再调皮捣蛋，老师见到我有了欣慰的笑脸。

时间到了 2003 年下半年，你小学毕业上了初中，每个你可以回来的周末，就是我最开心的时候，我盼望着时间快点过去，盼望着你快点经过小学门口，盼望着和你同行一段路程。幸运的是，你和我的姐姐是好朋友，你俩经常一起回家，又一起去学校。记得有一次，你跟我姐姐来家里，那是你第一次正面跟我说话，没有想到咱俩还有很多共同话题和爱好。那天我们聊了很多，当天下午还一起打了羽毛球，那天我心里美滋滋的。但由于我低你们一级，又在两个学校，可以跟你一起探讨学习、一起玩耍的机会少之又少。

好不容易熬过了一年，我和你考进同一所中学。我心里清楚，以这样的成绩要和优秀的你上同一所高中是有很大压力的。于是我改掉了睡懒觉的习惯，不再打游戏，周末也很少同哥们一起厮混，我借来了你的笔记，学习你为了目标可以吃苦的干劲和努力向上的拼劲。通过努力，我终于有机会同你一起出现在领奖台上了。时光慢慢流逝，我也慢慢明白，我对你的感情是一种叫作"爱情"的东西。很多次，我想把写好的情书交到你手里，我想当面告诉你，我对你的喜欢，但是为了不耽误我们的学习，我还是将写好的情书深压箱底。后来学校有每周一次的读书会活动，我们一起感受冰心在书中所表达的母爱与童心，一起讨论《巴黎圣母院》所阐释的美与丑、人性的善与恶，一起为《平凡的世界》里孙少平、田晓霞的爱情而掉眼泪。我们的话题越来越多，聊得也越来越投机，我遇到了一个有趣的灵魂。

三年时光匆匆而过，你考上县里最好的高中，我真心为你感到高兴。而我因为种种原因只考上周边镇上的一般高中，但我对你的喜欢并没有因为距离减少，反而与日俱增。直到学习了沈从文先生的《边城》，知道了翠翠和天保兄弟因互不言说而葬送的爱情，我决定当面向你表达我的心意。幸运之至，两颗心同频共振，当天我兴奋得难以入眠，一颗悬着的心终于有了着落，一颗抛出去好久的石子终于有了回音。但是我明白，爱情不能耽误学业，为了可以与你白首与共，为了实现对你的承诺，我必须更加努力。

我始终知道，"笨鸟先飞早入林"，我的底子相对薄弱，只有加倍努力。于是我比之前更加勤奋，早上比别人起得早，晚上又比别人睡得迟，不懂的问题及时问老师和同学，不容易记住的东西就写在小卡片上，走路的时候也要多看几眼。功夫不负有心人，我的成绩节节攀升。但是我也明白劳逸结合，课外活动和周末的时候，我会同兄弟们约一场篮球，你有空会来观战。休息的间隙喝完你给的水，我全身的疲惫顿时消失得无影无踪，整个人感觉充满了力量。有一次我不小心摔倒磕伤了膝盖，看着你因为我受伤而着急流出的眼泪，我心里阵阵欢喜，被你关心的感觉真好，傻傻的我竟然盼望着多受几次这样的伤。

王琳霞的回忆

时光如白驹过隙，转眼间到了高考冲刺的阶段，可能因为学习压力太大，我生病了，变得沉默不语，不想吃饭，上课也没有办法集中精力认真听讲，成绩开始下滑。当时你心急如焚，总是安慰我，告诉我身体才是本钱，还偷偷攒着零钱给我买有营养的食物。在我孤立无援的时候，你和我的家人给了我最大的心理安慰，让我挺过那段最难熬的时光。后来我慢慢恢复健康，但是高考成绩让人大跌眼镜，很多人对我感觉到失望，甚至有人还在背后风言风语，然而一想到你对我的鼓励与支持，一切都风轻云淡了。后来我选择补习，我俩终于同级了，可以有更多的机会一起交流。高三生活本就辛苦，补习生的生活更加煎熬，但是一想起你的鼓励，想起美好的未来，再多困难我都克服了。当时的信念只有一个，我决不能叫别人瞧不起我。接下来的时光我争分夺秒，终于苍天不负有心人，兰州大学成了我俩共同的母校。

从此我们俩一起去昆仑堂自习，去萃英山登高，在毓秀湖边积石堂里共邀知识的海洋。快乐的时光总是短暂，转眼间到了毕业的时候，我因为家里的原因报考了定向专业，毕业只能回基层工作，而你不一样，可以有更大的选择空间。但是你又一次为了我放弃更好的生活而选择回到基层，你说我在哪里，家就在哪里。

2019 年 1 月 23 日，我俩终于如愿以偿步入婚姻的殿堂，婚后的感情经过岁月的洗礼更加深厚。由于我的工作性质，经常在半夜三更被叫醒去兰州送病人，我对你深感抱歉，但你对我更多的是包容和理解。有一次我送完病人回来已经凌晨三点，你还在医院门口等。那一刻我热泪盈眶，虽然工作辛苦，但幸而有你。

余路漫漫，康庄大道也罢，荆棘丛生也罢，只愿我俩一直十指相扣，相濡以沫。祝愿我们共同的母校兰州大学，明天更加美好。

夫妻简介：

任鹏贵，2010—2015 年，兰州大学管理学院（本科）

王琳霞，2010—2015 年，兰州大学第一临床医学院（本科）

时光未央，岁月静好

文 / 李格格

　　人这一辈子，遇到缘分、遇到爱情都很容易，但遇到一个愿意和你相濡以沫、相守到老的人却不容易。一辈子很长，毕竟不是每个人都适合你。相比之下，总有一些幸运的人儿，初见便是一生。

　　在与张彦君师兄、赵婷师姐的交谈中，我只想到一个词语：细水长流。他们的爱情，或许没有那么轰轰烈烈，没有所谓的刻骨铭心，但给人一种时光未央、岁月静好的感觉。

　　他们相识于兰大校园，入校便分别加入团委组织下的学生会与艺术团。校园中很多活动都离不开这两个组织，他们一个是校会主席，一个是艺术团团长，总能看见他们一起忙碌的身影。4 年的时光，他们懵懂地成长，在共事中建立了深厚的感情。友谊，在匆匆流逝的岁月中更加牢固，只等待一个契机，在不经意间发酵。

　　本科毕业不是他们的终点，他们的故事并不会就此结束。作为同龄人中的佼佼者，他们同时拿到兰大的保研资格，又同时参加研究生支教活动。那一年只有 5 个名额，

在命运的转盘上，师兄和师姐再次相遇了。

支教的生活总是辛苦的。在一个陌生的环境，一切都需要自食其力。这对于温婉的师姐来说显得稍微困难，此时师兄很自然地在各方面照顾师姐，用师姐的话来说就是无微不至。这样的温暖举动加上之前4年的积淀，爱情在不经意间悄然生长。如果说之前只是同窗情谊，那么如今，双方是因为什么而捅破了这层窗户纸呢？师姐笑着转向师兄问道。师兄思索了一会儿答道："因为回兰州时吃的那碗面。"师兄说当时学校对面有一家很好吃的拉条子，他带师姐去吃，帮师姐拌了一碗很好吃的面。然后，师姐就"沦陷"了。很多事情，冥冥中自有注定，任何的顺其自然都是无数个因果联结在一起的。情不知所起，一往而深。二人的姻缘线就这么纠缠在一起，双丝网，千千结，自此再也没解开过。

师兄和师姐的感情，如白开水一般，掬一捧岁月，握一份懂得，书一笔清远，盈一眸恬淡。时光静好，念起便是温暖。他们就这么安静淡然地携手度过研究生的时光，一起踏入社会，开启为未来拼搏的旅程。

哪怕工作再繁忙，两人的感情也始终平稳地发展着。2年后，没有轰轰烈烈的求婚，没有催人泪下的感言，彼此无须太多的考虑，便携手走向婚姻的殿堂。

当问及最感动的瞬间，师兄与师姐不约而同地想到结婚时的场景。他们回忆道，因为师姐的家乡在外地，所以当时是从学校附近的一个会议室里出嫁的。师兄还记得当时丈母娘包的五味饺子，师姐还记得当时敲门时师兄唱的"老婆老婆我爱你，就像老鼠爱大米"，说着两个人都不由自主地笑了起来。师姐还调侃地说道，当年请的司仪是附近最有名的，但是让他主持兰大两位硕士的婚礼，他还紧张得差点儿不会说话了呢。话语间，10年前的一幕幕变得鲜活起来，他们的婚礼着实让人十分羡慕。

走过红尘岁月，不过淡然最美；看尽人世繁华，不过平淡最真。任岁月荏苒，世事沧桑，亦微笑无悔。时光未央，岁月静好，现世安稳，念你如初。师姐细数这些年的时光，从1999年到2019年，与师兄相识20年，相恋16年，结婚10周年。如今，他们也拥有了一双活泼可爱的儿女。从校园走进婚姻，他们很幸运地遇见了对方，并牢牢地抓住了彼此。师姐

说，能与心爱的人携手走过这 10 年很幸福，我们共同期待下一个 10 年。他们之间已不需要太多华丽的辞藻，简单朴实的回答，便是人世间最珍贵的相扶相守。

人到了一定的年纪就不再渴望轰轰烈烈的爱情，而是喜欢平平淡淡的真实。等到把人世间的风景都看透，才懂得细水长流的情感最珍贵。最好的爱不一定是海誓山盟，不一定要刻骨铭心，而是能一直陪在你身边。师兄和师姐这对璧人，他们的感情没有历经沧桑，而是在一开始就拥有这份难能可贵的细水长流，衷心祝愿这份美好的爱情。

在最好的年华里遇见你，遇见你便是最好的年华。这是他们最真实的写照。

夫妻简介：

张彦君，1999—2003 年，兰州大学大气系（本科）；2004—2007 年，兰州大学经济管理学院（硕士）

赵　婷，1999—2003 年，兰州大学中文系（本科）；2004—2007 年，兰州大学文学院（硕士）

我们俩的那些事儿

文/陈　玲

　　在我们班很多同学的眼里，王惠林和陈玲这两个名字是一体的。好朋友甚至称我们为"金童玉女"，说在大街上看我们领着孩子一起走的背影，就是"和谐"的真实写照。

　　我们大一下学期开始恋爱。那时候，大一就开始恋爱的同班同学还不多，能坚持到结婚的更是少之又少。我们在兰大牵手走过本科和研究生6年多的时光后，毅然决定一起"北漂"，从来没有想过分开。他现在说，当初选择"北漂"是为了我，因为我想来北师大读博士。而我是为了实现他想来北京闯荡的梦想，才选择去北师大攻读博士的。不管是谁为了谁，吃了多少苦，受了多少挫折，目前看来，结局是美好的。

　　和他正式建立恋爱关系的过程，在我心里永远是那么特别，我总是会在别人问起的时候津津乐道。我先对他有好感，因为他不仅长得帅，学习也好。作为新时代独立女性，我当然要主动出击。"女追男隔层纱"一点没错，在寥寥几个晚自习时间，我主动找他聊天之后，我们约好一起去黄河边散步，他说："你觉得大学期间谈恋爱怎么样？"我内心窃喜地回答："我觉得挺好的！"然而令人着急的是，都快回到校门口了，还没有等到他进一步的举动，我只好向他伸出了手，他却傻傻地以为我要跟他握手告别。"我的意思是把手给你牵啦！"我无奈地说。他这才反应过来，乐呵呵地牵着我的手把我送到宿舍门口。从此开启了我们的爱情之门，那天是2001年4月24日，我们的"牵手纪念日"。

往后在兰大 6 年多的日子里，校园里的每个角落都留下了我们的身影。当然，更多的是自习室，我们的成绩都很好，每年都能拿到奖学金，还获得过"国家奖学金"。就这样，我们愉快充实地在兰大共同度过了最青春美好的时光。

时间长了，爱情自然变成了亲情，有时候我们对待亲人不会心存感恩，总觉得是理所当然。我人生的磨难之一，出现在北师大读博期间，对他的依赖程度也达到顶峰。现在想来，我竟然自私到没有顾及他的工作压力。读博前两年我有轻度抑郁，经常在他面前说想要放弃。我记得很清楚，在我们租住的小房间里，我就像一个委屈的小孩，坐在他的怀里，搂着他的脖子哭泣。他从刚开始劝我坚持，到后来心疼地同意我放弃。我们都来自一穷二白的家庭，"北漂"的日子才过 2 年，薄弱的经济基础不可能让他产生"结婚生子"的念头。然而，为了让我走"迂回"路线，他竟然同意领证，然后陪我备孕生子。就这样，我们于 2009 年 9 月 28 日在北京领证。

同年 11 月 25 日，我被确定怀孕。整个孕期，我住在天津姑姑家，他在北京工作，周末两地奔波。我分娩遭遇难产需要紧急剖腹，后来他告诉我，签手术同意书的时候，若是医生问他保大人还是保小孩，他一定要保大人。我可以想象他签字时颤抖的手。2010 年 8 月 2 日晚上 9 点，我们有了儿子。我记得确定怀孕的前一晚，我清楚地梦见了凤凰，空中盘旋几圈后俯身看我，我们戏称难产必定是"凤凰涅槃"。

儿子的来到让我找回了久违的坚强，变得对他不再那么依赖。那是作为长女，年仅 13 岁就失去父亲，只能通过"读书改变命运"的农村女孩

特有的坚强。我仅用一年零三个月的时间，在照看儿子的同时完成了博士论文，并因在遥感界最高水平期刊上发表了一篇文章而顺利被北京林业大学聘用，光荣地成了一名大学教师。

如今，我在北林工作满 7 年，我们的儿子也满 9 岁了。我不可能在他面前暴露脆弱，即便有时候受到委屈想哭泣，也不会选择在他面前。我只身带着儿子去国外求学 1 年，靠的不仅是强大的内心，更重要的是我开朗的性格。开朗的性格让我很容易拥有很多朋友，包括异性朋友。我单纯地以为男女之间一定存在纯洁的友谊，这一点非常困扰他。在我的记忆里，我们因此闹过好几次不愉快。我现在意识到，他在乎才是真爱，如果哪一天，他不在乎了，事情就真的糟糕了。

我们领证后没有婚礼，没有婚房，没有婚戒……简单地说，除了结婚证，我们没有任何跟结婚有关的东西，纯粹属于裸婚。这一次有幸被母校 110 周年庆典选中参加集体婚礼，正式终结了我们的"裸婚"时代。

这就是我们的故事，一个心思缜密的天蝎男和一个天性单纯的白羊女。我们互相拯救和包容对方已经 18 年有余，我希望还有下一个 18 年，再下一个 18 年……

夫妻简介：

王惠林，2000—2007 年，兰州大学资源环境学院地理信息系统专业（本科、硕士）

陈　玲，2000—2004 年，兰州大学资源环境学院地理信息系统专业（本科）；2004—2007 年，兰州大学资源环境学院水文学与水资源工程专业（硕士）

时光易逝　唯此情长

文／王　杰　杜红英

　　时光荏苒，岁月如梭。转瞬之间，距我首次踏入兰州大学校门已近二十载，而离开兰大也已十年有余。栉风沐雨，春华秋实，告别母校后，许多事情发生了变化，而我对母校的牵挂与敬仰从未变过。正值110年校庆，兰大校友会要为广大兰大学子，尤其是情定于兰大的有缘夫妇举行盛大婚礼。获知消息后，我的心中有一种按捺不住的激动，迅速与兰大校友会取得联系，积极地争取此次盛大婚礼的邀请函。当得知自己正好在110对夫妇之内，我立即把这个好消息告诉我的小宝（红英）！回想起近二十年的求学和寻找爱情的历程，我对母校的感激之情顿时涌上心头，眼眶不禁微微湿润。

梦开始的地方

2000 年，当得知自己被兰州大学自然地理专业录取，我心中甚是开心。当时的同学问我，自然地理专业学什么？是研究地震和地球吗？那里的道路上是不是到处都有骆驼？我只能回复：这是服从调剂的结果。我完全不知什么是自然地理，但是我有一个念头，坚决不复读。而且国家出台了西部大开发的政策，我正好借此机会去那里学习和体验！作为父母双方两大家族为数不多的一名大学生，我怀揣着梦想坐上了全程 28 小时的火车。我心中异常兴奋，全程几乎没有休息，完全被祖国的大好河山吸引，毕竟之前从未离开过定州市。然而当火车渐渐进入西北，我被眼前的一片荒凉惊呆了。虽是夏季雨水季节，然而这里到处是黄土，没有丝毫的绿色。原来这就是地理书上的"黄土高原"，歌曲里的"黄土高坡"，怪不得祖国提出西部大开发的政策。

随着火车穿越众多隧道，我的耳朵嗡嗡作响，嘴唇也越来越干，身体越来越疲惫。当走下火车，我马上被偌大一个城市惊呆了。高楼大厦，车水马龙，完全看不到骆驼在哪里。懵懂的我就这样步入了一个大都市，开启了自己的本科生活。入学后，我逐渐发现自己对所学专业完全没有兴趣，依然痴迷于高中的强项——化学。虽然那个时候我不知道未来的路在

哪里，也不知道学化学能干什么，但在班主任多次劝说未果的情况下，我毅然决定靠自己努力，争取最后一次转换专业的机会。也许上天垂怜，我终于以优异的成绩考入了化学化工学院化学基地班，结识了 28 位新朋友。由于是新班级，前两年班里的兄弟姐妹都分散居住在各自之前的宿舍。有人说这样的宿舍环境对学习不好，也有人说这样挺好，可广交朋友。我始终坚信环境可以塑造一切，而人一定要学会主动适应环境。现在回想起来，那两年的学习生活为我现在的交叉学科的研究方向奠定了雄厚的基础。因为我周围全是学习自然地理、地理信息系统计算机和自动化方向的同学。在接下来四年短暂的学习生涯中，我取得了优异的成绩，年级排名第 7 名（记忆中一共 222 名同学），并顺利保送至人生中最重要的硕士研究生导师胡之德教授名下。回忆往事，本科四年错失了很多上进的机会，我把全部精力放在了家教、社团活动、班级活动以及争取奖学金等一系列和科研关联不大的事情当中。这受困于时代的大背景，也受限于个人的短浅认识。在这四年，我完全忽略了"她"的存在，因为始终没有一个"她"进入我的生活。我也完全不知道什么是事业，什么是科研。而研究生学习阶段在我眼里也只是漫漫求学路上的一段艰苦征程。

爱情的萌芽——情定五泉山

2004 年 10 月 31 日，是我人生当中最难忘的日子，因为她进入我的生活。现在我依然清晰地记得，那天早晨田师兄对我说："师弟，你还记得我给你提过介绍对象不？"我傻傻地答道："嗯，怎么了？""我那个朋友到了，你要不要去看一下？"田师兄催促道。我很不好意思地说："我还要帮师兄师姐做实验呢，走不开啊！"话音未落，我就被田师兄拉走了。事后我爱人说当时根本不知道别人要帮她找对象，如果知道是介绍对象，她肯定是不会答应来的。田师兄这个月老太厉害了，为了他的光棍小师弟操碎了心！当时的我穿得相当寒酸，毕竟家境一般，平时也不讲究，从实验室直接飞奔兰大小吃一条街。到了那里，当看到我未来的爱人的时候，我顿时被她的美貌吸引住了。向来伶牙俐齿的我也不知说什么好了！经过简单接触，我被她的善良与淳朴深深打动。师兄说他有事，要先行一步，让我帮他招呼他的朋友，带她出去逛逛。提到逛，我只想到五泉山和兰山，因为我每个周末都去爬五泉山，所以我毫不犹豫地带着我未来的爱人去爬五泉山。到了山门，囊中羞涩的我提议走我每周爬山的线路——道路虽长，但是风景不错，关键是免费！俗话说，上山容易，下山难。对我来说，上山下山如履平地，毫无感觉，然而对于我爱人来说，她完全不敢往下走，所以我只能牵着她的手慢慢下山，那一刻，我就认定她是我未来的另一半。斯人若彩虹，遇上方知有。如果她愿意，我会用一生去保护她、呵护她！

而后的日子，她在西北师大读书，我在兰州大学读书，两地之间的公共交通 131 路便成了我们的爱情专线。逐渐了解后，我发现我未来的爱人不仅漂亮，而且相当聪慧。她与当时的导师自她入学一直到毕业，都没缘相见，因为导师一直在美国留学。在这样困难的条件下，她独自一个人搞定实验室的毛细管电泳仪，还发表了三篇核心论文及撰写了一篇英文稿件。最难能可贵的是，她拥有一颗善良的心，尤其是对待我这个穷酸小子，她从未嫌弃过。她非常喜欢我开朗的性格和乐观的人生态度。在我再三努力追求下，她逐渐被我的诚意打动，我彻底意识到自己已经完全离不开她了，我一定要努力让她成为我人生的另一半。

母校授予一对恋人博士学位

经过一年的短暂分离，她在郑州，我在兰州。虽均含州字，然而远隔千里。所爱隔山海，山海不可平。每日相思之苦，让我备受煎熬。我去看她的时候，我爱人流露出想要读博的意愿。我强烈建议她来兰州大学读博，我说我一定会尽全力促成此事。在我爱人的努力下，终于在 2006 年，我们一起开始了博士生涯。在读博阶段，我们又经历了一些坎坷。幸亏在我们最艰难困苦的时候，尊敬的胡之德教授给予我们最无私的帮助，让我们有幸成为胡老师三个关门弟子中的两位。胡老师对我们这对恋人的评价令我终生难忘，他说："你们两个都相当聪明，但是红英喜欢扎扎实实做事，而小王就喜欢走捷径。你们两个的结合，可以说是珠联璧合。"事实证明，的确如此，红英通过博一的艰苦训练，在博二期间发表了 10 篇 SCI 论文，影响因子总分达到三十多分，也就理所当然地拿到了中国科学院奖学金（全校研究生只有 1 个名额）。而这个时候，我又选择了走捷径。恰逢国家留学基金委选拔第一批研究生到世界各地进行联合培

养，我们的母校和所有的导师，在这个时候完全为学生考虑，记忆当中，化学化工学院有近一半的研究生出国。我在这个时候遇到了人生当中另外一位贵人——尊敬的徐富强研究员，也是我的师兄。他尽全力帮我联系了美国耶鲁大学。这期间，我和爱人之间的距离，由以前的千山万水变为远隔重洋。由于我爱人优异的科研业绩，学院准备选拔她作为优秀博士留校培养。她和我商量了很久，觉得我现在从事的核磁共振和脑科学的研究，将来肯定很难在兰大发展。如果她留在了兰大，我们又将两地分隔，所以为了我，她毅然放弃了人生当中又一个绝佳的机会。2009 年，我们这对恋人经过努力奋斗，终于如愿获得了母校给予我们的最高荣誉——博士学位。在这里，我要衷心感谢敬爱的导师胡之德教授，他不仅重塑了我和我爱人的科学思想，而且一直在教育我们该如何做人、做事。胡老师容忍我们犯错误，在我们身陷困境的时候，总能够及时出现帮我们排除万难。我的博士论文也许是全国唯一一篇中英文混写的博士毕业论文，其中中文是国内的工作，英文是国外的工作，而这两个工作通过信息学这座桥梁联系在一起。然而由于两个方向相差太远，胡老师不太了解脑科学领域，而 Graeme Mason 教授完全不懂中文，所以我只能以中英文两种文字进行我的博士论文撰写。经过胡老师与校方的多次沟通，最终我的论文得以通过。

为未来的事业奋斗，期待为母校争光

2009 年 12 月 14 日，我们这对相识于兰州、相爱于兰大的情侣，终于在兰州市领取了我们人生当中最重要的证书。爱情的花朵结出了甜蜜的果实。我们许下誓言，承诺终生相依。无论贫穷或富裕，无论健康或疾病，我们将分担困苦，共享欢乐。我们又经过一段时间的地域分离，我爱人远赴美国密歇根大学求学，而我在武汉物数所工作。后来，因为我工作期间去耶鲁大学留学，我们婚后首次在异国他乡的耶鲁大学短暂相聚，携手为我们未来的事业奋斗。路有好伴侣，前路不漫长，此生有幸遇见她！

短暂留学生涯结束后，我们回到国内，来到这座生疏的城市——武汉。由于我们两人均具有交叉学科的学术研究经历，所以就业的范围比较广。最终我爱人选择了食品专业，利用学到的技术进行研究，以期待在另外一个领域取得成绩，为母校争光。而我毅然选择继续神经科学研究。在我们实验室，学术带头人是兰大人——徐富强研究员，而团队也有一大批的兰大学子抱团展开科研，如何晓斌、陈荣祥、王莉、靳森、陶斯珏、郑宁等。这些来自兰大化工院和生科院的学子们聚集在祖国的另外一个角落，活跃在另外一个领域，以期取得骄人的成绩，为母校增光添彩！

夫妻简介：

　　王　杰，2000—2009 年，兰州大学化学化工学院（本科、硕士、博士）

　　杜红英，2006—2009 年，兰州大学化学化工学院（博士）

漫漫长路，携手同行

文／王潇乐　张银霞

　　王潇乐和张银霞是兰州大学公共卫生学院2001级同班同学，2009年他们走进婚姻殿堂。10年后的2019年，他们和其他校友夫妻一起在兰州大学110周年校庆之际，参加了这场独一无二的中式传统婚礼，弥补了10年前的遗憾。这个遗憾要追溯到10年前的一次全球疫情……

　　2009年5月，发源于墨西哥的甲型H1N1流感在全球迅速蔓延，上海浦东国际机场口岸告急。国家质检总局于5月8日发出紧急通知，在全系统抽调卫生检疫人员前往上海支援。在这个特殊时刻，甘肃出入境检验检疫局卫检处的王潇乐主动请缨，要求前往上海浦东国际机场口岸一线支援。此时，距离他原定于5月20日的婚期不足半月，婚礼筹备已进入最后阶段，宴席已经订好，请柬已经发出。在这种情况下，要做通父母和未婚妻的思想工作，推迟婚期，不是一件容易的事情，且需要对亲朋好友多

方解释。但是，疫情就是命令，当他把前往上海支援的想法告诉父母和未婚妻后，父母和未婚妻都深明大义，坚决支持他的决定。就这样，5月15日，年轻的王潇乐告别了心爱的未婚妻，告别了父母，怀着一颗报效祖国的赤子之心，踏上了奔赴上海浦东国际机场防控甲型 H1N1 流感的征程……

"上海浦东国际机场是全国第一大航空口岸，每天起降国际航班 250余架次，出入境人员超过 5 万人次，疫情防控形势极为严峻。正是王潇乐和其他来自全国各地支援队员筑起的坚固防线，有效延缓了甲型 H1N1 疫情的蔓延，为卫生部门研究应对防控策略、研发应急接种疫苗争取了足够的时间，避免类似 2003 年非典型肺炎悲剧的重演。在支援期间，王潇乐共计检疫查验出入境飞机 120 余架次，检疫查验出入境人员 10000 余人，排查疑似病人 50 余人，确诊甲型 H1N1 流感 3 人。'哪有什么岁月安好，不过是有人为我们负重前行'，正是像他这样千百个检验检疫人员的努力工作，换来了国门的安全和人民的健康……"这是《中国国门时报》对兰州大学校友王潇乐先进事迹的一段采访纪实，还原了当时王潇乐、张银霞夫妻舍小家顾大家的情怀。

　　10 年前，他们夫妻错过了精心筹备的婚礼，然而他们结婚 10 周年与兰州大学 110 周年校友集体婚礼不期而遇，显得弥足珍贵。

　　王潇乐和张银霞从青葱校园到柴米油盐，从象牙塔走入婚姻殿堂，而今又通过集体婚礼的形式重回让他们结缘的母校，弥补了 10 年前的遗憾。对于他们而言，这次集体婚礼的意义一定是与众不同的。10 年来的相濡以沫化为对未来的诺言，漫漫长路，携手同行。

夫妻简介：

　　王潇乐，2001—2006 年，兰州大学公共卫生学院（本科）

　　张银霞，2001—2006 年，兰州大学公共卫生学院（本科）；2009—2012 年，兰州大学公共卫生学院（硕士）

缘起兰大，情定终生

文/丁莉芳　李　原

兰大初识

2002年秋天以前，我未曾到过兰州，报考兰大最初的愿望源于《读者》杂志上的一篇文章，场景描述是这样的：晨曦的校园里，小松鼠在树林间蹦来跳去，一点儿也不害怕树林里晨读的同学……还记得报志愿时伯父劝我不要去大西北求学的情景，我却钟情于这远离喧嚣的环境，最后幸运地收到兰州大学的录取通知书。父亲陪我踏上西去的列车，快要天亮的时候接近兰州的地界，父亲说当时他内心有些落寞，不忍心叫醒熟睡的我。因为这里的山竟然全是光秃秃的，黄土高原的气息让一生务农的父亲有些失落。然而来到兰大后的我，兴奋大于意外，终于上大学了，我将在这里奋斗4年。我要给自己一个庄严的成人礼。这里实际上比《读者》杂志文章里的场景更加安静，几千亩的新校区远离兰州市区，背后就是父亲在火车上看到的连绵起伏的山丘，只有山下到半山腰有绿色植物。一如我内心期盼的那样，

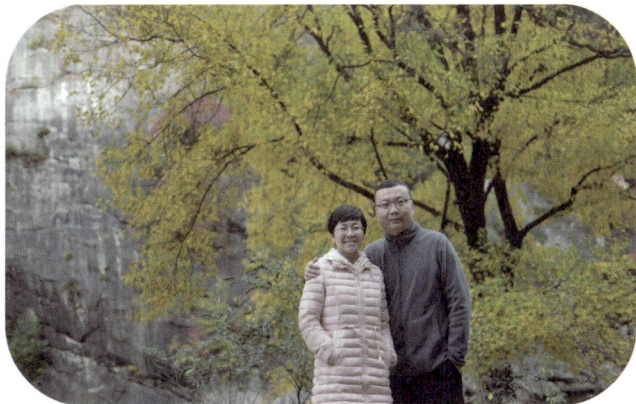

母校兰大给了我宁静的学习环境，也教了我勤奋、求实的进取之心。

我与他的相识平淡无奇。我们同在一个班，他是班里活跃的积极分子，我性格安静，但对人对事充满热情。军训结束后，班里需要派同学去综合楼搬新书，我们都积极参与。我印象最深的是，他顽皮的笑声里那句略带戏谑的话："你们女生应该多搬点儿，正好减肥呢。"事实上，他只是一个活泼的大男孩，爱说笑，就像小时候的邻家玩伴。

后来我们接触变多，是因为化学实验课经常合作帮忙，他动手能力强又爱想办法，我很擅长写实验报告，所以我们经常交流心得。长此以往，我们成了好朋友，一起聊天，三观相合，后来就成了男女朋友。

相知相惜

校园里的我们一起相约在食堂吃饭，一份盒饭，我吃不完的部分都是他解决。后来我们结婚时，他的父亲说："别人谈恋爱都会花费超标，为什么你们谈了恋爱比以前花得更少，每到学期末还有结余？"这也许就是学生时代单纯的爱情，因为互相欣赏，我们便牵手同行，没有考虑太多物质的背景。他和我交往后，我们一起到教学楼上自习，他再也没有出现过不及格的成绩，这是我最值得骄傲的事。周末，我们常常一起爬萃英山，最初萃英山是没有水泥台阶的，只能顺着学生踩出来的土路往上爬。现在想来那样的时光再好不过，虽然没有旖旎风光，但内心总有踏青或徒步的愿望。后来我们到西安生活，常常参加秦岭徒步活动，这种生活方式也许就是学生时代爱情的延续吧。

交往期间，我俩的味蕾不知不觉出奇地一致了，我们会一起盼望实验课后的西红柿炒蛋盖浇饭，也会对校门口重庆饭馆的拔丝红薯念念不忘。我们一起吃过很多物美价廉的小火锅，还会一起寻找街边小店的臭豆腐，我们喜欢一起吃东西的感觉。只可意会不可言传的默契，大概在这十几年间已经融入我们的身体和血液，浓烈的爱情转化为亲密的爱恋。

往返兰大本部和榆中校区的路程，对于晕车的我来说是难熬的，所幸遇见了他。他总是把自己的手臂支在前排座椅上，做我柔软的靠枕。不记

得有多少次这样的来来往往，只知道从第一次一起坐校车到离校前的最后一次，从来都是这样。我常常有些心疼地抱怨他："我只想要一个暖水袋，你一定会搬来一个火炉，而我想要一个手电筒的时候，你会搬来整个太阳……"这时他的回应只是可爱地傻笑。他就是这样，不遗余力地付出爱，而我也在相爱中用尽全力。

理工女与理工直男的恋爱似乎总是缺少一些罗曼蒂克的情节，手捧玫瑰花的情景只会发生在别人家。有一次圣诞节，他送给我一盒小植物，是易拉罐装的魔豆，最后培育出来一棵小小的含羞草。还有一次，他去兰州市区，回来已经是晚自习时间，他把我叫出来，神神秘秘地从包里拿出两个脆皮烧饼，一人吃一个，我觉得这比 999 朵玫瑰都让我心动。我买了一盆四季海棠，总是蔫蔫的，他自告奋勇搬去，一个月的工夫，再抱回来时叶子墨绿，满含花苞。据说是他调制了牛奶、鸡蛋壳等，让这盆海棠焕发生机，加上花期很长，只见红红的一大盆放在宿舍的窗台上，令人赏心悦目。

记得我们之间因为处事出现分歧，他道歉的时候说："一切因为你的善良发生的错误，统统都不是事儿。"他的语气里有理解，还有包容。这么多年，无论是在校园还是踏入社会，与其说是我性格使然，不如说是他小心呵护，让我能一直保持本心，寻找自由。不管岁月如何催老容颜，因为他的遮风挡雨，我的眼神里沉淀了更多温暖纯良。

相濡以沫

大学毕业后，我们选择一起到西安发展。虽然我们都是外乡人，但我们是两个人。工资不高慢慢来，条件不好我们克服，他要换工作寻求发展，我全力支持。刚开始，他住在单位的单身宿舍，换了工作没有宿舍，就住最便宜的城中村民房，没有暖气也挺了过来。没有浴室，我们靠着城中村的公共浴室也要保持干净整洁。没有厨房，我们在民房的走道里也能支个小炉灶开火做饭。就这样，我们在一座陌生的城市扎了根，我们与这座城市慢慢建立了联系，产生了感情。

他一步步踏实前行，从研发到销售，做到销售总监，再到自己创业。我也在本单位从车间基层到检验能手，再到研发专员。我们没有忘记初心，不曾放弃追梦。我们把他的父母接到西安，安置好他们退休后的晚年生活，孩子也一天天健康成长。我主动多承担一些陪伴孩子阅读、亲子游戏、素质教育等细碎的家庭工作。

这些年，我们搬家数次，无论是住在什么样的房子里，我总是要保证

屋子窗明几净，床铺整洁爽利，衣物干净清香，饭菜可口健康。不爱逛街的我，感谢网络购物的发达给我生活带来的便利，为我节省了很多时间，可以安心创造一个家人闲坐、灯火可亲的生活氛围。虽然他的工作越来越忙，但他也越来越恋家，下班赶着时间回来一起吃晚饭，再忙也尽量一起吃早餐，风雨无阻地送孩子上辅导班……

相识以来，我俩有一个良好的习惯是再大的误会或者吵闹，绝对不会让它过夜。如果说过去的我喜欢耍小脾气，希望他猜测我的需求，现在心理成熟的我会清楚地告诉他喜怒哀乐的缘由。我们不需要为了这些伤神，而是应该尽心过好当下。

这一世风雪路途遥，能够相濡以沫是骄傲。我们携手认真地过平凡的生活，赡养老人，抚养教育孩子，一路有家人的支持，朋友的鼓励陪伴，我们做好各自的本职工作，发展我们的事业，不求家财万贯，但求无愧于心。

夫妻简介：

李　原，2002—2006 年，兰州大学化学化工学院化学工程与工艺专业（本科）

丁莉芳，2002—2006 年，兰州大学化学化工学院化学工程与工艺专业（本科）

静水流深意绵绵

文／唐　歌

　　生活是如此平淡无奇，可这平淡无奇是宝贵万分的。不是所有人都能享受这福气，就像不是所有人都能有幸与在学生阶段相爱的人走到最后一样。夫风生于地，起于青蘋之末。缘分早早结下，缘分两头的人还不曾知情，可青蘋之末的风声从小至大，渐渐将二人裹挟其中，吹彻生命，以至灵魂相依。师兄师姐的感情就是这样，静水流深。

　　作为一名志愿者，我负责陪同的夫妻是马斌师兄和王小雨师姐。他们于 2003 年入校，同在化学化工学院学习，2014 年马斌师兄离校，小雨师姐继续留校，这是我在见到他们之前掌握的全部信息。

　　我对师姐的第一印象是她的眼睛。师姐的眼睛很大，瞳色很深，几乎是纯黑色。这样的眼睛在生活中很少见，我觉得很深邃。与师姐说话的过程中，我能从师姐的眼睛里感觉到认真和专注。当师姐回忆的时候，她不会看我，而是面向前方或者微微侧着头，望着不远不近的某处。这个时候我看着师姐，觉得自己不是在听师

姐说话，而是和师姐一起陷入她的回忆中。师姐的陈述，听起来十分鲜活，比我读书时见到的语言动人得多。那时我还没有见到师兄，但是通过师姐的讲述，我在心里仿佛可以描绘出师兄的轮廓。我注意到师姐在回忆时总是带着笑意，等到师兄过来穿礼服，师姐就站起来给他整理衣服，亲昵自然。

当我问师兄师姐生活中有什么暖心的事，师姐笑着说："哪有什么暖心的事啊，现在想起来都是仇恨！"话虽这么说，但语气十分柔软，隐隐还能嗅到一点儿甜蜜的味道。师姐说自己是个大大咧咧的人，但师兄很细腻，非常细心。从师姐的描述中，我觉得师姐是个非常豁达坦荡的人，师姐不会讳言两人之间的矛盾和争吵，调侃式的讲述坦坦荡荡，反而更让我体会到他们感情深厚，是真正互相扶持着走过 10 年的夫妻。相较而言，在师姐的描述中，师兄细腻得多，比如他们出去玩，师兄总是把一切都规划得很好，从来不用她费心。两人吵架，师兄也会先哄她。我猜师兄师姐一定是一对互补型的恋人。在师兄的眼里，大学期间的师姐总是不自觉地影响着他。他帮师姐做实验，和师姐一起上英语课、上自习。每一段故事总结起来都好像是大学里很自然的行为，但师兄的文字里流露着对师姐的在意与喜欢。他帮刚接触实验时总是"一惊一乍""什么都做不好"的师姐做实验，但是他总比师姐完成得慢；教师姐高数线代题，但考试成绩总比师姐低；他期待着每一次长长的实验、不擅长的英语课、破旧的西区教学楼里的自习……和师姐相关的每一刻，他都珍藏在心里。师兄完全是一个羞涩的、逐渐被模糊不清的感情填满胸膛的、心思细腻的小伙子形象。有谁不会被这种纯真打动呢？无处安放、肆意生长、怦怦跳动的感情，从那时就扎了根，现在早已长成苗壮的树。有句话说得好，你在生命中作出重要决定时，你还以为那只是再平凡不过的千万个日子中随意的某一天。可草蛇灰线，伏脉千里，人生的走向就在那时被敲定了。回首往事，你才发现那天你就站在命运的路口，面前风起云涌，变幻莫测。

师姐是粗中有细的人。婚礼步骤记得很清楚，写出来的文字都是细节式的片段。可能正是这些一点一滴的暖心小事，慢慢地把师姐推向了师兄吧。在师姐的回忆里，她记得师兄帮她做实验时的手，白白的手又细又长，特别好看。她记得英语课上师兄分给她的早餐、饮料瓶里热乎乎的豆奶；记得两个不同时间考研的人，互相给对方送饭，风雨无阻……本科毕业后，师兄去千里之外的城市工作，师姐在兰州读研。师姐的文字中写道："相隔千里，每天煲着电话粥，你偶尔隔着电话唱歌给我听，每次我都哭得稀里哗啦。有那么一段时间，电话总是说不了两句，你说你很忙，准备考研。当你决定考回兰大时，我兴奋得一整晚没有睡着，第二天就满校园打听租房子的信息。"这一段让我不由得想到莎翁的十四行诗，莎翁的语言情意绵长，正如师姐和师兄的感情：

劳动使我疲倦了，我急忙上床，
来好好安歇我旅途劳顿的四肢；
但是，脑子的旅行又随即开场，
劳力刚刚完毕，劳心又开始；
这时候，我的思念就不辞遥远，
从我这儿热衷地飞到你身畔，
又使我睁开沉重欲垂的眼帘，
凝视着盲人也能见到的黑暗：
终于，我的心灵使你的幻象鲜明地印上一片乌青，
好像宝石在可怕的夜空放光，

黑暗的古旧面貌也焕然一新。

看，我白天劳力，夜里劳心，

为你，为我自己，我不得安宁。

关于师兄师姐的爱情还有很多故事，在此不能一一叙述，十分遗憾。我在听他们讲述、看他们的文章时，都能感受到幸福的气息，能感受到师兄师姐周围涌动的默契气场。在一项活动结束要进行转场时，师兄总是跟在师姐后面，师姐动作灵活、目标明确，师兄默默追随、默默守护，大概这就是平淡而感人至深的爱情吧。

其实每个人的经历都十分珍贵，毕竟，正是普通人的点点滴滴汇聚成整个形形色色的社会。每个人的故事都是不一样的、值得被关注的，你心中的平平淡淡可能正是别人的津津乐道。在姻缘上尤其如此，每个人都有各自的精彩。千里姻缘一线牵，缘分总是妙不可言。

祝愿师兄师姐越来越好！2019 年，祖国 70 岁，兰大 110 岁，师兄师姐的婚姻 10 岁。正值佳期，合当共庆。此文为贺。

夫妻简介：

马　斌，2003—2014 年，兰州大学化学化工学院（本科、硕士、博士）

王小雨，2003—2012 年，兰州大学化学化工学院（本科、硕士、博士）；2012 年毕业留校工作

坚守大西北携手共进
奋斗新时代扬帆起航
——写在兰州大学 110 周年校庆之际

文／徐 鹏 张 颖

　　不知不觉，我来到兰大马上 18 年了，张颖来到兰大也快 13 年了。从在兰大上学，到在兰大工作，再到成家、结婚、生子，这 10 多年过得飞快，兰州已然成了我们的第二故乡，兰大也成了我们深深眷恋的母校。感恩于母校对我们的培养，记录在母校学习、生活、工作的点点滴滴，忙碌于学校改革发展的教育事业，用心专一地经营着我们之间的爱情故事。

　　2007 年 3 月 16 日，经同学的牵线搭桥，我和张颖见面了。她比我低一年级，虽然和我不是一个专业，但在一个学院，是我的师妹。

　　当时见面的情景，虽然已过 12 年，但在我心里依然历历在目。蓉府火锅店，四人落座，相互介绍，聊家乡和家庭情况，谈求学和生活经历……第一印象就这样建立起来，彼此感觉还不错，于是有了后面的故事。时至今日，我们闲聊起来才发觉这次见面并不是我们的第一次见面。2006 年 4 月初的一个上午，张颖参加法学院硕士研究生入学考试的面试，地点在原旧文科楼四楼法学院的一间办公室，而我当时就在斜对面的自习室。我的一位本科同学也要参加面试，和张颖同一个专业。我的同学在走廊等候面试时，张颖当时应该也在走廊。我和同学聊了一会儿，不大的走廊里，我想我和张颖当时应该是见过面的，只不过没有"在人群中多看你一眼"。冥冥之中好像前世有约，在你金榜题名、入学报到，直到真正见面时，其实"我一直在你身旁从未走远"。

　　爱情的开始似乎没有像歌曲唱的那样生动形象、刻骨铭心，只是悄无声息地撒了一颗种子，而后顺其自然地生根、发芽、壮大、开花、结果。

　　我们恋爱了。吃饭、打水、自习、看电影、逛商场……双方逐渐从陌生、拘谨、羞涩到熟悉、自然、大方，认识在加深，了解在增强，脾性在磨合。我问张颖，平时你刷牙时，是怎么挤牙膏的？她说她是从中间挤，我说我是从底部挤。"那我们的性格岂不是很相配？""爱情婚姻都应该和挤牙膏一样，你从中间挤，那我就从底部挤，生活上的磕磕碰碰就在互补中度过。"

　　所谓"情人眼里出西施"，不过是因为恋爱中的人都是把自己最好的一面呈现出来，故而在对方眼中都是最好最美的。但我们的爱情生活就像在瓷器店里翻跟头——免不了磕磕碰碰。我们时而因专业观点不同争吵，时而因鸡毛蒜皮小事冷战，时而因到谁家过年闹得不愉快……尽管如此，在我眼里，张颖始终是我的西施，一举一动、一颦一笑都能带给我惊艳。我们的感情不断加深，对彼此的了解就在相互说笑、时而吵闹中不断增进，信任就在彼此关心对方学习生活细节中逐步确立。就这样，很快到面临毕业、就业选择的时候了。

　　何去何从？我比张颖高一年级，我的毕业去向将会影响她的毕业选择。我参加了公务员国考，2个月后才能出成绩，恰巧学校发布了选留辅导员的通知。我参加了面试，很快就确定留校，紧接着开始实习。她也是独生子女，家里人希望她回通化，或者去长春、北京工作。我的国考成绩公布后，没有进入面试环节……带着不确定的因素，她参加了2008年12月的公务员国考，报的是通化市的一个岗位。成绩公布后，她笔试第二，进入面试，但她并没有参加面试。她说，不想和我分开，她珍惜这段感情。为了我们的爱情，张颖放弃了条件优渥的工作，离开了她的亲人，选择留在千里之外的大西北，留在我身边。其中，我深刻地体会到以奉献与责任为本质的爱情真谛——爱就是留在你身边，和你共进退！

　　2009年6月，张颖毕业了，也选择留校。2009年9月16日，我们领了结婚证。2009年12月6日，我们举行了结婚典礼，在兰州正式成家立业。2012年5月，我们的儿子出生了。婚后的生活就在小孩不断成长的过程中一天一天进行着，我们感受着柴米油盐酱醋茶、锅碗瓢盆衣裤袜的平淡。我最感激的是我的丈母娘，从张颖怀孕、保胎，到小孩出生、喂养、上幼儿园、上小学，老太太全程照顾、陪伴。这种爱，我铭记于心，

这也是我们这个家庭维系和谐的重要力量和源泉。

　　生活在继续，我们的工作要求在不断提升，节奏也在不断加快。我从之前的团学工作到现在的信访工作，经历了迎新生、带军训、跑早操、查上课、进宿舍、化矛盾、上党课、开班会、讲职规、做换届、行实践、入户谈、评奖优、促就业、写鉴定、办离校、接来访、看来信、常调研、深沟通、转部门、回结果等工作内容。张颖的工作一直在学院办公室，服务全院 250 余名老师和 1800 余名学生的学习、教学、科研、工作和生活。回想起当年选报高考志愿，很多亲戚、朋友、同学问我，为什么不填报北京的一些"985 工程"高校，而填报离家 2000 千米之远的兰州大学，我说我想离开家乡到祖国的广袤大地上去看看、开开眼界。正好国家刚开始实施"西部大开发"战略，我想在西部建功立业、实现抱负。当初的誓言，化作了工作 11 年来平凡岗位上的奋斗，没有举世瞩目的辉煌成就，但我们始终践行着"自强不息、独树一帜"的兰大精神，相互扶持、携手共进、共同发展。我们以学生为中心、以教师为主体，用自己的辛苦不断换取着广大师生的幸福指数，不断提高广大师生的获得感和满足感，为促进学校事业发展作出贡献。

　　2007 年 3 月 16 日、2009 年 9 月 16 日、2009 年 12 月 6 日，是我们

相遇、相识、相知、相爱、相守的最重要的日子。我们都与数字 6 有缘。在 12 年的相伴时间里，我们一直坚守在大西北的兰州，像千年胡杨一样，像大漠红柳一样，将培育祖国栋梁的责任担当，深植于立德树人的实践中。

2019 年是中华人民共和国成立 70 周年，兰州大学建校 110 周年，我们在兰大已工作 10 余年。站在新时代的历史起点上，迎着兰大"双一流"建设的东风，在"平平淡淡才是真"的生活基础上，我们感恩于母校那颗"夜空中最亮的星"，以来路烛照未来，继续书写新的"平凡之路"。

夫妻简介：

徐　鹏，2001—2005 年，兰州大学法学院（本科）；2005—2008 年，兰州大学法学院民商法学专业（硕士）；2021 年至今，兰州大学法学院马克思主义理论专业（博士）；现就职于兰州大学学校办公室，驻村帮扶平凉市崆峒区峡门回族乡王山村

张　颖，2006—2009 年，兰州大学法学院刑法学专业（硕士）；现就职于兰州大学化学化工学院办公室

四季变换，携手前行

文 / 邱光君　刘　韦

从那东山顶上
升起了皎洁的月光
玛吉阿米的面容
不时浮现在我的心上

初　见

　　我们初见于兰州农民巷的川味王饭店，她从武汉来到兰州，准备进行兰州大学的研究生复试。在她到达兰州并入住兰大接待中心后，她的好朋友出于好心，帮她联系了兰州大学在读的一位恩施老乡余红平。余红平得

知她考的是法律硕士，而那时我已经确定被保送到本校法学院念法律硕士，想请我在她复试的时候给一些意见建议。

我还清晰地记得，那天我在兰州市政府法制办实习，余红平给我打电话说有个老乡从武汉过来复试法律硕士，一起吃午饭。中午下班后，我从滨河路赶到吃饭的地方。那个季节的兰州还有点儿冷，她穿着一件毛衣。后来，她无数次地问我第一次见到她有什么样的印象，说实话我只记得那件毛衣了。当时觉得这个女孩很腼腆，属于特别温柔的类型，后来事实证明我的感觉是完全正确的。

她准备复试的那几天，我每天从实习单位回学校后都会去找她。那时比较含蓄，心里想和她在一起，就打着帮助她复试的旗号去接近她，但也确实想把我所有的经验都传给她，好让她能实现梦想。

确立关系

2012年9月，开学了。回校之前，我和她约好一起坐火车到兰州。一路交谈，让我对这个女孩子更加心生好感。据她后来说，她在复试的时候对我已有好感。在学校里，我经常与她交流学习进度及兰州游、玩、吃的地方。

在后来慢慢的接触与了解中，我们双方对彼此的感觉逐渐增强，并于2012年圣诞节正式确立恋爱关系。在我的影响下，她慢慢喜欢上了牛肉面，每天陪我去马子禄或君乐吃一碗，甚至在我的带领下逐渐学会吃面必须来瓣蒜。当然，在她的改造下，我慢慢成长，不断追求进步。

校园爱情，其实特别单纯。那时候，有吃有穿，有地方住。虽然条件有限，但没有烦恼，没有房贷，没有车贷，没有工作压力。我们一起去教室上课，一起去图书馆自习，牵着手逛校园，拉着手爬五泉山，互相依偎着安静地坐在黄河边，经历兰州那座城市的四季变换，看着图书馆门前的那棵银杏树从光秃秃到绿油油，再到金灿灿，在波澜不惊中相守相爱。

工作 & 结婚

不是每一段校园爱情都会有美满的结果，很多校园情侣在毕业之后，因为工作不在一处而分手。毕业时，她对我说，我去哪儿她就跟我去哪儿。当时，我心里也是一样的想法，两个人一定要在一起，慢慢奋斗，创造属于自己的小幸福。经过商议，我们来到重庆，经过几年的努力，我们有了自己热爱的工作，也有了属于自己的家。

在一起整整 6 年后，我们正式成为夫妻。为了能在我们 6 周年纪念日那天领结婚证，我们提前请假回了湖北老家。那天是圣诞节，老家很寒冷，还飘着细雨。领证时一波三折，但我们心里却特别温暖。从老家返回工作单位的路上，我们以"结婚"为关键词，听了一路关于结婚的歌曲。两个人时不时地看一眼结婚证，再看一眼对方，然后傻笑。我们是彼此在这个世界上最为亲近的人，就像空气一样，无处不在，已经成为一种牵挂，一种自然，一种自在。

我们在一起，现在是第 7 个年头。对于 7 年，很多人都会想到七年之痒，尤其像我们这种从工作后一直异地的情况。客观地说，两个人在一起，肯定有矛盾，必然会吵架，毕竟每个人首先是独立的个体，然后才是对方的爱人。但时至今日，我依然会把她当成我的小女生，不忘她的温柔和善良。记得有一天傍晚，我们准备出去吃饭，改善伙食。看到食堂对面有个海报和一张桌子，学校有个同学因为身患重病，同学们正在帮他募捐。当时，她站

在那里，犹豫着不肯离开，我知道她想尽一点力。从读研开始，我们都没有从父母那里拿生活费了，靠着自己在外面兼职和学校每月发的补助生活，那段时间我们身上的钱很少。我对她说，你想给多少就给吧。当时我们所有的积蓄只剩 110 元，她把 100 元捐了，我们只能回食堂吃快餐。这种善良、纯真，在她走出校园之后依然保持，实属可贵，这是我们所拥有的最大财富。

从校园到社会，我们一路相伴，互相鼓励，解决工作压力、经济困难以及家庭琐事，克服了工作异地的困局，成为彼此最信赖、最亲密的人。

我们都很幸运，因为遇到了彼此。经过社会的洗礼，我们依然坚信：一切，都在向着明天出发；生活，越来越美好；爱，一直都伴随左右。

参加"爱在兰大"集体婚礼有感

2019 年 8 月 17 日、8 月 18 日，对我们来说是很特别的日子。这两天，我们参加了兰州大学 110 年校庆集体婚礼。作为一百一十分之一，我们从刚开始报名的期待，到途中等待的忐忑，再到婚礼进行时的喜悦，内心一直不平静。

"饮水思源"的典礼环节顺利完成之后，我们牵着绣球踏上红毯走向积石堂。经过敬拜天地、行结发礼、饮合卺酒、行对拜礼后，在兰大的见证下，我们完成了各自人生篇章中最重要的大事。

感谢兰大，让我们在正当好的年纪相遇，没有早一步，没有晚一步，然后相识、相爱。

兰州大学记录了我们青春岁月的成长历程，见证了我们今日的幸福时刻。在前行路上，将呈现更多的幸事。

夫妻简介：

邱光君，2008—2012 年，兰州大学政治与行政学院国际政治专业（本科）；2012—2015 年，兰州大学法学院法律专业（硕士）

刘　韦，2012—2015 年，兰州大学法学院法律专业（硕士）

陪伴是最长情的告白

文／王术森　葛金川

　　我和金川在一起已经 5 年多了，好像从刚开始在一起的时候，就已经过上朋友眼中"老夫老妻"的生活。平日里柴米油盐，吵吵闹闹，日子简单，但却温暖、踏实。感情之事，如人饮水，冷暖自知，合适的才是最好的。

　　近日收拾杂物，找到一张写满字的卡片，这是我们刚在一起的时候，我写给金川的告白。"两个素不相识的人走到一起，能够像亲人一样相待，想来真是一件很奇妙的事情，怎么能让人不珍惜！突然想到一句话：缘分，是在时间无涯的荒野里，没有早一步，也没有晚一步，刚巧遇见了你。未来的困难可能很多，可是我一点儿都不怕，只要有你在我身边，只要有你的支持和理解，一切都会很好，不是吗？唯愿我们能够牵手一生，一直幸福下去！"

翻看自己的博士毕业论文致谢，才发现，一路走来，我们初心未变。"感谢女友金川对我的包容和照顾。从硕士毕业、考博，一直到博士毕业，其间苦楚，只有经历的人才懂。相识至此，她一直在背后无条件地支持、理解和包容，很是不易。唯愿携手到老，永不相负！"这是我对这段感情最真挚的愿望。

在物欲横流的今天，很多人在爱情中收获了殷实的物质生活，抑或是悸动、浪漫、温暖，唯独丢失了初心——在一起。曾经相守一生的海誓山盟如今已成为过眼烟云，"执子之手，与子偕老"这个爱情中最朴素的愿望，似乎越来越成为一种奢望。放手可能有一万种理由，而相守只需要一个理由。我们愿同甘共苦，风雨同舟，共同守护我们的爱情。

与想象中不同，5 年，我似乎应该有很多话想说。但当让你尽情去表达的时候，却没有轰轰烈烈的故事去诉说，没有你侬我侬的甜言蜜语去倾诉，一切归于平淡。知足常乐，平淡是福。笑着写完这篇简单而平淡的故事，我想这是对我们感情最好的回答。

少有常人眼中的浪漫，但在我们眼里，这就是我们的爱情。我们相信，陪伴是最长情的告白！

夫妻简介：

王术森，2008—2012 年，兰州大学政治与行政学院国际政治专业（本科）；2012—2015 年，兰州大学马克思主义学院国际政治专业（硕士）；2015—2018 年，兰州大学马克思主义学院马克思主义国际关系理论与中国对外关系专业（博士）；2018—2021 年，兰州大学经济学院博士后；2021 年至今，兰州大学政治与国际关系学院讲师

葛金川，2013—2016 年，兰州大学马克思主义学院马克思主义中国化专业（硕士）

许一诺，伴一生

文／张　瀚　胡　冲　朱亚芬

一诺相许

　　爱情就是最初我愿意拿出时间和你玩，你愿意拿出时间跟我玩，然后我们玩在了一起。　　——朱亚芬

　　2009 年 9 月，来自湖北洪湖的胡冲与来自湖北武汉的朱亚芬被华中农业大学农学专业录取。在执勤队的工作中、在昆虫楼的实验中、在实践部的服务中，两人相熟、相知。一边一见面就互损，一边又总是巧妙地相遇，点点滴滴的交集，悄无声息地温润着双方的心田。朱亚芬说："没有刻意约好，却碰到一起。对彼此的了解，让我们成为相互信赖的朋友。"

三月的校园春色依旧，而 2011 年 3 月 30 日这一天，对于胡冲与朱亚芬而言，格外值得铭记。由初识到相知，由相熟到心动，两人的恋爱关系在胡冲郑重的表白声中正式建立。自习室里的相约，旅行途中的相伴，抑或是打篮球、吹陶笛，简简单单的快乐装点着他们的大学生活。

本科学业行将结束，新的问题摆在两人面前：是留下来读研，还是通过考研走出去？为了见识不一样的风景，胡冲和朱亚芬决定迎接挑战，一方报考自己钟情的土壤研究所；另一方选择自己喜欢的武汉植物园。两人的规划井然有序地开展着，然而异地的思虑始终悬在双方的心头，日渐沉重。度过辗转反侧的实习期，胡冲最终决定放弃复习已久的植物营养专业。为了能一起读研，双方找了好久，最终将温暖的华南植物园确立为考研的共同目标。那一刻，两人眼中的神采，一如两年前的那个春天熠熠生辉。

漫漫研途因彼此的守候而不再寂寥，只是最后的结果却并没有如愿以偿。胡冲调剂到了兰州大学生科院植物方向，而朱亚芬则去了北京。

路远情长

不知道是不是因祸得福，异地的我们更懂得珍惜和体谅。我进入一个我从未接触过的领域，只有我知道自己有多努力去适应。而你也是，我了解你在第一年有多煎熬地去适应你不喜欢的分子生物学。我们相互支持着，看到彼此的进步。 ——朱亚芬

2013 年的暑假，朱亚芬提前进入北京生科所实验室，开始了忙碌而充实的动物细胞研究：晨光熹微中赶地铁做实验，夜色茫茫时依旧埋头文献中。尚在家中的胡冲也没有闲着，一刻不停地钻研导师发来的文献。虽

然他们相隔千里，但彼此在心中始终默默相伴。

异地时光的煎熬，并没有消磨两人的热情。为了将来的相聚，他们比以前更加努力。胡冲在兰州大学苟小平教授的带领下，发现问题，解决问题，一步一步推进着实验进程。为了能够实现科研目标，原本打算到北京读博的胡冲和朱亚芬商量后申请了苟小平教授的硕博连读，系统研究拟南芥体类受体激酶 CIKs 调控顶端分生组织的稳态。朱亚芬也在首都师范大学李夏璐实验室中磨炼着自己的科研能力，每次交流，他们都为彼此的成长而高兴。

有一次朱亚芬在实验室进行荧光镜观察，做到很晚。胡冲一直在电话另一头耐心地陪着她，直到凌晨三点实验结束，才从楼道走回宿舍。听到挂电话时胡冲笑着说"终于把站票换成软卧了"，朱亚芬心疼，愧疚，却也感到幸福。相爱四周年时，朱亚芬在日志里写下：只要心在一起，就没有到不了的远方。

志业相伴

都是恋爱小白的我们，头一回经受异地的煎熬，但是彼此的信任、同样的兴趣和目标使我们各自进步，也更珍惜彼此。她来到兰州之后，我们更加默契，一起做实验，一起为共同的梦想而努力，没有比这个更幸运的事了。 ——胡冲

异地期间，胡冲和朱亚芬不仅在生活上交流频繁，在科研上也互相支

持。在每天的通话中，他们不断熟悉着对方的研究课题。就这样，朱亚芬对植物学的兴趣逐渐浓厚，她所在实验室中成熟的生化分子技术也能解决胡冲在研课题的一些问题。

2016 年 6 月，朱亚芬在硕士答辩完成后，直接来到胡冲所在的实验室开始植物方向的学习与实验，随后顺利通过博士招考，加入了苟小平教授的课题组。经历了三年异地的牵挂，两人终于在兰州大学重逢，并将全部精力投入到 CIKs 调控植物干细胞稳态的研究中，解决了生化方面体外磷酸化的研究难点，两人在课题上的互补也开始初露锋芒。

在和其他课题组成员的共同努力下，研究难点一一被攻克。论文发表期间，胡冲与朱亚芬舍弃假期，整天泡在实验室中，以极大的科研热忱为梦想努力。2018 年 3 月 26 日，国际植物学著名期刊《Nature Plants》在线发表了苟小平教授课题组题为 "A group of receptor kinases are essential for CLAVATA signalling to maintain stem cell homeostasis" 的研究论文，揭示了共受体激酶 CIKs 调控干细胞稳态的方式。这项研究受到了国际同行的高度关注，冷泉港实验室著名专家 David Jackson 评价该研究结果是 "CLV 信号传导途径的一小步，但却是分生组织生物学家认识上的一个巨大跨越"。这篇论文，胡冲为论文第一作者，朱亚芬、崔岩伟和成凯莉等参与完成了论文部分工作。

爱情与学术的相守相伴，为他们的七周年纪念日献上了最美的祝福。

2019 年 5 月 2 日，胡冲与朱亚芬步入了婚姻的殿堂，8 月 18 日，他们作为新婚的校友伉俪，参加了隆重的"爱在兰大"110 周年校庆校友集体婚礼，在文献和实验之余，感受中式婚礼的庄重典雅；在师生、校友的见证下，为兰大百十年校庆献上了诚挚的祝福。

夫妻简介：

胡　冲，2013—2018 年，兰州大学生命科学学院植物学专业（硕博连读）；2018 年留校工作

朱亚芬，2016 年—2020 年，兰州大学生命科学学院植物学专业（博士）

平淡是福

文／丁梓桐　郭旭生

　　北京是我俩爱情的萌芽地，兰州则是我俩爱情结晶的见证地。初识兰大是她的 100 岁生日，也是我和老公梦开始的地方。而今兰大母亲已经110 岁了，我和老公的婚姻也经历了 10 年的考验，10 年相对于兰大来说太短暂，对于我们却是细水长流。冥冥之中，我们与兰大建立了一种难以言表的联系，她以长者的身份注视着我们的婚姻逐渐走向成熟，她以高贵的品行、博学的知识深深影响着我们。此时无声胜有声，我默默地回忆着我和老公的苦与乐，用简短的文字记录我俩简单而平淡的爱情故事。

相遇篇

2006 年，我还是四川农业大学一名研一的学生，在优美宁静的城市——四川雅安，享受着舒适、安闲的生活。但我却像笼子里的小鸟，一直有向往蓝天的梦想。记得在 6 月的一个晚上，我在实验室查文献，走得很晚。面对零零散散的学生，老师问谁想去北京做实验，我趁着其他同学还在发愣，毫不犹豫地说我愿意！当时这件事情只在脑海中思考了 1 秒钟，也许冥冥中是我和老公的缘分在牵引着我。我不顾闺蜜的劝阻，只是义务地告知了我的父母。幸运的是，父母很支持我的决定。就这样，2006 年 7 月 1 日，我终于到了北京，这期间经历了 30 个小时的硬座火车，过道路口全躺着人。那是我第一次坐那么久的火车，也是第一次跨省出远门。见到导师那一刻的状态，我到现在依然记忆犹新，衣服刮破了，背着大包小包，拎着箱子，头发有点儿凌乱，与逃难没什么区别。经过短暂的休整，老师带我去参观实验室，那是我第一次见到他，他当时是一名博士研究生。

北京的天很热，我们 11 个人挤在一个 40 平方米左右的房子里。我和北漂的人一样，热情高涨，并没有因为眼前艰难的条件而退出。第二天，我主动来到实验室和各位同学热情打招呼，询问他们是否需要帮助。当时我只是想尽快进入状态，并且学点实验操作技术。同学们婉拒了我，只有他，当时还是我师兄，真的让我帮助了他。就这样，我一点点被这个陌生的环境接纳。

感动篇（一）

师兄一直带着我做实验，手把手教我实验操作规范，导师也授权让他好好教我，谁知导师在无形中做了一次媒人。在当时一无所知的学妹眼中，师兄简直无所不能，我对他十分崇拜。

北京的天变幻莫测，前一秒还艳阳高照，转瞬就狂风暴雨。那天，风雨夹着闪电雷霆，正午的阳光被吞噬得无影无踪。我和另外一位师兄正在做实验，他着急先走，我回以礼貌的微笑。我独自一人在偌大的实验室，没有雨伞，没有午餐，只有液相色谱仪不时地低吟，以及外面咆哮的雷雨声，显得格外孤独。当时我觉得，我和师兄的关系还不至于让他冒着狂风暴雨来给我送饭。但看见他浑身湿透站在我面前，手里捧着还有余热的盒饭，我的鼻尖一丝酸楚，并用玩笑来掩饰我眼中的泪花。此时一道强烈的闪电划过窗户，我没有一丝胆怯，反而希望这一刻再延长一点……

感动篇（二）

在实验室经过一段时间的磨合和学习，我的试验也开始了。我当时很勤奋，只要没有特殊情况，基本是早上七点到实验室，晚上等到门房值班人驱赶，再赖上半个小时才离开。当时他正赶着博士试验，我们俩就成了实验室最晚离开的人。我知道他很努力，但我暗暗感觉他也在等我。晚上十一点，我们从实验室出来，一起到小南门吃点儿烧烤，喝点儿啤酒，聊聊暴脾气的门房值班老汉，师兄再指点一下我试验的进展，一起笑，也一起相视无语。回宿舍的路上异常安静，师兄说给我唱首歌，当时我很诧异，在他极其普通的外表下居然有那么动听的声音。没有大鱼大肉，没有鲜花，没有甜言蜜语，我们用最平淡的点点滴滴感受着彼此内心的感动。也许

他再勤奋一点，我再懒惰一点，我们就没有交集的空间。但没有也许，这就是缘分。

感动篇 (三)

北京的西瓜很甜，从南方来的我没有吃过那么甜的西瓜。记得有一次暑假结束回到学校，在经过 30 个小时的硬座路程后，我踏进宿舍的那一刻见到的第一样东西，就是他放在我书桌上的一小份西瓜。室友告诉我，他担心我太累就没来打扰我，让我吃点儿西瓜好好休息。我没想到世界上还有人这么细心，而且只为我一人，当时我觉得自己是世界上最幸运的人。上学的日子里，我几乎每天午饭后都能吃上他买的一份西瓜。过犹不及，这也许是我现在不怎么吃西瓜的原因，但是这份感动一直保留在心中。

感动篇 (四)

师兄那一届的博士同学很多是有家室的大哥哥大姐姐。因为师兄的关系，我很快融入他们的博士团队。我们骑着自行车一起游北京城，一起摘苹果，一起吃火锅。在北京的日子，大家都很勤奋，也都很拮据，但是我们很快乐。我们享受着北京的蓝天白云，享受着匆忙的车水马龙，享受着我和师兄之间微妙的感动。

2006 年 10 月的一个早上，六点左右，我接到师兄急促的电话，让我赶紧出门。我当时很纳闷，去哪？我糊里糊涂地与师兄以及他的博士同学们一起坐火车到北戴河。这是我第一次见到海，也是我和师兄第一次牵手。大海做了我们爱情的见证人。我们没有言语，没有承诺，他用路边的小草为我编织了一枚戒指，那枚戒指在太阳下光彩夺目，美丽至极。

婚姻篇

师兄比我先毕业一年，来到兰州大学工作，我们正式开始了异地恋。我一直认为我们感情基础很好，再长的分离也不会有任何问题。但是，在我找工作那年，我们因为择业城市的问题经历了一段长时间的冷战期。也许在我毕业的敏感时期，"选择"成了隔在我俩中间的一道横梁。当时，我并没有心思留在其他地方，只是想去"体验"。毕业时，我毫不犹豫地带着大包小包，再一次像逃难一样离开了北京，离开了那座充满无穷魅力的大都市，来到了他的城市——兰州。我们没有房子，没有首饰，没有老家的亲人，没有蜜月，更没有所谓的彩礼，在兰州简简单单地办了婚礼。我相信有了爱情，有了共同的心，一切都会有的。此时，师兄正式荣升为老公，我们在租住的房子里组建了一个温馨完美的家庭。

老公真的像我最初看到的一样努力和优秀，用了短短6年的时间，职称便从讲师评到副教授，又升为教授，再成为博导。与当初一样，他是我满满的骄傲，我们没有甜言蜜语，有的只是内心的感动和体谅。

结尾篇

我常常听人说：差距会带来危机。我打心眼儿想让自己更优秀，想和老公继续保持着共同的爱好，共同努力，共同进步。我们有共同的生活，但也有独立的思想和空间，不相互依附，但谁也离不开谁。因此，在结完婚、生完大宝、完成我人生的重要使命后，我只坐了12天月子，就开始准备2个月后的博士研究生入学考试。上天对每一个勤奋努力的人都是公平的，我顺利进入兰州大学做博士研究生，经过3年的奋斗，我顺利毕业并留校工作，最后迎来了我们可爱的二宝。一切看似如此顺利，但所有的这些都和老公的鼓励和指点密不可分。

从结婚到现在不知不觉已经有10年，这期间我们因为孩子的教育、生活琐事争吵过，哭过，闹过，最后冰释前嫌。来到兰州，我们搬家7次，甚至生大宝时也在租住的房子里。我们不啃老，靠自己的双手创造小窝，有多大能耐干多大的事，不攀不羡。无论我们怎么争吵，生活怎么艰难，只要心在一起，我们就是世上最富有的人。记得曾经有一位心理学老师来兰大逸夫科学馆开讲座，问我们："什么是幸福？"有人答："看着别人喝稀饭，而我有满满的干饭时就是幸福。"有人答："考上重点大学就是幸福。"也有人答："吃上妈妈的饭菜就是幸福。"而我答："平平淡淡就是幸福。"当时老师用很惊讶的眼神看着我问："你多大？"我笑着答："28。"现在问我幸福是什么？我会说："无病无痛，无灾无难，家人平平安安，俩宝开心快乐，能与老公相伴到老就是我的幸福。"

兰大的110年风华正茂，我们婚姻的10周年平淡幸福。在空间的某个点我们相遇相知，我和老公是无比幸运的。我们用最普通的故事诠释着四口之家的幸福，没有灰姑娘和高富帅的浪漫史，也没有王子拯救白雪公主的英雄故事，没有惊心动魄、曲折离奇的桥段，我们过着平平淡淡的生活。兰大的每一寸土地见证了我俩一起走过的身影。就像那句誓言："无论富贵还是贫穷，无论健康还是疾病，我们将一起携手度过，共同患难，共同享福，愿意彼此作为对方终身的伴侣。"

感谢兰大友人为我俩10周年纪念日填词两首:

碧云天，金城地，马嘶凤鸣，五泉桃花醉。兰映朝阳蜂蝶追，落花有意，流水更多情。乡音重，忆往昔。夜夜如昨，好梦留人睡。清风明月倚杏楼，早将愁肠，化作彩云飞。

——梓名

人间四月正芬芳，
金城杨柳拂清塘。
萃英山上栽新苗，
积石堂里品书香。
问道中年亦发狂，
研磨人生细思量。
浓淡相宜慕圣贤，
连理一枝著华章。

——梓名

夫妻简介：

丁梓桐（曾用名丁武蓉），2011—2014 年，兰州大学草地农业科技学院草业科学专业（博士）；2015 年留校工作

郭旭生，2007 年入职兰州大学生命科学学院

相守在祖国最需要的地方

文 / 马　鹏　赵红菊

情生兰大　（马鹏）

我们因为老乡身份在兰大相识，又以兰大人的身份相聚于丹桂苑，时间给了我们渐生情愫的可能，由此在兰大校园上演了一场师弟追师姐的爱情，当年同学们经常拿这件事开玩笑。那是在 2016 年 1 月，天寒地冻，但依然抵挡不住我伸手牵她的冲动，和其他情侣一样，我们用脚丈量了盘旋路校区的每个角落。

积石堂的钟声奏响了我们共同奋斗的乐章，那时我研一，她研三，我努力准备每周一次的讨论班汇报，她坐在我对面精心修改自己的硕士毕业

论文。她临近毕业，有很多事情要忙，我也迎来研一期末考试，每天晚上我会在观云楼自习到 11:00 左右，但我们依然会抽出一点时间在毓秀湖畔走走。

当时我们手头不太宽裕，我没带她去过高档的餐厅，但是一楼 8 块钱的钵钵饭、三楼 7 块钱的煮干丝、二楼的酸菜炒老豆腐、天水南路北街口 12 元的羊肉面片、一只船中街君乐牛肉面等记忆中的"美食"依旧令我们非常怀念。

在兰大校园的那段日子里，我有幸见证了她从高冷师姐到温柔小女孩的转变，我知道，她把性格中最真实的一面呈现给爱情了。在她毕业之后的那个暑假，她搬去安宁区，那段日子是我们最辛苦但最快乐的时光。她即将成为一名大学老师，内心很忐忑，所以她每天要精心准备《西方法哲学》这门课。而我每天做的事情就是赶最早的一班 131 路公交车去安宁区，然后和她开始一天的自习生活，如果晚上赶不上最晚的一班 131 路，就选择坐 BRT1 到西站换乘 1 路车再回兰大。

美好的日子总是短暂的，2016 年 8 月 28 日，她要到塔里木大学报到入职，行程已定，也意味着我们即将相距 3000 多千米，很多都是未知，我一边给她加油打气，一边不放心地给她查询各种路线。我送她到机场，那天她一改多愁善感的常态，跟我有说有笑，我知道她是故作坚强，因为等待我们的是至少两年的异地恋，等她过了安检走进去的那一刻，我哭了。新疆对于我们来说是个未知的概念，真不知道她会面对什么样的困难。那天我糊里糊涂地回到学校，之后我的手机里一直播放《天籁之音》这首歌，那年网易云音乐大数据告诉我，这首歌被我听了 700 多遍，我多希望我对她的思念能像这首歌中的天籁一样传到沙漠深处的塔里木河畔。

情系塔河 （赵红菊）

2016 年 8 月 28 日，这个日子我记得尤其深刻，它是我们异地开始的日子……我要去三千公里外的塔里木大学工作，而他还有两年的研究生学业要完成。

那天他送我到中川机场的检票口，马上过安检了，我的余光里依然有他"不安"的身影……那一刻，从未谈过恋爱的我才真正体会到爱情的力量，"爱"让一个没有血缘关系的人牵挂你的安危，关心你的衣食住行。

刚走上工作岗位，有许多方面需要适应，无论多忙，我们每天保持联系，聊工作以及各自的日常生活……所以无论相距多远，我们依然有对方给予的安全感而相伴前行。

很快国庆假期来了，他坐着火车不远千里来看我，这是他第一次来新疆，也是第一次坐这么久的火车。千里迢迢，舟车劳顿，但当他依然神采奕奕手捧鲜花出现在塔大校园，面带笑容看着我的时候，那一刻我无比感动，也无比幸福。

这是我们异地后的第一次相聚，相聚的那一刻预示着分离的倒计时，但我们尽量避免谈及分离。我们努力想让相聚的时光美好一些，我们一起去看古老的塔里木河上惊艳的落日，我们一起去领略喀什噶尔不一样的风情……

有了他第一次来看我的经历，我开始期待第二次、第三次……在我工作的两年半里，他来塔大达十次（有国庆假期，有五一假期，有元旦假期，也有寒暑假），甚至比我寒暑假回家的次数都多。他兑现了我曾经不经意提出"要每隔两个月来看我"的承诺，很幸运，让我遇见如此真诚待我的人！

两年半的时间不长，但现在回想，对我们而言两年半的时间不短，是我们异地时每一天早晚的问候，是我们相聚时目睹过的风景——我们漫步在喀什古城的街道，我们涉足过塔克拉玛干的浩瀚，我们静候过青海湖的日出，我们聆听过西夏王陵的兴衰，我们追逐过大理的风花雪月……这两年半异地的日子，艰辛有时争吵有时，但更多的是快乐、甜蜜和牵挂。我在塔里木河畔的日子，让我们对爱情更加有信心，也让我们更爱对方。

曾经体验过异地的苦，如今无比珍视相聚的美好！

情定油城 （马鹏）

2018 年 7 月，我到世界油城——克拉玛依参加工作，虽然我们都在新疆工作，也将跨省异地恋变成了疆内天山南北恋，但我们依然相隔1300 多公里，再加上工作后我的时间无法自由支配，见一面真的很难。之后的半年是我们最艰难的日子，因为我们面临人生的重大抉择——到底谁辞职，辞职这件事一直缠绕着我们。我们在那半年期间为这件事而发生的争执不下四次，好在三年多的相处奠定了我们的感情基础，无论多么纠结，我们从未想过放弃对方，最终在家人的支持下我们达成一致意见，她辞职来克拉玛依工作。

就这样，我们又经历了她辞职的艰辛以及重新找工作的奔波，好在上天眷顾，也感谢一路提供帮助的人们。2019 年 3 月 1 日，我们如愿相聚在中国石油大学（北京）克拉玛依校区！

2019 年 5 月 1 日，我们在亲友的见证下举行了温馨又热闹的婚礼！我们终于苦尽甘来，如愿以偿！

真诚、朴实、幸运、坚守、自强不息是我们的爱情故事！

夫妻简介：

马　鹏，2015—2018 年，兰州大学数学与统计学院（硕士）

赵红菊，2013—2016 年，兰州大学法学院（硕士）

爱在兰大　　山高水阔　　路远情长

文／姚明明　赵　煜

　　五月是兰州最美的季节。暖风荡漾，空气中处处飘散着槐花香。恰恰在这个温暖的季节，我和小鱼相遇了。这是新的旅程，山高水阔，我们非常期待在人生的长河中，挥墨书写婚姻与爱情的真谛，激发自身不断拥有正能量，实现一次次超越。

　　我们第一次见面，一切都顺其自然，好像是冥冥之中的安排。温暖，是我和她在一起最大的收获；正确，是我从心底里千万遍的召唤。那时她从学校毕业不久，初入社会，一副学生模样，我看到站在马路对面的她：微红的脸，飘逸的长发，修长的身材，有神的眼睛，一路笑盈盈地向我走来，一声"你好啊"，我们的故事拉开帷幕。

　　工作后，我越来越发现自身知识的匮乏，想进一步提升自己，于是工作之余报考了兰大在职研究生。我和小鱼相遇的时候，正是我准备入学的那一年。初识的话题总是离不开校园的一切，我们的工作单位都离学校很近，下班我们经常去校园散步，她给我讲在兰大生活的点点滴滴，告诉我她曾经住过的宿舍、吃饭的食堂、自习的教室和经过的一草一木。我听得津津有味。不久后，我收到在职研究生的录取通知书，也正式成为一名兰大人。我们又一次去校园，那时正值毕业的季节，校园里成群结队的毕业生在合影留念，我们也在积石堂前留下了第一张合影。

　　兰大的校园，陪伴着我们从相识、相知到相爱，带给我们很多美好的回忆。湖边、操场和花园都见证着我们幸福地牵手，我们在这里欣赏着美丽的花木，同时又能感受到清新的校园气息。小鱼最喜欢花，爱好摄影。

初夏以来，兰大校园里处处弥漫着花香。在花面前，她可爱得像小孩，很有童趣。无论到哪儿，我们总是拍摄许多照片，留下最美的回忆。我想多年以后，当我们翻看这些照片时，那种感动一定会带给我们更多的喜悦。

我们在一起的日子很甜蜜，对未来的向往和憧憬随着感情的积累而深入。2017年夏天，有一天小鱼接到研究生导师的邀请参加兰州大学建校108周年"爱在兰大"校友集体婚礼。作为导师亲友团的她，有幸见证了导师夫妇在结婚20周年参加这个如此有意义的活动，她拿着活动的LOGO拍了照片发给我，无比激动和兴奋。更幸运的是，她收到两束手捧花，一束是导师送给她的，另一束是抛绣球环节接到的。她说接到手捧花意味着接到了幸福，在不远的某一天，她也会拥有属于她自己的手捧花。

随着我们感情的不断深入，我们坚定彼此相伴，开始筹划属于我们的未来。整个2018年，对我来说是无比忙碌、充实、有意义的一年。平时工作日要上班，周末要上研究生课程，还要在百忙中挤时间操心新房装修，为我俩的婚姻大事做准备。"累并快乐着"，大概就是这一年的常态，我们非常享受这一段时间。这一年我们见了彼此的家人，并得到充分的认可和祝福；我们建立了自己的小家，并把它打造得温馨又惬意；我们在大海边看日出日落，并拍照作为我们最重要的留念；她为我穿上婚纱，并拥

有了属于她自己的手捧花；我为
她掀起头纱，并许下我们一生的
承诺。

2018 年 10 月，我们一起写下
"山高水阔，路远情长"，这是我
们的爱情宣言。婚姻，是我们在
而立之年收获的一份令人感动的
礼物。

爱，融入兰大文化。人生有
很多期许，但最幸运的是，遇到
了最美丽的校友小鱼。同样，兰
大的文化又牢系着我们的心灵，
让我们彼此找到归属，找到心灵
的港湾，踏实又温暖。这一切是
我们幸福的源泉，我们从这里开始，牵着手，带着爱，修身齐家，不断向
社会奉献，就如母校那句校训"自强不息"，孜孜不倦，积极向上，追求
属于我们人生永恒的真善美。

爱，赋予事业能量。婚后我们互帮互助，既是爱人，又是知己。在生
活遇到困难时，我们互相鼓励；遇到高兴的事情，我们一起分享。由兰大
开始到现在的点点滴滴，让我们学会了包容。我们对包容、责任等词语的
理解比以往任何时候都深刻。这促使我们找到生活的重心，那就是爱与奋
斗，将爱融入彼此事业中，用生活和事业回报爱情。我非常期待爱的力量
成就我们彼此。

爱，遇见最美的自己。爱情回到本质就是生活，正是因为我们拥有好
的感情，才有了高质量的生活。生活既要满足柴米油盐的基本物质，又要
寻觅自己的心灵升华。婚姻生活使我发现，爱情就如源泉滋润树木，它让
我们在一天天的相处中感受着彼此的变化，让我们更和谐、更有趣、更温
暖、更有能量，生活中无处不焕发着幸福的光彩。其实，爱就是一本书，
我们在婚姻中享受阅读，让我们遇到最美的自己。

《了凡四训》中讲："一切福田，不离方寸；从心而觅，感无不通。"万事万物的好坏都是我们内心的投射，保持内心的平和喜乐，世间万事万物都是幸福美好的。我想婚姻亦是如此——用行动去付出，用陪伴去呵护，用爱去经营，用内心深处最坚定的部分去感受。余生山高水阔，路远情长，冷暖相伴，喜乐共享，同量天地宽，共度日月长，这就是婚姻的真谛。

夫妻简介：

姚明明，2017—2020 年，兰州大学管理学院（硕士）

赵　煜，2013—2016 年，兰州大学管理学院企业管理专业（硕士）

与你相伴终老

文/魏　元　缪婷婷

真爱是人生的偶然，遇到一个可以相伴终老的人不是必然，概率很低。

谈恋爱之前，我们是同班同学。即便坐在一起，也只是尴尬地聊天。我是文体委员，他参加了学校的羽毛球比赛，赛后我无意中说我也想好好学羽毛球，他便每天晚上在宿舍楼下陪我练习。从那时起，寒冬腊月从不停歇。后来我们一起参加了华尔兹，我们不是舞伴，却在休息时一起牵手练习。再后来，我们成了情侣。

我们都是兰州大学口腔医学院的学生，他的导师是范增杰教授，是一位对学术研究至精至诚的学者，对学生要求也很高。我的导师是安晓莉副教授，是一位美丽温柔的导师，在临床工作上尽心尽责，孜孜不倦。我们

都是刘斌院长大组里的学生，这 2 年多目睹我们口腔医学院的发展和进步，我们内心都深深地感激刘院长及口腔医院各位老师的辛勤付出。我们对能够相遇、相知、相爱于兰州大学而深感庆幸，所以我们都非常珍惜彼此的真情。

2018 年 11 月 20 日，我们在双方家长的祝福下领了结婚证。在婚后生活中我们都改变了，变得越来越细心体贴，变得懂得换位思考、体谅对方。我们出门前会给对方一个拥抱，回家后也抱抱对方。我们深知生活不易，相爱不易，婚姻不易。爱情不是轰轰烈烈的誓言，而是平平淡淡的陪伴。

在这次兰州大学 110 周年校庆集体婚礼的典礼中，当年龄最大、婚龄最长的 1955 级化学系校友王升章、王希玲老师夫妇乘轿子入场时，他在我耳边说道："我们也要有 50 年、60 年，你也坐轿子。"我顷刻泪目。

山河远阔，人间烟火，无一是你，无一不是你。愿我们的相逢，是爱情，是天时地利人和，是一切都刚刚好。我们之间确实没有可以诉说的浪漫甜蜜的故事，可想起对方时，忍不住嘴角上扬，眉眼弯弯，心头暖暖。

夫妻简介：

魏　元，2017—2020 年，兰州大学口腔医学院（硕士）

缪婷婷，2017—2020 年，兰州大学口腔医学院（硕士）

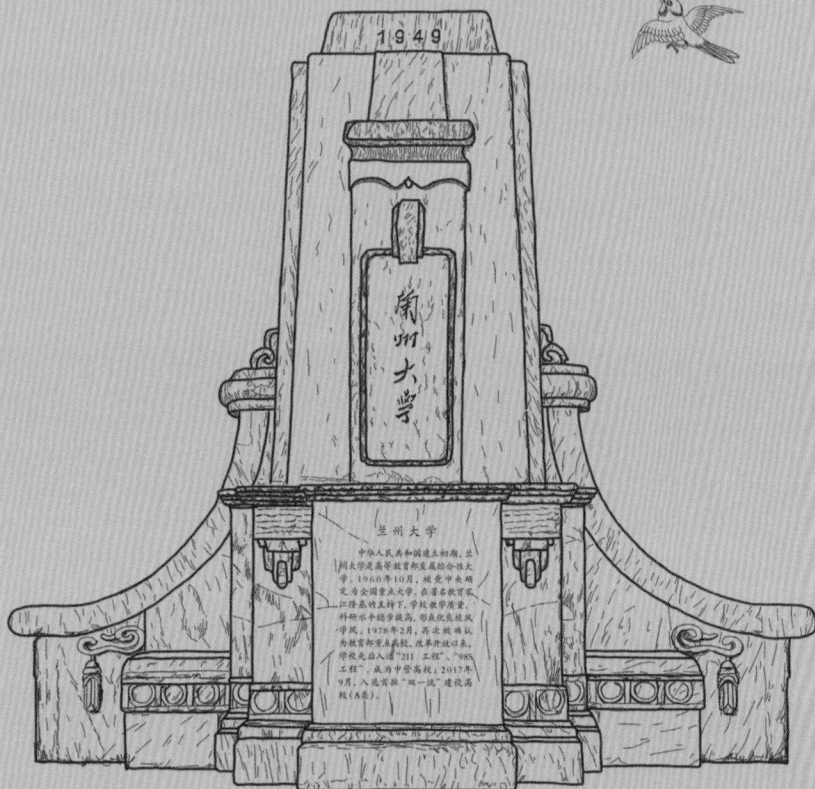

兰州大学

平淡中的爱情

文／罗小峰　张　娟

在我对"伴侣"的定义里，一定要找一位个子高挑、皮肤白皙、身材匀称的女孩。当然，这些要求都是对照我的"短板"而言。

我们的爱情很平淡，也很质朴。既没有轰轰烈烈的壮举，也没有海誓山盟的约定。然而，我们正是在平凡的相处中慢慢地走到一起，度过十余个春秋。

相　识

平淡中，我们相识了。

她比我低一级，是我的学妹。至今我还清楚地记得，在原医学院第18、19教室的晚自习期间，经常会看到一个身材高挑、皮肤白皙的女生来教室，找一个高高胖胖的阳光大男孩。和我一起上自习的蒲同学经常对我说："瞧，这女孩又来找她男朋友了。"我礼节性地看看，回应一句"呵呵"，这算是我们的初识。

大家很难想象，我们真正的相识有多么传统，竟然有两位媒人的参与。屈燕老师是我工作后一直以大姐的身份关注我婚姻大事的一位师长。一天，屈老师说要请我吃饭，后来我才知道这是她和一位朋友煞费苦心安排的相亲局。就这样，我们在不知情中真正相识了。我记得很清楚，那是2007年3月。饭局过后，屈老师便催促我尝试交往，我以她有男朋友为由，迟迟没有行动。

转眼到了 6 月 30 日，屈老师又一次问我联系没有，我便抱着"要不就约一下"的态度打了第一个电话，约好第二天共进晚餐。碰巧的是，在 7 月 1 日同事的婚礼上，我们竟然提前相遇了。晚饭桌上，我们的谈话不算投机，但也没有互相不能接受的方面。当时菜点得有点儿多，我告诉她吃不了就算了，她边啃着骨头边说："师兄，我挺能吃的！"这句话让我断定她是一个极其实在的女孩，好感油然而生。

相　知

平淡中，我们开始约会。

可能由于目的性太强，我在和她的交往中显得很拘谨，没有那么多的浪漫情怀，给她留下"老学究"的印象。另外，我个头不高，比较黑，那时还比较胖，加上经常去现场调查，整天风吹日晒，形象狼狈。

没过几天，我们之间的问题暴露出来了。"黑、矮、胖"成了我在她心中的代名词。慢慢地，我们联系得少了。她也明确地告诉我没有继续发展的可能性。

然而，缘分天注定。一个电话成了我们之间关系的重大转折点。我想，既然做不了男女朋友，也可以做好朋友嘛！电话中我放下所有的包袱，谈话很轻松，有时还会开玩笑，我们在不知不觉中拉近了距离。

2007 年 7 月 20 日，我要去参加复旦大学举办的为期 15

天的暑期学习。无疑，这给感情还没有迅速升温的我们来了一个紧急刹车。临行前，我们约定在此期间彼此认真考虑一下，我出差回来后揭晓答案。就这样，我怀着忐忑、焦虑和不舍的心情离开了兰州。

相 恋

平淡中，我们相恋了。

出差的日子里，我们只通过三次电话，内容只是"吃了没，热不热"等简单问候。然而，我的内心却是五味杂陈，不知道回去会得到什么样的答复。煎熬了半个月，我在 8 月 3 日怀着期待、担心甚至害怕的心情回到了兰州。

一下火车，我迫不及待地冲回宿舍，精心捯饬一个小时，为了晚上的约会杂乱地做准备。

她是故意的，饭桌上我们的谈话内容被她引导得大多是关于她毕业论文的内容，只偶尔问起我在上海去了哪些地方。对于我来说，这顿饭吃得异常沉重。当我拖着毫无知觉的双脚送她到研究生 1 号宿舍楼下的时候，她突然问我："你没话可说了吗？不想要答案了吗？那我回去了。"看着一脸严肃的她，我有了想亲耳听到结果的冲动。

"我想让你做我的女朋友，可以吗？"我大声地说。她严肃又认真地盯着我看了漫长的五秒钟，突然笑着说："可以！"我激动地一个箭步冲上去，在众目睽睽之下，将她紧紧地拥入怀中，时光停留在这一美好的瞬间……

接下来，我们的感情迅速升温。我亲身经历了她们整个家族的"考核"，一路上，我过关斩将，所向披靡。

她的小姨和姨父借出差的机会对我进行了一轮"面试"。

国庆节期间，我这个"毛脚女婿"终于上门了。她的三个舅舅对我进行了"金标准"——"酒品如人品"的测试。人生第一次，我喝醉了，待在卫生间吐了 2 个小时，没说一句话。

2007 年 10 月 2 日的早上，最后一轮的"考核"竟然发生在厨房。那天早上，我起得很早，看见岳父在油烟机旁吸烟，便凑了过去。他表情很严肃，我有点儿忐忑。尴尬的状态持续了几分钟，岳父语重心长地对我说："你们的事情，我和她妈妈没有意见，亲戚们也觉得不错，你们回去之后开始选房子吧！"我没有听错，这算是过关了！接下来，进展更快，买房、订婚、结婚，水到渠成。

陪 伴

平淡中，我们相伴走过。

婚后，我们的日子过得平淡而温馨，偶尔的争吵算是平淡生活中的一丝调剂。

结婚时我已经硕士毕业，当时的工作不顺心，想换一个环境。于是，我在 2010 年考取了复旦大学全日制博士研究生，这意味着我至少要全脱产在上海读书三年。对于一个婚龄很短的家庭来说，这个决定需要很大的勇气。她和我的岳父岳母给予了我全力的支持。

2010 年年底，她来上海探亲，老天给了我们一份厚重的礼物——第一个孩子。整个孕期，我都不在她身边，只能通过视频看看她日益变大的肚子，内心的酸涩无以言表，甚至生产的前一天，我还在云南入户调查。

人生第一次坐着仅剩的头等舱座位赶回兰州，看着产床上的她疼得撕心裂肺，我自责不已。2013 年，我如期毕业，看到 2 岁的儿子既熟悉又陌生。在此期间我失去了太多陪伴家人的机会，也没有履行丈夫和父亲的责任。

我毕业后的两年，事业上的瓶颈仍未得到有效解决。她经常宽慰我，寻找一切可以突破的机会。机会再一次来临，我去中山大学从事博士后研究工作解决了事业上的瓶颈。同时，老天又一次眷顾了我，给了我们第二个爱情结晶。不同时间，几乎同样的故事情节在我们这个小家中上演，我第二次背井离乡。2017年，在科研中经历了辛酸和痛苦的我博士后出站，回到兰州大学继续工作。

回归正常工作生活的我们，彼此陪伴着！

结束语

电视剧里常有这样的爱情对白：我是拯救了银河系，才遇到了你！曾经，我对这样的桥段不以为意。当下，细细回忆自己的婚后十年，不正是这句爱情对白的诠释吗？我们在平淡中相识、相知、相恋和相伴。未来，还有无数个平淡的日子，愿我们在平凡中淡淡地相守、默默地依偎，相濡以沫。

夫妻简介：

罗小峰，1999—2004年，兰州大学公共卫生学院（本科）；2004—2007年，兰州大学公共卫生学院（硕士）

张 娟，2000—2005年，兰州大学临床医学（本科）；2005—2008年，兰州大学第二临床医学院（硕士）

这就是青春

文/郝豫涛　刘　陆

2019年8月17日,晴。

这是14年来我们第一次回到榆中校区,一起去找各自的宿舍,走曾经一起走过的路。在贺兰堂和天山堂之间,我们遇见管理学院"雄鹰扬翼"的雕塑,于是让儿子去合影,为他的名字留念。

2001年我和陆姐入校,2005年毕业,离开学校至今整整14年了。

14年,很多东西变了,也有很多没变。

贺兰堂和天山堂——我们那时候叫实验楼和教学楼——之间曾经规划是一片院士林,现在是一尊挺拔刚毅的雕塑;宿舍楼的颜色换了,而天空依然湛蓝,悬在头顶;厚重的萃英山守着校园,而校园里的我们已经成了过客。陆姐住过的女生宿舍似乎变成危楼,而曾经编号中区10号楼的男

生宿舍成了教工21号公寓。我带着儿子一层层寻上去，想象着206的门能突然打开，但想象终究是梦幻泡影，触之不及。我们又随着潜意识的引领走进天山堂的教室，坐了很久，却没有等来上课的老师。

18年前，2001年的9月9日，我第一次见到陆姐的时候，刚过完18岁生日，陆姐还差3个月才18岁。那时候的园子多小啊，从东走到西只要10分钟。那一级的同学总共只有2100人，我们孤零零地守在那个园子里，没有雨水，只有一座荒凉的城。我们学习、恋爱、成长，以至于在后来很多年，这一级的同学仅从长相和气质就能认出彼此，那是荒野中相依为命、野蛮生长的青春。

当年有多么刻骨铭心，再回忆起就有多么剔透晶莹。

那一代青春文学的代表是今何在、郭敬明、韩寒、安妮宝贝，那时郭敬明的文字还没有那么物质，韩寒才刚刚学着批判，安妮宝贝还在意识流中忧郁而隐忍。今何在后来送我一本《悟空传》，写着一句意味深长的话："怎能忘了西游！"那一年热播的剧是《流星花园》《蓝色生死恋》，能够契合我们的就是那些纯纯的爱情。那一年的兰大被冠以"最孤独大学"的头衔，萃英山上还没有树，更没有路。2001年11月19日凌晨，陆姐打电话喊我去东区的操场上看狮子座流星雨，那应该是我们第一次单独约会。操场上人真多，西北的冬夜冷得像碎纸机，随时能搅碎你的每一个毛孔。我裹着一件巨大的羽绒服和陆姐挤在人群里。流星雨并不精彩，陆姐说：

"好冷啊!"我说:"谁让你穿这么少,还好我明智。"然后各自裹了裹羽绒服说:"散了,回宿舍吧。"

我们每个月都要上山种树,从山上下来,陆姐会到我们宿舍去洗脸,然后一起到食堂吃一份砂锅。盛米饭的碗很小,她吃不完,我不够吃,于是每次留半碗给我。从东区女生宿舍到后门很近,她会去村民家里买苹果,然后走到中区给我送一大袋子,那种黄澄澄的苹果,打开之后满屋子都是果香。有一天我对她说:"我们宿舍要我俩请大家吃饭。"她笑着说:"好呀。"我说:"你知道什么意思吗?"她仍然笑着说:"不就是谁先找到女朋友,谁请客吗?"

大概是圣诞节之后,有一天晚上下大雪,屋里的暖气很足,于是我翻身溜出了宿舍,顶着一身热气,嘎吱嘎吱地从中区走到了东区,坐在陆姐的宿舍楼下发呆。园子里一个人都没有,雪亮亮地映着萃英山,山深深浅浅地皱着,像是舞台上落下的帷幕。2014年初,我在看纪录片《我就是我》时,制片人在片子里说:"多美好啊,这就是青春。"那一刻,我突然想起了那天晚上的大雪。后来过了很多年,这个场景反复出现在梦里,然后我一遍遍地复习着榆中校区的每一条路,每一个春夏秋冬。多美好啊,这就是我们的青春,就像那天晚上的校园,安静得如此响亮。

后来,我们在懵懵懂懂中分开了,又在跌跌撞撞中离开了。我们就像萃英山下的蒲公英,遇风从风,遇水顺水,茫茫渺渺,隐隐迢迢。

2008年,冬天的冰灾让这个春节异常难熬,春天的地震还没有发生,

众人还在盼着夏天的奥运。我与陆姐就这样久别重逢，她即将研究生毕业，而我则从漫长的困顿中走出不久，像一个油滑的世故青年，我黯笑着问她："你什么时候嫁给我？"她笑而不语，我说那我会每天问你一次。我去武汉看她，经过一处漂亮的住宅区，陆姐说她很喜欢这个带花园的小区。那时候我还和朋友一起住在一套毛坯房，连门都懒得装。2008年夏天，她随我到了长沙，住在毛坯房里，帮我装了门。2009年夏天，我们买第一套公寓，那时候我的条件只有一个，必须带花园。后来我们结婚生孩子，我的微信签名也从"已婚且育有一子"变成了"已婚且育有两子"。生活不断地塑造着我们，陆姐逐渐不再谈论理想，沉没于柴米油盐，用她研究生的智商井井有条地打理家庭，守着我们的家。

青春需要这么一个人，能寄托你所有的自以为是；青春也需要这么一个地方，能承载你所有的不可理喻。我们如果有幸在这样的地方遇到这样的人，可能就真的再也走不出去了——也无须再走出去。

多美好呀，这就是青春。

夫妻简介：

郝豫涛，2001—2005年，兰州大学新闻与传播学院广播电视新闻专业（本科）

刘　陆，2001—2005年，兰州大学管理学院旅游管理专业（本科）

平平淡淡才
是难能可贵

文／白妍睿

　　他们相遇在 2001 年的兰州，相熟于 2003 年的五人制足球联赛，婚姻登记于 2009 年的天津，这是第 21 号校友夫妇的爱情历程。陈娟师姐和杜军师兄认识 18 年，经历了 6 年的爱情长跑，现在有一个 7 岁的儿子。

　　"我们都是生命科学学院的，不过是不同专业。"陈娟师姐一脸幸福地说道。杜军师兄喜欢踢足球，踢得还不错，当时担任生命科学学院学生会副主席的陈娟师姐去给足球队拍照，队友助攻师兄追师姐，两人渐渐地走到一起。

　　那时，陈娟师姐已经保研，本来留校读在职研究生的师兄，因家中有事不得不放弃保研机会而回烟台。2008 年，师姐放弃读博随着师兄一起到北京、天津择业。伟大的爱情，不仅是双方的共赢，更多的是为对方默默无闻且无私地奉献。

　　他们用行动完美地阐释了从校园走向婚姻的爱情，一路走来，平平凡凡，却有着他们独树一帜的甜蜜与浪漫。

夫妻简介：

　　杜　军，2001—2005 年，兰州大学生命科学学院（本科）

　　陈　娟，2001—2005 年，兰州大学生命科学学院（本科）；2005—2008年，兰州大学生命科学学院（硕士）

缘起母校的爱情

文／李贞源　刘亚龙

　　缘起母校，缘分落定。在 2003 年的夏天，一个平淡的傍晚，她的闺蜜要给男友绣一个带有"情"字的抱枕，她通过我们学院的一个同学打听到我写字不错，找到我写一个"情"字作为模板使用。我记得一口气写了十多个"情"字，一贯认真的我，还不太满意。这个"精益求精"的特质，这个在她看来还算干净认真的行为，成为打动她的关键。

　　图书馆、自习室、体育场是我们经常去的地方。看书、学习、运动成了我们共同的爱好和彼此促进的动力，也是一直坚持到现在的习惯。

　　感恩遇见，感恩母校。100 周年校庆的时候，儿女双全是我们的福报；110 周年的时候，我们带着 10 岁的儿女感受母校的伟大与温情。兰

大带给我们源源不断的前进动力，祝福兰大百十年华诞风华正茂、坚守奋斗，祝愿您初心不改、牢记使命……

我是兰州大学国际政治系 2001 级学生，我的爱人刘亚龙是生命科学学院 2001 级生物科学专业，都是传说中榆中校区的"拓荒者"。那一届只有 2600 名本科生，也许是因为学生少的缘故，各院系、各专业，甚至上下三届以内，大家的交流非常密切。我们相互打听后，各自感觉都还不错，一来二往，两人慢慢建立起了感情。我的爱人先工作，我硕士毕业后找工作，放弃了两个很不错的工作机会，留在了母校。时间证明，一切都是最好的安排，我们共同努力，吃苦耐劳。兰大人独有的艰苦奋斗的精神激励着我们，选择留在西部奉献自己的绵薄之力，建设好小家，服务于大家，此生无憾无悔。

夫妻简介：

李贞源，2001—2005 年，兰州大学国际政治系（本科）；2005—2008年，兰州大学政治与行政学院（硕士）；2020 年至今，兰州大学马克思主义学院（博士在读）；现供职于兰州大学教务处

刘亚龙，2001—2005 年，兰州大学生命科学学院生物科学专业（本科）

那一眼，云淡风轻

文／王西文　曹　茜

那一天
在古老斑驳的文一楼前
你的身影
照进我的心田
恰若笔尖流淌的《清泉》
我愿
化作青山环绕你
化作太阳拥抱你
化作落叶

在你身边轻轻飘拂

《当爱的感觉悄悄来临》
是你
亲爱的姑娘
从看到你的那一刻开始
我忘记了忧伤
只想让你拥有灿烂的微笑
只想为你一生奔忙
在流星般的生命中
不知可否与你携手
相伴到永远

那一年

在四季更迭的校园

我的心情因你跌宕兜转

初若萌发的《日出》

在这萃英之巅

闭上眼睛

任由朝阳伸出嫩嫩的小手抚摸我的脸

有悄然等待你《归来》的彷徨

有在一分部校园《丁香》五瓣的期许

有《夜晚阳光》的照耀

看着你的笑脸

时间定格在那个瞬间

在《无言静谧》中

你看你的书籍

我看我的你

穿过黑夜的朦胧

静静注视你的双眼

暗淡掩不住光亮

我看到微波在流转

像透过露珠的阳光

五彩斑斓

突然我的双眼迷离

你不经意的言行

轻易地击穿了我

一颗《不安的心》啊

在你面前是如此脆弱

想 《感知》 你的深度
想 《每天只想你一遍》
虽然有疑惑
也要去奋战
虽然很困难
也要勇敢向前
狠狠地
每天只想你一遍

期待 《仙子的微笑》
尽管我一身平凡
期待 《风雨同舟》
总有清风拂面
期待 《为卿独舞》
扯起执着向前的风帆
与你相见

每次凝望着你

都有一种轻松舒畅的《眩晕》

每次见到你

都有一种难以名状的快乐

我渴望牵起你的手

我渴望静静地与你相依

我渴望你的《光》

更渴望你的温暖

我祈祷《黎明》

看着你动人的笑脸

我却感觉如此遥远

就像微风吹过的夏天

匆匆短短

在《冰钻》的溶解中

一缕微弱的火苗在心窗飘闪

看似脆弱的小小光点

却经住了狂风飞沙和似乎永恒的暗

我祈祷《有一扇窗》
有机会进入房间的只有爱人
她熟悉这里的每一个角落
知道这里的美丽与瑕疵

在《晨露的阳光》中
我是一只蝴蝶
飞在你的身旁
奋力地舞动翅膀
只为吸引你温柔的目光

我祈祷《黎明破晓前》
一首曲子萦绕在耳边
在风吹过的山峦

只愿洋洋洒洒地欢笑
你依偎着我
傻傻地一同看斜阳
只愿《梦中人》
抱着我的爱
轻轻一吻

就这样
傻傻地想你
风轻问情
雨落无声
正如想起你
静静地

滋润着我的心灵

此生唯有你相伴

不羡鸳鸯不羡仙

夫妻简介：

　　王西文，2001—2005 年，兰州大学管理学院人力资源管理专业（本科）；2007—2010 年，兰州大学管理学院行政管理专业（硕士）

　　曹　茜，2004—2007 年，兰州大学文学院汉语言文字学专业（硕士）

最甜美的回忆

文／何昱德

　　兰州大学，这颗西北高原上璀璨的明珠是我的母校。我在兰大度过了一段峥嵘岁月，至今回忆，依然如昨日。我感谢兰大，让我收获学识，我也感谢兰大，让我收获了爱情，遇到了我的爱人——李保娣。我和爱人是校友，2006 年她来兰大读研究生，那时我已经毕业 2 年了。我们最初相识于一场同事的婚礼，由于我的工作单位和兰大只隔着一条马路，我常去学校。于是我和我的爱人，由最初的相识，慢慢地相知、相恋了。2 年多的时间里，我们一起走遍校园的每条小路，我给她讲述我大学期间的每个瞬间……这段时间是我们最美好的经历，也成了今天最甜美的回忆。如今，我们的两个孩子都上学了。当收到母校的校庆邀请，让我们参加母校的集体婚礼时，我们感到非常荣幸和激动！重返校园，重温当年，怎能不激动！我们再一次感谢兰大，我们的母校！

夫妻简介：

　　何昱德，2000—2004年，兰州大学化学化工学院（本科）

　　李保娣，2006—2009年，兰州大学公共卫生学院（硕士）

雕刻时光

文 / 郑成宗　孙程程

　　如果事先知道 4 年大学时光会在远离兰州市区的榆中校区度过，兰州大学可能不会出现在我高考第一志愿里；如果事先知道我将在这里与一生所爱结缘并情定终身，即使穿越千山万水，我也一定会义无反顾来这里。榆中校区虽然偏僻，但因为有爱情，我们经历的每一段时光，都如同精雕细刻的艺术珍宝，在记忆深处熠熠生辉。在兰大的共同经历和纯洁的感情成为之后我们风雨同舟、砥砺前行的精神动力。它是我们一生温馨的精神家园。

日语本科生的入学经历

　　2002 年 8 月，我手捧兰大录取通知书，揣着故乡半斤土，从东海之滨坐了 30 多个小时的绿皮火车，一路西行来到兰州。黄土高原的异域风光、飞扬的尘土刺激着车厢里每个人的神经，让人兴奋不已。但我不是过客，而是要在兰州站下车，将在兰州大学生活 4 年。面对眼前的自然环境，我暗下决心，既来之则安之。然而，校区的荒凉与偏远又一次超出了我的想象。兰州不是终点，我们从兰州站被校车接到榆中县夏官营镇——兰州大学榆中校区。它由以前的兰空基地改造而成，包括 3000 亩的荒山和 2000 亩的校区。那时高耸的萃英山还看不到绿色，烈日炎炎下尽显黄土高坡的本色。宿舍楼建成不久，浓烈的油漆味迎接着大一新生。我去外语院报到才惊讶地知道，我们班是兰大第一届日语本科班，18 人来自全

国 9 个省份。榆中校区没有外界的诱惑，如同世外桃源一般，是安心搞学术、搞科研的好地方，但学习外语需要时刻与外界交流。偏僻的榆中，外语学习条件的劣势是显而易见的。

然而，兰大细致入微的人文关怀给了我们温暖的回忆。当年俄语班的师兄担任我们班的副班主任。共同体会艰苦环境，能够让我们感同身受，副班主任对我们生活和思想的指导面面俱到，竟然让我忘却了条件的艰苦。大学新生活紧张有序地开始了。日语课程由中国老师和日籍外教共同分担，班主任是系主任张志海老师，大背头，风度翩翩，自信又和蔼。日本外教园田由纪子老师，与印象中的日本女士形象几乎一致，温柔文静，柔弱外表下有一颗坚强不服输的心。日语班的学生如同家里的独生子，享受着日语老师们的全部关爱。从此，清晨的兰大校园多了一道靓丽的晨读风景，教学楼、将军苑、小花园等很多角落都留下日语学生的身影。每周在小花园里举办的练习外语口语的英语角，改名"外语角"，除了英语、俄语，还新增了日语。我的兰大生活也变得丰富多彩，除了每天学习，也积极参加校内活动，大学生活紧张而充实。

从"至善杯"到"雕刻时光"

如果说许多人的爱情是因为在人群中多看了一眼，我们的爱情可能是因为相互多看了两眼。

2004 年历史学院组织全校"至善杯"人文知识竞赛，我作为外语学院的参赛领队参加竞赛。各院系参赛选手实力相当，比赛进入白热化阶段，仍然难分伯仲。为拉开各参赛队的分数，比赛允许领队抽选题目助答加分。当我登上台阶那一刻，抬头看见一位身穿白毛衣的女生，明眸如水，笑意盈盈。我现在还记得，那一刻犹如白昼，画面定格在脑海。当时我浑身很热，下台后发现出汗了。尽管我抽选答题得分并获得了奖品，但全然忘记奖品是什么。因为命运为我送来了人生的大奖，占据了我当时所有的记忆。那一次，是我们在人群中相看的第一眼。

2004 年寒假我乘校车到兰大本部，隔着校车玻璃，我看到了她，她也看到车内的我，含情脉脉。第二眼之后，我们又是擦肩而过。寒假结束返校，某夜，我宿舍四人各自回顾过去有无遗憾，展望未来有何打算。我内心深处对那个女同学执念很重，时时不能忘怀。我的舍友们一致怂恿我主动去追她。经了解，我得知她是历史学院 2003 级博物馆与考古专业的学生，也是兰大博物馆与考古专业第一届学生。通过同学介绍，我添加她为 QQ 好友，除了通过老乡、同学了解，我们每天晚自习结束还会在 QQ 聊聊志趣爱好。经过沟通，我发现两人志趣相投，三观一致。一周后，我主动约她见面喝咖啡，地点选在小公园附近一到晚上就会闪着彩灯的咖啡馆。它的名字很浪漫，是我至今为止听过的最有品位的咖啡馆名字，从小公园喷泉的东侧，穿过藤蔓搭建的幽静通道，四个字的店名若隐若现——

"雕刻时光"。由于她突然得了重感冒，扁桃体发炎无法说话，所以我们的第一次约会是靠纸笔交流。我当天还去买了一堆感冒药送她，后来才知道送药不吉利，被她埋怨至今。当晚我们交流了 3 个小时，喝了咖啡店三壶开水后，她的嗓子舒服了一些，能说话了。那是我们第一次验证感冒多喝开水的神奇功效。

日本人表达爱意非常含蓄，据说日本大文豪夏目漱石把英文的"I love you"翻译成日文"今晚的夜色很美"。在兰大校园表达爱意也很含蓄，大概可以换成一句"一起上自习吧"。从此我们一起占座，上自习，教学楼、萃英大道、图书馆、体育场等一起去过的地方历历在目，大学生活变得充实而快乐，我们对未来充满期待与信心。

兰大趣事

两个人在一起，一方扮演讲师，对方就成为听众，潜移默化地互补了彼此的知识空缺。她给我讲日本大谷光瑞探险队的故事，我为她翻译考古探险的日文资料，两个人在一起总有说不完的话。记得 2005 年春，她说起夏官营附近有一座古城遗址，历史上规模宏伟壮观，离兰大榆中校区不远。也不知哪来的勇气，我们骑着单车就出发了。考古专业的她做向导，没有地图，不知路径，从上午骑到下午，最后车胎爆了，我们扛着自行车穿过铁道，才到达所谓的古城遗址。可惜连城墙的残垣断壁都没有，只剩一片平整的地基，里面是一片绿油油的麦

田。我们劳累至极，却有一种共同发现新大陆般的成就感，同时感慨西北的文物保护事业任重道远。

距离夏官营最近的繁华之地就数榆中县城了，2005 年夏天，我们一起去榆中县买梨。卖梨的是位老大爷，2 毛钱一个梨，我给了他 2 元钱，他不卖梨给我。我很诧异，问为什么。老大爷很诚恳地说："梨是 2 毛钱一个，你给我 2 元钱，我不知道该给你几个梨。你每次给我 2 毛钱，我每次给你一个梨。"原来老大爷连最基本的算术都不会。至今讲起这段真实的往事，听众都会笑，只有我们笑不出来。这就是西北这片土地上勤劳质朴的劳动人民的缩影。

继续"雕刻时光"

大四那年寒假，我跟她一起从兰州到她老家湖北去见家长。寒暄介绍过后，其余人避开，屋里只剩她爸跟我两个男人。她爸爸开始用地道的湖北话，跟眼前这个山东未来女婿展开关于女儿幸福的重要谈话。话语间透露着对女儿的厚爱与对我的期待，我第一次感受到责任重大。为什么是感受，因为我百分之九十都没听懂。第二天从其他人口中得知，我这次"面试"表现深得岳父大人喜欢。换句话说，岳父大人同意了我们的终身大事。过去这么多年，我不好意思再去问岳父当年具体的谈话内容。最终，我们两个人的幸福要靠双方携手创造。

毕业后我们到杭州工作，2009 年领证结婚。先后生下一子一女。因工作需要，我被派往日本，夫妻聚少离多，相互的信任和深厚的感情是我们的幸福基础。感谢兰州大学培养我们成长成才，感恩兰州大学让相隔千里的我们相遇相知。我们将会更加珍惜彼此，共同雕刻我们的美好时光。

夫妻简介：

郑成宗，2002—2006 年，兰州大学外国语学院日语专业（本科）

孙程程，2003—2007 年，兰州大学历史文化学院（本科）

细数回忆

文／李喜玲　柴国志

拾起岁月留下的痕迹

你我虽已跋涉千里

往事却历历在目

遥想往昔

默默相守的岁月

感受所有往日时光倒流的欣喜与激动

我用微笑回应

用笔触记录

瞬间点滴的美丽

思绪纷至沓来

仿佛你我才初次相遇

缘起于美丽的象牙塔

互相探讨学识

欣赏彼此的爱好

友谊的果实慢慢成长

那夜

月很美

夜很静

风很柔

时空静止

空气中凝结着一股暗流

从天空蔓延

流转在你我心田

你富有磁性的声音

像具有魔法一般

深深地吸引着我

撩人心弦

怦然的心跳

微微泛红的脸颊

此刻

一个眼神

足以让心海汹涌澎湃

狂热在血液中沸腾

从此

我们的身影遍布在校园的每个角落

我们的谈论回响在知识的殿堂

我们的脚步踏遍每一寸我们热爱的土地

美丽校园见证我们爱的成长

爱意融化在我们心间

坚定我们的去路

柔情盛开在你我眼中

伴我们成长

当你写下

东家之女

增之一分则太长

减之一分则太短

着粉则太白

施朱则太赤

爱情的誓言定格在瞬间

唯愿与君共诺一世痴狂

在那个炎热的盛夏

我们的爱也如夏般炽热

于是

你我牵手走入神圣的殿堂

婚礼上

那首你唱给我的最浪漫的事

"就是和你一起慢慢变老

直到我们老得哪也去不了

你还依然把我当成

手心里的宝"

于是在心中暗许

将与我的挚爱

共度余生

走过天涯海角

踏遍千山万水

历经岁月的洗礼和沉淀

在这花香四溢

嫩绿丛生

生机盎然

万物复苏的季节

迎来了可爱的小天使们

灵动清澈的双眸

美丽纯洁的笑靥

芬芳无瑕的灵魂

勇敢执着的稚嫩

一如春天

如暖阳般滋养万物

如细雨般洒落花间

如柔风般轻抚大地

如月光般柔美梦乡

多么温暖的画面

多么幸福的瞬间

愿你们像种子

充满希望

扎根土壤

像树苗

苗壮成长

不惧风雨

像飞鸟

展翅飞翔

迎接梦想

像太阳

温暖自己

照亮这一片热土

愿我们的爱伴你们成长前行

温暖使我们柔软

幸福使我们坚定

快乐使我们释怀

真挚使我们坦然

爱让我们充满力量

无论走到哪里

一切美好

都关于你

唯愿我们的爱不止于爱

你若是空中漂浮的白云

我便是那展翅翱翔的飞鸟

唯愿成长的路上与你并肩齐舞

张开双臂

拥抱未来
任光阴流转
与你同行
在科学的殿堂里牵手浪漫

夫妻简介：

柴国志，2002—2006 年，兰州大学物理科学与技术学院物理学专业（本科）；2006—2012 年，兰州大学物理科学与技术学院凝聚态物理专业（硕博连读）

李喜玲，2002—2006 年，兰州大学物理科学与技术学院微电子专业（本科）；2006—2009 年，兰州大学物理科学与技术学院凝聚态物理专业（硕士）

嗨，你终于来了

文 / 徐爱龙

　　每次在我漫不经心地码字的时候，她就这样安静地坐在对面拿着画笔画画。她说要给我画一个系列，以后让自己的孩子能看懂爸爸的世界。虽然觉得很好笑，但我还是在北京出差时，专门给她买了一本精美的空白画册。

　　有些美好的事物不需要追逐，它简单又自然。

　　从初春到盛夏，这个画册是点滴时光的沉淀，承载了很多期许和希望。在那些疲惫不堪的时刻，在那些无聊焦躁的瞬间，我化身成了那个吃货一般的肥龙，或者那只躺在沙发上无精打采的懒猫。这样的世界剔除了许多世间的劳碌与无奈，给未来的孩子看，是那么合适。

　　我打心眼儿里认同她的观点，要么反抗，要么顺应，要么藐视，要么

改变，要么离开，要做好应对一切可能的准备。

我口口声声喊了几年要考博，她总是鼓励，并不多说什么。我至今没有任何行动，她却悄无声息地考上了兰大的博士。

还有两天就考试的时候，她坐了18个小时的火车，来北京看了一眼忙得焦头烂额的我，转身就坐了返程的车。

她的很多时间浪费在路上，浪费在这些线条翻飞的瞬间。但我在此刻才真正明白，这些并不是毫无意义。我每次看到这些画，那些暗淡的时刻真的烟消云散了。而这明快轻松的画风，却是我永远抵达不了的境地。

人生总是忙碌，生活总有很多意外和小确幸。就像这些画，虽然每一张都不同，但我知道它永远是明亮的。就像我们一直等待的那个消息，在几乎快要被忘记的时刻，突然又传到耳边。

在巴黎1万米的天空，在环行世界的3万千米中，迷人的阳光、多彩的云朵和斑斓的世界，就像她画笔的延续，温暖而明快。

嗨，你终于还是来了……

夫妻简介：

徐爱龙，2002—2006年，兰州大学新闻与传播学院（本科）

郑丽颖，2004—2011年，兰州大学外国语学院俄语专业（本科、硕士）；2011年留校工作；2016—2021年，兰州大学历史文化学院（博士）

爱情访谈

采访／卜海杰　段小江　康　蕾

学长：段小江
学姐：康　蕾

新娘单人采访

Q1：您和您的丈夫结婚多久了？

学姐：领结婚证是在 2019 年 3 月，婚礼计划在国庆假期。

Q2：能谈一下你们恋爱的经历或者是在兰大记忆深刻的故事、地方吗？

学姐：我记得我们是大四认识的，然后读研究生，研一的时候我们在

一起。关于喜欢的地方，就是榆中校区的将军苑和本部校区以前的小花园，那儿树比较多，环境也比较好。

Q3：学长最吸引您的地方是什么？

学姐：他为人正直诚实，给了我很多安全感。

Q4：是学长追求的您吗？你认为你们俩有什么很有纪念意义的事情或东西吗？

学姐：是，我们在一起很多年了。如果说要有纪念意义的东西，可能就是结婚证，这是一件很神圣的事情。

Q5：你觉得你们在一起之后，和以前相比有什么变化吗？

学姐：两个人在一起需要磨合，当感情处于热恋期的时候，可能只看到彼此比较好的一方面，但是相处久了，我们就需要接纳对方的各种缺点。在这个过程中，可能他会改变一点点，其实我也会改变一点点。比如我平时脾气比较急，做事会着急。做一件事情想要一次性解决好，但是他性子比较慢，所以需要慢慢地调和在一起。

Q6：您最希望您丈夫改掉的坏习惯是什么？

学姐：拖延症。做事不会提前规划，以"兵来将挡，水来土掩"的态度应对。我认为既然要做一件事，那就提前做准备。

Q7：您觉得自己身上最大的变化是什么？

学姐：会变得比以前更有耐心。

Q8：你们现在会不会因为工作比较忙导致平时相处时间变少，您觉得这种状态是您想要的吗？或者您希望这种节奏有一些改变吗？

学姐：因为我是做学生培训工作，所以假期会比较忙。他在医院工作，只能在周末休息，他们举行各种活动基本上都在周末，所以我俩的时间基本上是错开的，再加上他做实验，经常大半夜才能回来，所以相处时间特别少。我觉得两个人要多沟通，不然两个人的共同语言会变少。

Q9：你们平时有一起娱乐的活动吗？

学姐：如果我们的时间安排到一起，会去北京周边转一转，因为他定期也有这种活动。我们早已过了热恋期，偶尔会出去吃饭、看电影。

Q10：今年是兰大110年校庆，您对兰大有什么期许和祝愿吗？

学姐：希望兰大能越来越好，不管是环境或者设施都能更好，也希望学校在国内以及国际上的知名度能更上一层楼。

双人采访

Q1：您觉得学姐最吸引您，让您一见钟情的地方是什么？

学长：她的眼睛特别好看，很漂亮。

Q2：您希望学姐改掉的缺点是什么？

学长：没有，没有的。

学姐：求生欲很强嘛。

Q3：您是因为什么开始追求学姐呢？

学姐：这是一个偶然。

学长：不，这是一个必然，从大一的时候开始，她在榆中做助教，我在暗中观察了好久，后来我们慢慢熟了就在一起。

Q4：您对兰大有什么期许和祝福吗？

学长：希望兰大越来越好，我们离开后很想念兰大，想念校园里的一

草一木。我们一直因为工作、读博没有机会回来，这次是我们离开兰大校园后第一次回来，所以很有纪念意义。

Q5：您觉得您和学姐在一起后，自己身上变化最大的是什么？

学长：我没有以前那么邋遢了，觉得自己越来越成熟了。

Q6：现在您有什么想对学姐说的吗？

学长：我会一辈子对你好。

学姐：这不够，你还有什么想说的吗？

学长：我会爱你一辈子，努力挣钱，努力养家。

夫妻简介：

段小江，2006—2013 年，兰州大学核科学与技术学院放射化学专业（本科、硕士）

康　蕾，2006—2013 年，兰州大学外国语学院英语专业（本科、硕士）

爱出于兰，情证其大

文／满相吉　王淑雅

　　时光如白驹过隙，转眼已经离开六年了，在母校即将迎来 110 周年华诞之际，我和我的爱人王淑雅非常荣幸能够参加母校举办的集体婚礼活动。重回母校的怀抱，一同重温我们曾经挥洒青春，孕育爱情的地方，用我们的实际行动，一同见证有着"中国重点高校结婚率最高学府"头衔的兰州大学这 110 周年来的发展历程。

　　我从小生活在甘肃庆阳的一个小镇。还记得在我上小学的时候，有一位邻居家的小哥哥考上了兰州大学，成了周围家长们茶余饭后谈及的"别人家的孩子"，也就是在那个时候，"兰州大学"这四个字深深刻入了我的心底，并暗暗下定决心，待我高考之日，非兰州大学不考。也许是因为儿时的一种情怀和信念，不为能够成为"别人家的孩子"，只为自己此生不留遗憾，通过不懈地努力，最终我被兰州大学录取。我到现在还清晰地记得拆开兰州大学录取通知书的那一刻，我为自己的拼搏流下了泪水，这是从小到大第一次感受到努力带给我的那种持久而又踏实的喜悦。

　　忆往昔大学时光，也已是十年前的记忆了，经历了些许岁月的沉淀，现在回望大学生活算是过去三十年最为幸福的时光。数十载的寒窗苦读，无论高考成绩如何，到了大学总算是与书山题海挥手告别了，没有了永无止尽的升学压力，脱离了父母每日的"细心看管"，来到大学，真可谓是笼中鸟上青霄，网中鱼入大海，从此再无羁绊矣。初来兰大榆中校区，我感觉自己犹如打开了一扇新的窗户，多学科的相互交叉，聆听各位教授们对各自知识领域的独到的见解，每天都有一种意犹未尽的感觉；偌大的校园，自主的时间安排，各种各样的社团活动，让我们可以认识不同学院的同学，我们彼此相互学习，取长补短；巨大的图书馆藏，曾经困扰的疑惑在这里总能找到完美的解答。到了大二，我们医学生全部搬到了兰大的医学校区，专业课渐渐也多了起来，一本本砖头厚的专业书本几乎占据了我大二、大三生活的全部。

记得 2012 年兰州的春天，我读大四第二学期，开始正式进入医院实习阶段，第一次近距离接触医学临床工作。与此同时，对于一名医学生而言，考研成了大势所趋。在考研热潮的冲击下，我也不知不觉成为考研大军的一分子。那时候，每天除了临床工作外，我都会去教室复习备考。起初看书的状态不错，效率也很高，但随着天气逐渐炎热起来，再加上临床工作的繁杂，复习的效率越来越低，我的复习计划不得不一改再改。不知道是不是冥冥之中自有安排，无论我在哪间教室，每当我心烦意乱的时候，总能在座位的前方看到一位安静的师妹沉浸在医学知识的海洋里，看到她全神贯注的样子，我的世界仿佛也安静了下来。几十次的机缘巧合，让我悄然心动，一种声音不断在心底回响：这位名叫王淑雅的大二师妹或许就是我一直在寻找的那位共度余生的人！很快，我们在自习室相识、相知。我们的性格都偏向于安静，喜欢独立思考，喜

欢与投缘的人敞开心扉、促膝长谈。我们也喜欢探索新鲜的事物,喜欢登山、旅行,喜欢用自己的实践去认识世界、感受生命。我们喜欢用脚踏实地换来小确幸,我们也坚信只有自强不息,才能做到独树一帜。记得那是 2012 年的七夕节,我们共同迎来了恋爱元年。当然,多么美好的恋爱故事里都不会缺少矛盾的身影,在恋爱的初期,争吵成为了我们之间的主旋律,我往往会因为自己的事情而忽略淑雅的感受。今日思之,我要由衷感谢我的爱人王淑雅,感谢你对我年少无知的包容,感谢你对我默默的支持,感谢你让我体会到爱一个人是如此的幸福,也是你让我成长,让我知道如何去对待感情、控制情绪,如何将一个人的思维变成二人共同体的思维,如何用实际行动去爱自己喜欢的人。

　　冬去春来,美好的爱情刚刚开花,转眼间,就到了我大五毕业的时候,迫于家庭原因,我最终没能如愿考研,而选择回家工作。大学里往往流传着一句俗语:毕业季也是恋人的分手季。我们打破了这条铁律,淑雅很支持我的决定,愿意和我共同面对即将到来的异地恋。然而,现实往往比想象的残酷得多,我们还是远远低估了异地恋的杀伤力,我们之间的矛盾越来越多,来自异地的聚少离多、双方家庭的反对和对未来的迷茫成了横在我们感情中间不可逾越的三座大山,我们无数次想要放弃这段困难重重的感情,但是每当有这种念头的时候,我们都会毅然决然地选择相信爱情。无数次与现实搏杀之后,我们决定通过自己的实际行动打破家人、朋友和现实对我们

感情的质疑。我们决定先后一起考研，毕业后前往同一城市工作，成立自己幸福的小家庭。一边工作一边考研，没时间学习就想方设法挤时间，家人不支持就避其锋芒、转战地下，一次考研失败，就考第二次，再失败就考三次，直到考上为止。最后，功夫不负有心人，幸运再次降临到我的身上，在毕业三年后，我成功考入中国医科大学就读研究生。美中不足的是与我们此前在当地读研的计划出现了偏差，这就意味着我们还将长期处于异地恋状态。对于经历了无数艰难险阻的我们，沈阳到天水2121千米的距离丝毫没有动摇我们曾经对美好未来的憧憬，我们彼此心照不宣地与自己暗暗较劲，与时间赛跑，向残酷的现实发起最猛烈的进攻。最终，淑雅也在去年，考入母校兰州大学就读病理专业研究生。这么多年，我们持之以恒的坚定决心终于打动了双方父母，今年春节，双方父母为我们操办了期盼已久的订婚仪式。很快我们将通过兰州大学110周年校庆集体婚礼活动，共同见证我们的爱情果实。

　　我们从相识、相知到相爱已经有七年了，从刚开始的校友到朋友，从知音到恋人，最后到现在相伴一生的爱人，这期间经历了无法用文字言表的坎坷。而正是一起克服的种种挫折，才让我们的感情坚若磐石。其中，除了对彼此的爱慕和信任，更多是兰大人"自强不息，独树一帜"的精神深深刻入我们骨髓的必然结果。无论面对多么大的挑战，只要我们兰大人想要做的事情，即使困难重重，深陷绝境，我们也必定排除万难，竭尽全力，奋力拼搏，由一而终。在此，我必须感谢自己的母校兰州大学，是您教会了我扎实的专业知识，过硬的专业技能，让我们用勤劳立于天地之间；是您给我们注入了兰大人的血液，教会我们做人处世的道理：自强不息，勤奋好学，努力拼搏，坚持到底。众谋独断，详虑力行，坚定信念，独树一帜。在母校 110 周年华诞之际，我们将重返母校，共同见证母校这百年来的光辉历程。在这里，我们祝福母校百年桃李，芬芳天下，十年育人，代代传承。

夫妻简介：

　　满相吉，2008—2013 年，兰州大学第一临床医学院（本科）

　　王淑雅，2010—2015 年，兰州大学第二临床医学院（本科）；2018—2021 年，兰州大学病理专业（硕士）

从兰大到南京的简单爱情

文／李正华　张海荣

秋天的紫金山层林尽染，仿佛是被打翻的调色盘。这里有水，有山，有风，空气中都是清清甜甜的味道，我被她的样子吸引，开始追求她，于是有了后来的故事。我们在南京遇见了彼此，又或许缘分早在踏入兰州大学的校园时就已经开始了。

2015年，我来到南京参加工作，身边的朋友很少，于是我加入了兰州大学南京校友会。周末约校友爬山、打牌，一起寻找地道的牛肉面馆，开心而又充实。在一次校友爬山的聚会中我遇见了她，一身灰色运动装，背着小小的双肩包，扎着半高的马尾辫，漂亮的眼睛总是认真地看着跟她聊天的小伙伴。心如小鹿乱撞，就是我当时的心情。我打着校友的名义加了微信，搜肠刮肚地找聊天话题，厚着脸皮约饭看电影，开始了自认为浪漫的追求。

2016年春节刚过，我回到南京的第一件事情就是筹划告白，我以校友夜爬紫金山活动的名义约她出来。傍晚吃过饭，我提前到达活动集合的白马公园，绕着公园边走边练习一会儿要说的话。

"其他校友呢？怎么只有我们两个？都堵在路上了吗？看来还是咱俩最守时。"

"是啊，这些人真是不靠谱，临时爽约。"我表面淡定地附和，内心不禁暗喜，这些人已经被我通知不许来爬山了。

"时间已经到了，怎么办，打电话都不接，要不今天就回去吧。"

看她有些犹豫，我赶紧找借口："别啊，今天天气这么好，他们不来我们更要爬上去，拍点儿好景致让他们羡慕。"

"有道理，咱俩走吧。不过你得稍微慢点儿，我跟不上你的速度。"

放眼望去，此时的紫金山都是大片的灰色，山林深处松柏的绿色若隐若现，在背阴处时不时能看到几块积雪。这个季节来爬山的人并不多，很长一段时间，弯弯曲曲的山路上只有我们两个。我们从回忆大学校园开始，聊到自己的家乡、求学之路和在南京的工作。

"我很欣赏你"，聊到兴起的我脱口而出。她一下子愣住了，头低下去又很快看着我轻声地说："我觉得你也不错。"幸福来得太突然，后来我才慢慢明白，原来遇见对的人，两个人会相互吸引、水到渠成，并不需要辛苦的追求。那天我们坚持爬到山顶，幸运地看到紫金山的雾凇美景。

恋爱开始的那段日子，我感觉时间加速，即使我们都在一个城市，可是仍然觉得见面时间过得飞快。相处的时间越长，我发现她带来的惊喜就越多。爬山、打球、做饭、读书，我俩的爱好是如此相近。一有时间我们就在一起，像所有情侣一样，牵手走过城市的角角落落。紫金山的红叶铺成一块锦绣华毯，灵谷寺里的银杏映着灿灿佛光，听钟鼓轰鸣，看树叶稀稀疏疏从树梢落下。这个城市滋润着我们的爱情。

在一起几个月后，我换了工作，接受新的挑战。新的工作压力很大，

出差的时间也越来越多，常常两三个星期才回去一次。近乎异地的状态让我俩争吵不断。我忙于工作，总是忽视了她的感受，她开始对两个人的感情抱有怀疑，电话里的争吵不断升级。我记得矛盾爆发的那个晚上，两人在她楼下大声争吵，最后反而冷静下来认真剖析这几个月的感情。那次争吵之后，两个人的感情像是得到升华，我们真正成为彼此的唯一。

2018 年 7 月，我给她准备了一个惊喜，请校友帮忙筹备，在萤火虫飞舞的晚上来一个浪漫求婚，但是她居然一定要去吃火锅。为了惊喜，手忙脚乱的校友们又把东西重新布置在了家里，于是我精心准备的萤火虫之夜求婚就变成了简单的蜡烛和气球。我紧张地看着她推开房门，她惊讶地叫出声。在她回头之际，我掏出准备好的戒指，单膝下跪，抱得美人归。

2018 年国庆节，我们举办了婚礼，三年的爱情终于修成正果。婚礼正是我一直想象的样子，两个人、两个家庭平淡和睦地走在一起。看着她穿着洁白的婚纱向我走来，我觉得自己是如此幸运，感谢她答应了我的追求，成为我生命中的挚爱。我将用尽全力爱护她、守护她。未来的一切虽然未知，但没有什么好怕的，只要我们在一起。

我们在兰州大学的校园里生活了四年，共同回忆学校生活成为我们的爱好之一。每次看到母校的实景地图，我们总是会回忆起各自常去后市场的哪家菜馆、去教学楼常走哪一条路以及喜欢在将军院晨读的场景。校园里的我们并没有交集，但是我们觉得在许多瞬间，我们是擦肩而过的，或许是在萃英山上，或许是在毓秀湖畔又或许是冬日某个晚自习后，在映着树影的路灯下，我们迎面走过、相视一笑。缘分就是这么奇妙，兜兜转转，毕业三年后我们在两千公里外的南京相聚，共同的校园经历让我们相识，兰大人的特质和品格让我们惺惺相惜，她是我可爱的校友，更是我深爱的人。

现在的我们，在南京安了家，在这座温厚并充满民国情怀的城市里过得平淡而真实。春天路边的梧桐长出新芽，夏日阳光透过树叶的夹缝在地上摇曳，到了秋天叶子变黄，一场雨的工夫就落到地上，冬天又是光秃秃的样子。但是我有了她就不再感到孤独寂寞，手挽手走在梧桐树下的踏实感让我知道，从此以后我有了一个要一辈子守护的人。

夫妻简介：

李正华，2009—2013 年，兰州大学新闻与传播学院广告班（本科）

张海荣，2008—2012 年，兰州大学化学化工学院化工班（本科）

小情歌

文／妥筱楠　罗　伟

2009年，我的先生罗伟考入兰州大学，他幸运地见证了百年校庆的辉煌时刻。在榆中度过短暂的一年之后，作为医学生的他搬到医学校区。随后，我作为一名"萌新"来到兰大，在榆中校区开启了恬淡充实的三年学习时光。本科阶段，我们像散落在兰大校园里的两粒种子，各自成长，各自忙碌，各自悲喜，毫无交集。

然而，命运让两个人朝着对方的坐标缓缓靠近，直到2015年9月24日的那场相遇。

那是一次平常的节日聚餐活动，我们坐在一张餐桌上。时至今日我们都清楚地记得第一次见面时两人的稚拙模样。聚餐结束之后回校的路上，我们从参与一群人的聊天说笑，到渐渐只剩下我们两个人谈天说地。他讲自己在医院实习期间的种种逸闻趣事，让我大开眼界。校园的路灯散发着昏黄的光，秋日树木萧瑟的枝条影影绰绰，倾听我们一路的絮絮低语。

第二天，一起聚餐的学姐提议大家一起去吃火锅，我怀着小小的期待赴约前往。一桌人坐定之后，我没有看到他的身影。通过询问其他小伙伴，我才知道，原来他是因为当天有手术得晚点来。等到我们都吃得差不多了，他才满头大汗地匆匆赶来，我当时很奇怪，他为什么那么晚还非要赶来。很久之后他告诉我，那天手术结束他知道时间已经迟了，而且手机没电，他没办法联系大家，还记错地址提前一站下了车，只能一路飞奔而

来，希望聚餐还没结束。我说可以下次再一起吃，罗同学认真地说："我不是为了吃火锅，我是为了见你。"

中秋前夕我和朋友们去了敦煌，月牙泉奇妙婉约，鸣沙山壮阔无垠，莫高窟瑰丽厚重，我在醉心于美丽景观的同时竟不自觉生出了一份牵挂的心情。我带回了一些鸣沙山的沙，精心装进玻璃瓶送给了好朋友们，也准备了一瓶打算送给罗同学。

有一次看完电影后，我们在操场上散步，凉风习习，夜跑的同学们络绎经过我们身边，附近锻炼的老大爷声如洪钟喊着号子，月色描摹出图书馆顶部优美的剪影。我拿出那一瓶沙："喏，这是送给你的，来自敦煌的礼物。"罗同学很诧异，举起来在月光下端详了一会儿，转而欣喜地对我说谢谢，然后一直把那个小瓶紧紧攥在手里。

当晚回到宿舍之后，他对我表白了，我答应了他。

我从没想过自己会以这样的方式遇到命中注定之人。在此之前的很长一段时间里，我在榆中校园里安静地生活着，一个人在东区操场跑步、一个人在昆仑堂看书、一个人在天山堂自习、一个人在后市场吃饭。保研后到了本部校园，结识了几个好朋友，我们在操场跑步、在积石堂看书、在齐云楼自习、相约吃饭，快乐自在，并不孤单。罗同学就像一只未驯化的鹿，突然一头闯入我波澜不惊的生活，让我在惊奇之余探出触角，和他一起去发现生活的崭新面貌。

在我研二、罗同学研一的这一年秋天，我们的校园之恋就这样开始了。罗同学因为是医学生而且工作一年后考研的原因，从学长降级为学弟。我们并不总是在一起，他在医院实习，事务繁杂，总是值班、加班；我在潜心准备论文，反复收集数据、筛选数据。只有当他晚上回来后，我们会相约一起吃晚饭，然后他送我到齐云楼，我回去写论文，他回去学英语。如果我们白天各自有事，到晚上十点半，他会来接我，我们一起在校园里散步聊天，告诉对方这一天的经历。绕着偌大的校园，我们说着话从一个路灯走向另一个路灯，那情景就像王小波写的"大团的蒲公英浮在街道的河流口，吞吐着柔软的针一样的光，我们好像在池塘的水底，从一个月亮走向另一个月亮"。

每天罗同学都会抽空给我打电话，接完电话的我总是满满的安心，似乎能窥见琐碎生活里的点点星光。

"今天结束得早，等我回来吃饭。"

"今天回学校就迟了，不等我了，你自己先去吃饭。"

"今天晚上回来陪你上自习。"

这是我们在学校绝大多数的生活状态，温暖妥帖，再平凡不过的话语，却是我们之间小小的相守。我们没有时刻在一起，却每时每刻都记挂着对方，在这座城市的两个角落，这份牵挂是寂寂呼应的两盏灯火。

在大学生活动中心七楼的自习室一起度过周末的悠长时光，罗同学在做英语试卷，我在他旁边写论文，然后一起去医学校区食堂吃盖浇饭，或者去北街口吃拉条子和甜醅子，或者去吃大胡子的羊肉面片，再或者去马琦烤肉撸串，日子过得简单而满足。吃饭的时候，我会和罗同学斗嘴开玩笑，他新洗的头发蓬松柔软，我忍不住伸手去摸，被他一脸嗔怪地制止。我笑着看他，又伸手去摸，他没有再阻止我，安静地埋头吃饭。他有稚子气息，有小小的狡黠，有简单明亮、纯粹朴拙的心思，像柔软的云朵，拥抱我所有的棱角和尖锐。

春天，宿舍楼下的樱花开得烂漫多姿；夏天，毓秀湖的水面倒映着垂柳婀娜的身影；秋天，隆基大道上的落叶色彩缤纷；冬天，皑皑白雪覆盖着的校园静谧而温柔。我们携手穿梭在这四季变迁中，美丽的校园是爱情的布景，能在自己热爱的地方和所爱之人共享同一段时光和同一幕美景，真是再美好不过的事了。

在彼此的温暖陪伴中，我们成为更好的自己。罗同学顺利通过国家英语六级考试，并且发表了专业论文，我也发表了论文并获得国家奖学金。后来的日子慢慢发生变化，我们前后经历了焦灼的求职季，现实的压力纷至沓来，生活的严酷真相开始慢慢显露端倪。好在我们对彼此的心意始终坚定，足够抵御走出象牙塔时遭遇的风雨坎坷，在失落的时候互相慰藉，在迷茫怀疑的时候互相鼓励，一起扶持着走过了那段艰难的时光。

2019 年 4 月 6 日，在相识的第 1290 天，我们结婚了。

我们回到母校拍摄了一组婚纱照，穿着礼服在曾经牵手流连过无数次的地方留下了珍贵的纪念；我们报名参加了母校 110 周年校庆集体婚礼活动并幸运入选，重温美丽的旧时光。

根，紧握在地下
叶，相触在云里
……
我们分担寒潮、风雷、霹雳
我们共享雾霭、流岚、虹霓

这是我和罗同学最爱的诗句，我们已经从当年散落的种子长成了相互依偎的茁壮树木，年轮镌刻着兰大的印记。我们漫长的青春和爱情珍藏在这里，感恩母校让一次相遇成为一生相守，"兰州大学"四个字让我们永远热爱，永远热泪盈眶。

夫妻简介：

罗　伟，2009—2014 年，兰州大学第一临床医学院临床医学专业（本科）；2015—2018 年，兰州大学第二临床医学院外科学专业（硕士）

妥筱楠，2010—2014 年，兰州大学管理学院会计学专业（本科）；2014—2017 年，兰州大学管理学院会计学专业（硕士）

兰大遇良人，执手共白头

文／郭兰茜　吴会寅

　　今年是我们在一起走过的第十个年头。不知不觉中，我们已在兰大度过了十年的光景。十年间，花开花落，时光荏苒，我们已集齐兰大的三张录取通知书，校园卡的开头数字已由 3 变成了 2，现在成了 1。转瞬之间，一人已然成为被脱发所困扰的博士生，另一人则开始了上班生涯。兰大的十年是我们最为美好的青春年华。无论是一分部衡山堂内每周例行的读书会，还是游泳馆中荡起的划水声，抑或是羽毛球馆中的一次次挥拍、毓秀湖畔的一声声蛙叫，点点滴滴谱写着"兰大为美"的乐章。而足球场上肆意挥洒的汗水，积石堂里的累累书卷，将军院中盛开的朵朵牡丹，则似工笔画一般细致地勾勒着我们在兰大学习、生活的一点一滴。

　　十年前的 2009 年，我们一个从祖国西南的重庆来到兰州，一个则从华北

平原来到大西北。初来兰大的我们有幸参加了百年校庆，在军训结业典礼上摆出了"百年兰大"的字样。十年后的 2019 年，我们也幸运地参加了"爱在兰大"的集体婚礼，心中满是对学校的感恩。十年前，父母将我们送到学校报到；十年后，我们邀请父母参加了学校组织的集体婚礼，感谢父母辛苦地拍照。十年前，我心心念念着各式各样的川菜。十年后，我们的胃只为手抓羊肉、黄焖羊肉、酸辣夹沙、胡辣羊蹄、河沿面片、羊肉面片而活。在这十年中，甜胚子奶茶成为我们所共有的"肥宅快乐水"，而牛肉面也成了我们生活的刚需。十年前的 10 月 10 日，在东区足球场举行的新生足球联赛中，我遇见了当值的边裁。10 年后的 6 月，我嫁给了他，并参加了今年学校举办的集体婚礼。一个好的大学不仅会丰富我们的学识，还会让我们遇见那个对的人。

他是核学院的标准理科生，我是研究民族学的地道文科生。因为学科差距，要完全了解对方专业总是有一些困难。他总是试图用他略略搞笑的重庆话向我解释什么是粒子物理，什么是原子核物理，中子成像是什么，加速器怎么工作，我总是一脸懵地望着他，所有的物理专业解说总是在五分钟后以失败告终。我将他的实验室称为"五金店"，将他比作五金店的工人，会修一切东西。他自誉为"核学院最有文化的学生"，有时把我的专业书拿到自己的自习室，好像也没怎么看，只是摆在书桌上显得有文化；他经常重复性地问一些宗教方面的问题，慢慢记住了几个民族学的专业名词。有一次，我用一下午时间给他讲伊斯兰教历史上著名的哲学家伊本·西纳和苏非大师伊本·阿拉比，他只记住了"伊本·西纳"和"伊本·阿拉比"两个名字。

参加这次集体婚礼是一个很自然的决定。当时，我俩正走在医学校区，突然看到这个消息推送。我对他说："下次举办集体婚礼会不会也要求结婚 10 周年才能参加？我们等不到 10 年后啊！那就现在领证吧。"于是，他积极"备战"集体婚礼的报名事宜。成功入围后，我们在 6 月领证。

这次的集体婚礼分两天进行，第一天是黄河巡游，第二天是正式的仪式。为了能准时到本部的大学生活动中心，婚礼前一天我们就专门住到了学校周边的宾馆。除了看世界杯，这是人生第一次凌晨三点多起床。集体

婚礼的化妆是流水线工作，化妆师很认真地为我们上妆、做头发，每一位新娘子都像是从古代穿越回来的美人。不过这个妆的舞台效果太明显，我们决定第二天早上自己化淡妆。黄河巡游的场面异常壮观，我们一起走过了黄河母亲雕塑和中山铁桥，被早起的人们围观。坐在游船上时，桥上的人们对我们祝福道："新婚快乐。"当天下午，我们进行了集体婚礼的彩排。一切的准备工作都是为了第二天仪式的更好进行，同学们一边吐槽，一边很开心地期待着。

第二天早上，我们四点半到达大学生活动中心。志愿者师妹已经在大学生活动中心等着我，待我做好发型后，她一边给我们吃的、喝的，一边让摄影师帮我们拍照。第二天的第一个项目是大合影，参加婚礼的110对新人都前往新体育馆前合影。合影之后，校车把所有人拉到了校友广场，集体婚礼仪式正式开始。在正式的仪式中，最有趣的就是导师参与环节，老师们都穿着精致的中式服装，挺拔的中山装、华丽的旗袍、富贵的马褂……整个场面显得格外融洽、别致。仪式的最后一部分是在图书馆前进行，校长和书记分别讲话，祝福语意味深长。最后，我们将手中的绣球抛给了辛苦做志愿者的师妹，祝她早日找到对的人。

我们十分有幸邀请到了我的导师周传斌教授参加集体婚礼。当天，周老师穿着挺拔的中山装，留着帅气的胡子，成功"艳压"在场的男性老师们，两张照片登上了当天兰大官方公众号的新闻。我们的同学和家人在这次的婚礼中积极充当摄影师，为我们留下了许多美丽的照片。妈妈穿着漂亮的红裙子，全程跟跑拍摄；爸爸变身专业摄影师，按了无数次快门；同学们早早来到我身边，又是问候，又是合影；师妹为了我们，专门报名集体婚礼的志愿者。她负责我们这一对，一直忙前忙后，十分辛苦。

在集体婚礼结束后，师妹专门采访了我们。她分别问了我们俩："你最喜欢她 / 他什么？"他毫无求生欲地迅速回答："胖，凶神恶煞。"经过师妹提醒，他立马转换话语，但是师妹并没有打算使用。对于"最喜欢他什么"这个问题，我在师妹的追问下回答得十分走心："他很可爱，天天卖萌，像一个专业五金工人，可能是理工科男生会散发天然的魅力。有一次他在重庆，对着一个小娃娃说：'这个娃儿好哈。'小娃娃的妈妈盯着他，他以为是在兰州，妈妈听不懂……还有一次，'隆重庆祝'被他读成'long chong qing zhu'，可见他有多么喜欢重庆，他还会跳搞笑的舞蹈、经常陪我做田野调查、帮我查英文资料、修各种东西……"然而，当师妹告诉我他的答案之后，我也不甘示弱，立马转成："他太能吃，天天就晓得吃，吃了还不长肉。"师妹觉得我俩真的是很幼稚的两个人，希望我俩一直这样快乐幸福。师妹在她访谈的最后写道：这是一个没有什么坚定思想的理科生吴会寅从语言到行为、思想被文科生郭兰茜同化的故事。其实，

这正是爱情的样子，我爱你，所以我愿意去了解你，了解你的生活和事业，了解你的思想和一切。

十分感谢家人、老师、同学们和师妹们来到"爱在兰大"的集体婚礼，感谢各位的辛勤付出！祝我们百年好合，白头偕老！

夫妻简介：

吴会寅，2009—2014 年，兰州大学草业科技学院农林经济管理专业转至核科学与技术学院核技术专业（本科）；2014—2016 年，兰州大学核科学与技术学院粒子物理与原子核物理专业（硕士）；2016—2019 年，兰州大学核科学与技术学院粒子物理与原子核物理专业（博士）

郭兰茜，2009—2013 年，兰州大学历史文化学院历史学（本科）；2013—2021 年，兰州大学历史文化学院马克思主义民族理论与政策专业（硕士、博士）

给老婆的第一封情书

文／邱巨龙　班佳佳

亲爱的老婆：

　　见字如晤，纸短情长。

　　与你相识 3 年有余，从相识、相恋到相伴，爱的表达几乎全部通过手机传递，从未写过书信。我们也曾羡慕"书信很远，一生只够爱一个人"的浪漫与温馨，但在高速飞驰的现代生活，却没有静下心来写信的耐心与勇气。恰逢母校 110 岁华诞，借参加校庆活动之良机，与你一诉衷肠。

　　平日里我们说说笑笑、嘻嘻闹闹，总有说不完的话，但此刻我坐在电脑前无从说起。整天与文字打交道的我，看着熟悉的键盘字符却无从下手，静心冥想，与你的过往历历在目，嘴角不觉泛起微笑。

　　此刻哼着小曲在厨房忙活的老婆，你是否还记得我们的第一次见面？

那是在 2016 年 1 月 15 日南京校友新年茶话会上，平时不怎么活跃的我对各位校友知之甚少，在聚会上也相对沉默。偶尔与几个落单校友做个自我介绍闲聊几句，当聊到校友中从事法律工作的人时，我不知是怎么了，脱口而出说："校友里是不是有个叫'班佳佳'的，好像是律师。"在不远处的你突然转过身说："我是班佳佳，谁叫我。"当时的我对你并不了解，不知你的容颜，不知你的职业，我至今也不明白脑海里怎么就闪现出了你的名字。可能这就是缘分吧，于是我们结识。

> 曾经自己，像浮萍一样无依，
>
> 对爱情莫名的恐惧，
>
> 但是天让我遇见了你。
>
> 初见你，人群中独自美丽，
>
> 你仿佛有一种魔力，那一刻我竟然无法言语。

老婆，这是我当时第一次见到你后的真实感受。我从校友微信群中添加你为好友，从此，你的朋友圈便是我排解孤独的心灵港湾。追寻你的生活足迹，感知你的喜怒哀乐，为你的开心点赞，为你的哀愁祈愿。我能从一张 200 多人的照片中一眼发现你的所在，能从多年未用的"人人网"中翻出你青葱的学生时代。在感情世界里一向自卑的我，翻遍了你的朋友圈，却始终不敢给你发一条信息，怕感情之洪流一发不可收拾，伤及他人，淹没自己。经过反复自我剖析、自我否定，我最终还是把对你的倾慕深深埋入心底。此后一年，我默默地关注你。这期间，我跳槽、转行、租房、搬家、打球……忙碌地生活着，你有节奏地过着丰富的生活，我们的世界无半点交集。

此刻抱着手机在为两位妈妈准备母亲节礼物的老婆，你是否还记得我们的再次见面？那是在 2017 年 1 月 1 日校友组织的徒步迎新活动上，人群中的你依旧是那样的美丽，我埋在心底的感情再次涌动，于是我作出了人生最正确的决定——追求你。

我开始勇敢地迈出第一步，主动跟你聊天、约你吃饭、看电影、逛街

……起初你对我并没有太多好感，仅以校友之礼相待。记得第二次饭后在东南大学的校园里散步，由于我见到你比较紧张，氛围略显尴尬。你突然问我："你是不是喜欢我，你对我了解多少，其实我并不是你想象中的那样，你觉得我们之间合适吗？"此三问一出，我心里想：完了，这是要被婉拒啊，可是我都还没有表白，这是要把我扼杀在萌芽状态啊。于是我孤注一掷，向你吐露了心声，就算被拒也不留遗憾。我对你说："我是一个普通人，万千大学毕业生中的一个，来自一个普通的农村家庭，从事一个普通的工作，或许不会有别人眼中的达官显贵、腰缠万贯，但我会通过自己的不断努力，让我平凡的生活中多一些色彩，努力让我爱的人和爱我的人都能幸福快乐。"或许是我的诚恳、倔强及对生活的愿望打动了你，让你对我手下留情，答应再接触一段时间看看。

敞开心扉以后，我反而没那么拘束，我们会在周末阳光明媚的上午到鸡鸣寺赏樱花，在暖暖的午后去玄武湖划船……2017 年 4 月 2 日，我们恋爱了，这个日子让我总有种愚人节骗来个女朋友的感觉。恋爱的第二天，我们相继感冒了，发烧 38.5℃，我开玩笑地对你说："这正是我们感情快速升温的征兆呀。"在恋爱的过程中，我们从未有过争吵。你会调皮地说："吵架是检验爱情的试金石，我们不吵架，怎么能证明我们是合适的？我们吵一架吧。"在模拟吵架的道路上，我们也没找到好的由头，而且吵着吵着会笑场，最后也没有真正吵起来。

恋爱后，我们经常在一起做饭，记得我给你做的第一顿饭是饺子。当你看到我把面粉、鸡蛋、肉、菜等食材一顿操作后，端上一盘热气腾腾的饺子时，一脸崇拜与不可思议的表情。得到你的赞扬让我感到无比的自豪和喜悦，毕竟没有哪个厨子不喜欢得到食客的夸赞。

我们走遍了玄武湖，踏遍了南京大学，逛遍了新街口与珠江路。那段时间，我几乎每天骑自行车穿梭于三、四牌楼之间，只为见到亲爱的你，心想：什么时候把这一个牌楼的距离给抹掉。一晃，时间来到 2018 年 4 月 2 日，也是我们恋爱 1 周年的日子，在鼓楼区民政局的见证下，我们庄严宣誓，成为合法夫妻。

2018 年 5 月 20 日，我们在各位亲朋好友的见证下，步入婚姻的殿堂。

亲爱的老婆，在未来的人生道路上，
我不敢承诺你锦衣玉食，但能让你衣食无忧、饭来张口；
我不敢承诺带你去看蓝色的土耳其，但可以让你在家里充满笑意；
我不敢承诺带你看尽世间的繁华，但可以把工资卡给你随便花；
我不敢承诺带你走遍天涯海角，但可以陪你慢慢变老，
并依然把你当成我手心里的宝。

此刻已在上夜班的老婆，你是否还记得这段真情告白？时至今日这依

然是我想对你说的话。亲爱的老婆，时间过得真快，我们结婚 1 年了。感谢你的选择与信任，让我有幸与你相伴一生；感谢你的包容与体谅，让我们的生活过得快乐安宁；感谢你的努力与付出，让我们的生活过得温馨浪漫。在未来的日子里，愿我们能继续相濡以沫，携手相随，在繁忙的工作中能温柔相待，在琐碎的家事中能互敬互爱。

亲爱的老婆，夜已深了，我唠唠叨叨地写了半天，竟无情书该有的样子，暂且算是对我们爱情故事的回顾与铭记吧。我们的爱情故事也许并没有童话故事里的那般美好、梦幻，但也充满着平凡的感动与温馨。我不求我们的爱情故事能被传颂，只愿我们在以后的婚姻生活中能不忘初心、对爱坚守。

亲爱的老婆，人生道路既短暂又漫长，关键看我们如何选择，如何面对。未来人生道路可能会面临诸多荆棘与坎坷，愿我们能在身处逆境时自强不息、披荆斩棘，共同创造我们美好的生活。等到我们白发苍苍的时候，回首过往，我们不怨曾经的选择，不负许下的誓言，不悔走过的人生。

此致。

永远爱你的老公
2019 年 5 月 9 日凌晨

夫妻简介：

邱巨龙，2010—2013 年，兰州大学西部环境学院自然地理学专业（硕士）

班佳佳，2009—2014 年，兰州大学第一临床医学院护理学专业（本科）

我们终究还是在一起

文/朱 垚 向媛媛

相识在兰州

　　垚：记得初见你的时候，是大一军训期间。在茫茫人海里，我一眼看到了你。得知我们是同班同学，我既憧憬又紧张，憧憬着赶快认识你，紧张着你是否会看到我。我连夜通过朋友问到你的联系方式，随后开始在QQ上聊天。每次想找你聊天，但却不知道怎么开场，于是总会给你发一个猪头的表情，然后不说话，等着你应答。我们的聊天经常冷场。不了解的人或许以为我发猪头是在骂人，但只有我知道，那粉粉的小猪多么可爱，和你那件粉色衣服一样。性格内向的你总是一副冷冰冰的样子，拒人

千里之外，而我则化身点赞、评论狂魔，在你每一条说说下方发一个猪头表情，以至于舍友们每次看到我都要戏谑一番："又在给妹子发猪头了。"两年多的时间里，我们始终没有在同学的基础上更进一步。

媛：记得第一次注意到你，是在新生军训学唱校歌的时候，我们学院和其他学院的学生一排排站在闻欣堂前的阶梯上，学姐一遍遍地教我们唱"西北的青年莫要再耽延，割断我们长衫抛却我们浪漫……"，一轮唱罢休息的间隙，听到一个男生的声音在背后响起，我抬起头，看了看你，那好像是我看你的第一眼。军训后第一次班级活动，我们去后山包饺子，我知道了我们是同班同学。我们互加 QQ，偶尔聊天，你总是喜欢给我发一个粉色小猪的聊天表情。那时的我在心里犯嘀咕："这人怎么总喜欢发猪头。"时间不紧不慢地走，我们的聊天也不温不热地进行着，我们的关系好像仅仅维持在一起上课的层面。

相知在广州

垚：大三下学期，学院按照往年惯例组织学生进行为期三个月的实习。事先做过功课的我收到多地的实习邀请，但得知你将去广州实习的消息，我的脑海中便只有一个目的地。初到广州的我与哥们合租了一套两室一厅的公寓，为了能够自然地邀请你加入合住，我事先邀请了另一位女生。本想同在屋檐下可以多多表现，结果水土不服的我没过多久就发起高烧，连日不退。幸好是你，陪着我去医院挂点滴，不断给我额头换冷敷毛巾，给没有胃口吃东西的我熬粥喂药。早上我们一起出发去公司实习，中午吃着广州的盒饭，晚上买菜回来给大家做饭，我看到了你的另一面，原来冰冷的外表下是如此温柔。三个月的时间里，我们足够熟悉，但始终没有在好友的基础上更进一步。

媛：大三下学期，学校规定去校外实习，我于 3 月初到达广州。刚到广州的时候，人生地不熟，找住处成了最令人头疼的事情。你的出现，让我在昏天黑地找房子、找实习单位的混沌中，看到了一束光，温暖而又明亮。后来我们都去了"省广"实习，一起上下班，日子就在日夜间人潮拥挤的地铁轰鸣中前进着。我好像越来越习惯跟你一起上班挤地铁，中午一起去广州的街头寻觅好吃的小店，晚上一起商量下班后要买什么菜。你做的可乐鸡翅色味俱佳，我还记得你说你是第一次做，一脸得意。周末的时候，我们一起去沙面，去广州塔，还有很多地方。2018 年 9 月 25 日，我在手机上看到新闻——广州沙面失火，部分建筑被彻底烧毁，我们束手无策，感到非常可惜。

相爱在时间里

垚：没有轰轰烈烈的誓言，也没有跌宕起伏的情感波折，一切似乎都那么顺理成章。2015 年 6 月 5 日，从广州回到兰州的第一天，在榆中校区情人坡的长凳上，你目光很坚定，但言语犹豫地问我："在一起吗？"听到这句话的时候，我一时间不知道该说什么，问道："真的吗？"你点了点头，说："嗯，真的。"那天，我吻了你的额头，拉着你的手，在校园走了一圈又一圈，只觉得天黑得格外早。同样是时间流逝，但两个人在一起的时候，它溜得特别快。之后，我们一起去了青海湖，在 7 月盛夏目睹茫茫雪山，沉浸在金色的油菜花海，沉醉于天空之境，留下那一帧帧风景。之后的毕业旅行，我们又一起走过大理、丽江、香格里拉、成都，留

下了属于我们的记忆。

媛：我们在一起好像是顺理成章的事情。实习结束回兰州的第一天，在情人坡的长凳上，天色已经暗了下来，我们坐着聊天，我小心翼翼地说："不然我们在一起吧？"不知道是太过突然，还是你高兴得傻了，印象中的你好像情绪起伏并不明显，我为此心有不爽。我们终究在一起了。我们的足迹到过兰州的很多地方——中山桥、黄河边、正宁路小吃街、西关十字……我们找到很多家好吃的店，如占国牛肉面、马大胡子羊肉面片、马琦羊肉串、香旭牛肉米粉……我们一起旅游，去了青海湖、门源花海、大理、丽江、苍山洱海、玉龙雪山、泸沽湖……大四那年，感谢有你在。

相聚在车站里

垚：毕业后我带你回到了家，那时我将去江苏工作，而你要开始湖南大学三年的硕士生涯。都说毕业季便是分手季，但我们更愿意相信彼此。三年时间，坚持下去就是胜利。在离别的车站，你问我要过手机，偷偷在备忘录里写下了这些话："你要好好的。我回家了，会想念你的。你好好工作，工作不像学习，肯定会遇到更多的挑战，但是我相信你会处理好一切。这是我们在一起以来分别最久的一次，每一次离别都是为了下一次更好地相聚，感谢有你。"三年时间里，我积攒了无数张往返的车票，离别与相聚，伤感与喜悦，交织在两地的车站里。

媛：2018年4月28日，你跟我一起坐上回常德的火车。你发了一条朋友圈，说："忽然之间，你出现的时候，整座城市都变得温柔。"我们见家长啦！2016年大学毕业后，我和你开始了长达三年的异地恋，很多人从一开始就不看好我们，总说异地恋很难坚持。我们坚持下来了，虽然中间有过多次的争吵、哭闹，但我们终究还是在一起。长沙到无锡，一千多公里的距离，往返的高铁串联起我们的生活。车站，见证了我们多次的相聚。

相守在岁月里

　　垚：择一城终老，遇一人白首。2018 年 10 月 17 日，我们登记结婚了。那一刻，不管三年的异地恋多么艰难，不管遭受了多少亲友的反对，在爱情里程中，我们都成功迈过了关键一程。今后，前方道路依旧充满未知，但无论风雨，我都将与你同行。

　　媛：2018 年 10 月 17 日，我们领证啦！不管今后如何，我都会紧紧抓住你的手，一起面对。电影《大话西游》里，紫霞对至尊宝说："我的意中人是个盖世英雄，总有一天他会踩着七彩祥云来娶我，我猜中了开头，可是我猜不着这结局……"可我知道，在我们的爱情里，我能猜中开头，也能猜中结局，总归是幸福美满。朱先生，余生请你多指教。

夫妻简介：

　　朱　垚，2012—2016 年，兰州大学新闻与传播学院（本科）

　　向媛媛，2012—2016 年，兰州大学新闻与传播学院（本科）

一见钟情的爱

文／陈钰鑫

　　人们都说一见钟情只能发生在童话里王子与公主的身上，其实，这种浪漫就隐藏在我们身边。葛龙学长与潘蓓学姐相遇于兰州大学循证医学中心。在玩五子棋时，博一的学长与研一学姐眼神对视，澄澈的眼神之间有了奇妙的交流，仿佛是丘比特射中了他们的心脏，在命运的安排下相爱。

　　因为学业的缘故，学长来到加拿大，而学姐到了日本，12 个多小时的时差是他们最难忘的记忆。因为坚定的信念，他们只能在每天晚上睡前和起床后的一点时间里视频，维护这一份爱。异地的爱情线因为坚定而没有动摇。当最困难的阶段过去，他们之间的爱情更加深刻，被刻在了两个人的心里。

　　郎才女貌的他们最终走进婚姻的殿堂，为爱建了一个家。听闻正好是校庆集体婚礼，为答谢母校的哺育与温暖，参加了此次活动，在校内留下他们爱的回忆。

夫妻简介：

　　葛　龙，2009—2019 年，兰州大学第一临床医学院外科学专业；2019 年毕业留校工作

　　潘　蓓，2012—2019 年，兰州大学公共卫生学院社会医学与卫生事业管理专业

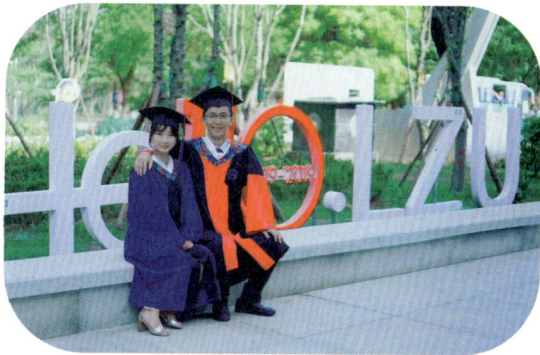

恋爱小事趣析

文／胡 安 段倩雯

摘要：为庆祝母校建成 110 周年，特撰写此文，记录两位校友的恋爱小事。本文主要从两位校友自 2015 年至今的相识、相知、相爱的过程中，对意见交换（吵架）、看电影、改善生活（吃大餐）等小事加以分析总结，我们发现意见交换主要发生在两人确立关系之后，最高频次是磨合期（6.5 次/月），且随着认知互相加深而有效减少。看电影是两人热恋中必备的项目，但随着两人的恋爱时间加长，平均每月下降 0.59 场次。与追求期相比，恋爱期改善生活的次数显著增加，且恋爱后各时期每周就餐次数没有显著变化，表明两人都对美食情有独钟。

关键词：兰州大学；爱情故事；环县实验站；草业科学

前 言

2019 年是中华人民共和国成立 70 周年，也是兰州大学 110 周年校庆，我们有幸被学校选中参加兰州大学为 110 对新人举办的集体婚礼。当看到这个消息，我的心情激动又兴奋。因为我于 2009 年考入兰州大学，我在这个校园里度过本科四年、硕士两年以及现在的博士阶段。如今已是第 10 年，我人生中最青春年少的时光都印刻在兰大，这里已然成为我的家。一直以来，我对这个家都抱有敬仰之心，虽然地处西北，但学校综合排名仍居全国高校前列；部分学科引领着全国的学科发展，草学便是双一流学科，我很高兴、很荣幸能学习草学专业。更幸运的是，我在 2015 年读博的时候认识了我的爱人，那一年她考入兰州大学草学专业硕士，师从侯扶江教授，成为我的同门师妹，并且被安排到我所在的兰州大学环县野外实验站一起实验学习。

我们缘起实验，互相帮忙，不怕辛苦劳累。再到论文写作，不得不说，我起初是带有目的性地以给她指导论文为借口而接近她。缘浓相知，相处久了，我眼里的她是个乐于助人、做事认真、不会矫情的人，重点是无论在心理上还是生活上，她都特别会照顾人，能鼓励我、支持我、宽容我。

研究方法

我们相识于 2015 年 6 月 30 日。到了 2016 年 3 月 14 日，她正式确认做我的爱人，一直至今。研究主要分为五个阶段：波涛汹涌的追求期、"作"风肆起的磨合期、顺风顺水的甜蜜期、感觉中的人生巅峰期以及平凡相伴的守候期。追求期意指作为刚直理工男的我暗地关注她，时不时通过微信试探以展现我内心的悸动，寻求合适的时机开始对其进行猛烈又不失腼腆的追求；磨合期的发起者是我，此阶段持续 11 个月之久；甜蜜期

是指经历磨合期后，彼此更加熟悉，过着向全世界"撒狗粮"的二人时光，此阶段长达 12 个月；巅峰期是从我见爱人父母开始算起，我们的感情得到双方父母的肯定与支持，于是我们渐渐从二人世界过渡至一家四口的日常生活；平凡相伴的守候期是对我们爱情最走心的祝福与期待，此阶段将持续一生。

各指标统计，意见交换次数是根据两人回忆及微信聊天记录查询；看电影次数是根据每次电影票留存、美团电影和支付宝淘票记录；改善生活次数是根据支付宝、微信支付记录及美团团购记录。

结果分析意见交换次数

追求期，我们和平相处，无意见交换。恋爱关系确定之后，意见交换不断，尤其是在磨合期，达到交换的最高峰，平均每月交换 6.5 次。通过近 1 年的意见交换次数统计，在甜蜜期每月交换次数显著下降到 0.7 次 / 月，且随着恋爱时间增长，每月交换次数持续下降，巅峰期为 0.3 次 / 月，守候期为 0.1 次 / 月（图 1）。

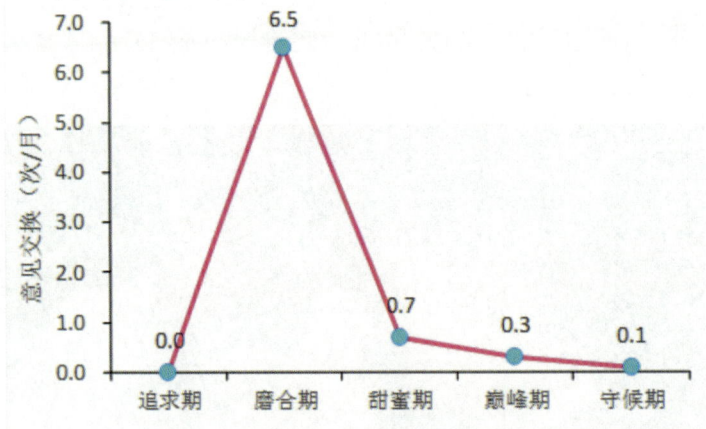

图 1　两人相识至今每月意见交换次数

约会看电影次数

看电影场次和意见交换次数的变化趋势一致，追求期平均每月 1.0 场次。确立恋爱关系之后，磨合期显著增加到 2.2 场次 / 月。随着恋爱时间增加，看电影场次呈直线下降，平均每月下降 0.59 场次。到守候期，平均每月看 0.5 场电影（图 2）。

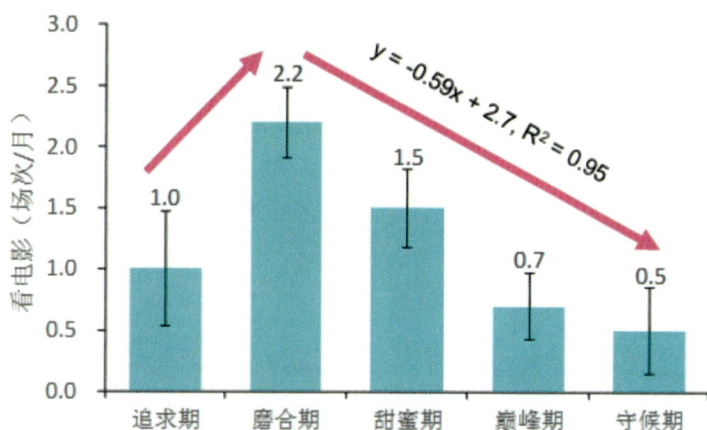

y = -0.59x + 2.7，R² = 0.95

图 2　每周电影院看电影场数

改善生活

约会吃饭是两人相识至今必不可少的活动，追求期两人平均每周在外就餐 1 次。恋爱后在外就餐次数显著增加，且磨合期、甜蜜期、巅峰期、守候期这四阶段，每周在外就餐次数无显著变化（P > 0.05），分别为 3.6、4.1、3.3 和 3.7 次 / 周。

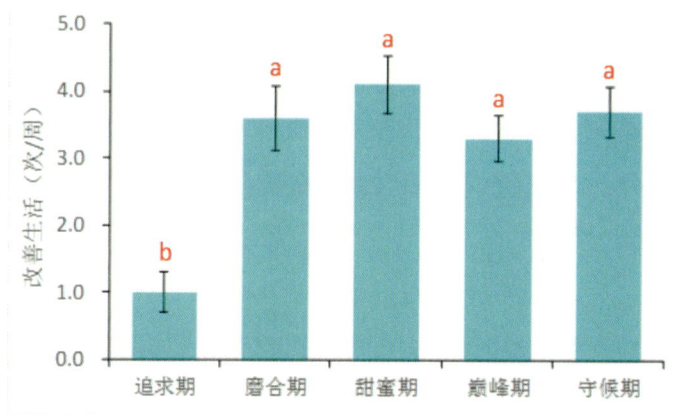

图 3　两人在外就餐次数

结论

　　磨合期是很多人都要经历的一个过程，但是我们差不多磨合了 1 年时间，但是经历过磨合期后，两人的感情开始顺风顺水，彼此多了信任和包容，可能是遇到了合适的人，稍加磨合便可携手终生。在磨合期间，经过她对我反复地引导、教育、点拨和我深刻地反省，我对我的行为有了一定的反思与总结。在磨合初期，我害怕两人会走不下去，分手的担心让我痛苦不堪。后来等我想明白了，我的爱人又频繁让我吃醋。她的性格外向，有时候跟实验室的同学开太多玩笑，我就能酸一天。有时候她跟高中同学一起吃饭，重点是有男同学，还不带我，我能酸三天。后来她找我，我就不说话，也不理她。现在想想，那时候我还是太年轻。经过磨合期，我们交换意见的次数明显下降。

　　我们自恋爱之后，在磨合期为了创造更多的二人世界，平均每月观看 2.2 场次的电影。随着恋爱时间的增加，我们有了更多相同的爱好，因此分配到看电影上的时间随之减少。另外，我的爱人不知因何而养成了看电影睡觉的习惯，每次只看开头和结尾，回去的路上我再给她串联一下。现在，只有期望值高且口碑好的电影才值得我们去观看，其余时间我们会安排吃大餐、玩游戏、陪父母，等等。

我俩有共同的爱好，就是吃。我们在消费观方面能达到绝对一致，宁可花钱吃饭也不愿意花钱买贵的衣服，这可能也是我们体重直线飙升的原因。记得第一次鼓足勇气约她出来吃饭，我特意选择了我的家乡菜，并且为她点了有名的臭鳜鱼，那一顿餐我们开开心心地消费了 380 元。如果我看上一件 380 元的衣服，那我得深思熟虑一番。

说了这么多，我怕大家误以为兰大学生不学无术，生活只有这些，其实不然。学农的我们自然少不了做实验，我们的工作主要是在环县野外实验站，该站由侯扶江教授建立滩羊轮牧系统（2001 年至今），我们每年在这里放牧之余，还会测定草地生物量、根的生物量以及土壤理化性质等，我们的毕业实验均在这里完成。不仅如此，她在硕士期间以第一作者身份发表 2 篇中文核心，而我作为博士生，以第一作者身份发表 3 篇中文核心、2 篇国际会议论文、2 篇 SCI。惭愧的是，她已经毕业留在母校工作，我还在继续奋斗。

在对的时间遇上对的人，在对的时间做自己该做的事。情出于兰，为兰奋斗终身！

夫妻简介：

胡　安，2009—2013 年，兰州大学草地农业科技学院农林经济管理专业（本科）；2013—2015 年，兰州大学草地农业科技学院农林经济管理专业（硕士）；2015—2021 年，兰州大学草地农业科技学院草学专业（博士）

段倩雯，2015—2017 年，兰州大学草地农业科技学院草学专业（硕士）；2018 年至今，就职于兰州大学法学院办公室

最美的遇见

文／王自山　刘白雪

循着五月的清风，携一缕浅夏的清梦，回忆芊芊韶华，寻觅心底那片盛放的嫣然。西北有一个叫作"金城"的地方，你我相遇。一遍又一遍地回味，一次又一次的感动。

阳光正好，微风不燥，锦瑟年华邂逅你，是我今生最美的遇见。

——题记

回眸初遇——"掬水月在手，弄花香满衣"

那是 2010 年的夏天，我们大一，那年我 17 岁，他 19 岁。初见榆中

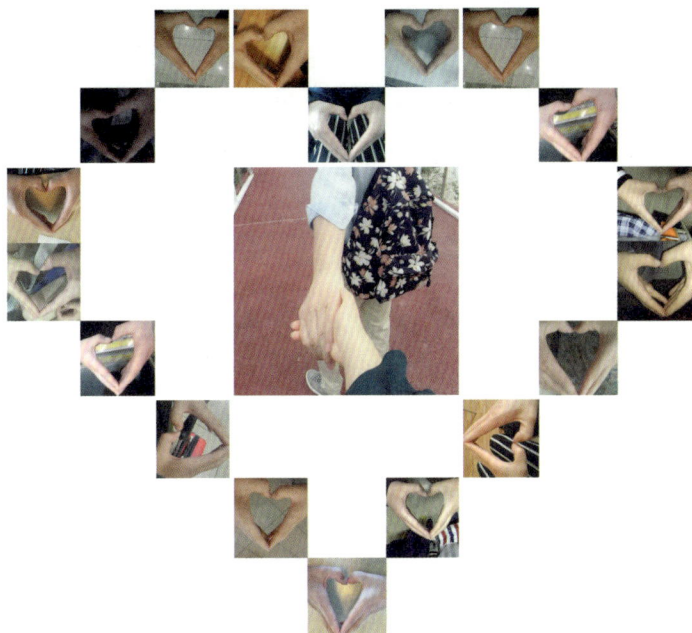

校区，略显芜杂，略显迟缓。那时，我们刚入学，同在生命科学学院生物科学班，我是文体委员，他是学生会秘书。

第一次团活动，中秋佳节，大家一起爬到莘莘山顶，那时我还不认识他，和他还没有任何交集，他却总和班里别的男生一样，故意叫我"小朋友""未成年"，我很奇怪为什么老是有人在我身边故意找茬……

如他所愿，我记住了他。

后来，新生辩论赛正如火如荼地进行，我高中参加过辩论赛，自告奋勇为班级贡献应尽的力量，而并不喜欢辩论的他也毫不犹豫报了名，他说是为了更多地和我接触，也因此更加努力地练习。就这样，我们有了更多交流沟通的机会，彼此有进一步地了解。值得欣喜的是，我们班最终斩获了当年生命科学学院新生辩论赛第一名，大家都很开心。但是随着辩论赛的结束，我们的接触暂时告一段落，日子仿佛回到了往日的平静。

生活依旧，曾经的美好暂存心间。有些事情总是在自然的状态下发生，就是这么不讲道理，但是不时给我们惊喜，让我们铭记于心。

他一直都在观察我一般会什么时间去上课，总会比我晚些到教室，默默坐在我的后边，安静认真地听课，这些我从来不知道，原来，他一直都在默默努力，默默向我靠近。日子一天天过去，他一直离我这么近，却也一直无法更近。很偶然的机会，他碰到了在天山堂 B 区三楼门后背书的我，从那以后，他每天都会早早地起床，我在三楼他便比我更早出现在三楼，我在四楼他也会追到我的身旁。

莺飞草长又一个春夏。渐渐地，我们越走越近，走到了一起，那年我18 岁，他 20 岁。彼时的榆中校区，鲜花盛放，摇曳氤氲。那时，我们同在留学生会，我是学习部部长，他是秘书处部长。

花开正繁，青春正值，我们一起在天山堂学习，在昆仑堂自习，在贺兰堂做实验，在将军院、和谐园背书复习，我们互相督促，携手努力，一起转入了生物学基地班。

不知不觉中，我们爱上了榆中这处静谧的风景，安然岁月里，陪伴着我们的是将军院的牡丹、校史馆前的心形树、芝兰苑早餐的鸡蛋饼，还有玉树苑二楼的猪肝。平凡岁月中，我们相约一起在闻欣堂看表演，在西区田径场跑步锻炼，在南区小道上散步休闲，在院士林席地而坐畅谈未来，在翠英山下相互依偎许下誓言。

在这个年纪遇见的人是今生最难忘记的，拥有的爱情是最美丽纯洁的。时光静好，与君语；细水长流，与君言。

异地求学——"思君如流水，何有穷已时"

燕子去了再来，芍药谢了又开，时光荏苒，毕业季悄然踏至。那年我21 岁，他 23 岁。

我和他互相敦促，相约绝对不考研，争取保送的机会。我们认真投递简历，没有言说，他却知道我喜爱微生物，我也明白他向往神经生物学。最后，他保送到了我心仪已久的复旦大学，我去了他从小梦想的山东大学，我想这也许是冥冥之中自有安排。

就这样，我们各自穿着特地为世界杯买的情侣衫，分别去到济南和上海，开始了异地求学的旅程。面对分别，我们没有失落，没有不安，因为我们都觉得虽然分隔两地，但我们拥有了一个愿意和自己一起坚持努力的

人，拥有了和自己相同执着和梦想的心。他说，他会每个月来济南看我一次，每天给我打电话。在单调乏味的实验室工作学习中，我们互相鼓励保持乐观向上的科研态度，也各自结交到了亲如兄妹的好友。整个研究生三年，虽然科研工作繁忙冗杂，但他依然坚守"每个月都会来看我"的承诺，从无违背。每次分开时我们都会拍一个心字，以示留念。在我毫不知情的情况下，他会千里迢迢跑过来只为了给我送束花，唱首歌；还偷偷打电话给我多年不见的好友，托他们给我生日惊喜，让我感动流泪……我仔细把所有和我们有关的火车票都留了下来，每当看到这些车票的时候，那一幕幕画面就会重新在我的脑海里浮现。

三年，他来过我的城市，我也去过他的城市，我们就这样享受着无声的默契，无条件的信赖。

他说，你把最好的青春给了我，我会用我的一生去爱护你。

我来到你的城市——"愿得一心人，白首不相离"

时间匆匆而过，灿烂的笑容阻挡不住时光的脚步，盛夏透明的光线里，再一次毕业来临。那年，我 24 岁，他 26 岁。

记忆把时光重叠，兰州、榆中，魂牵梦萦。

我说："这次，我选择来到你的城市，陪你"。我想陪伴他一起，走他走过的路，看他眼中的风景。

也许是源于心心念念的兰大，抑或是想为广大西北地区尽点自己的绵薄之力，毕业后我来到了中国疾控中心寄生虫病所，选择做一名包虫病防控工作者，希望可以用自己的青春温暖日思夜想的远方。彼时的他，正是博士研究工作的关键时期，每天醉心于实验室，十分忙碌，但因为有梦想、有追求，所以并不觉得辛苦。我们的日子简单平凡，但幸福甜蜜。2018 年 8 月，我们有幸一起回到兰州，回到了母校兰大。我们相伴漫步在校园里，相互依偎听着歌，看着身边不时穿梭而过的小情侣，相视一笑，好像连照在身上的阳光都和煦了许多。他说："谢谢你这么多年的相依相守，我最美好的岁月都是关于你，从前是，现在是，以后也会是。"我跟他说："谢谢这么多年你对我如孩子般的宠爱与包容，谢谢你给予我的每一个有爱的清晨与黄昏……"

今年，我 26 岁，他 28 岁，在相识相恋的第八个年头，我们决定走入婚姻，开启人生另一段重要的旅途。谨以此文纪念我们曾经的似水流年，重温我和他这场最美的遇见！

夫妻简介：

王自山，2010—2014 年，兰州大学生命科学学院生物学基地班（本科）

刘白雪，2010—2014 年，兰州大学生命科学学院生物学基地班（本科）

我如果爱你

文／张双双　李　坤　郑如霞

　　李坤说，他遇见妻子郑如霞时，就像命中注定，一下子就被爱情撞了腰。相遇是同校、同级、同系、同班同学的缘分。大一军训刚结束，两位志同道合的人在图书馆遇见了。李坤性格较外向，虽只是军训期间匆匆一瞥，他还是一眼就认出了这个小姑娘，就像冥冥中自有感应。他热情地向郑如霞打招呼。她却无任何回应，只是一脸迷茫。后来慢慢深入了解后才知道，她个性慢热且脸盲，当时根本不知道他是谁。因为这个性格，对不熟悉的人比较清冷，可能会显得不太有礼貌，但是如果耐心走进她的心里，相知、相熟，那就是一辈子的事情。

　　而李坤恰恰是很有耐心的人。

　　也许被上天眷顾的感情，幸运得不需要经过波折。很多人终其一生都无法遇见所爱，即使遇见也因为种种原因无法携手，要何其幸运，才能从

青春校园相伴，共同走向白发银丝，共度暮暮与朝朝。新生军训后，是中秋漫长的思恋家人的十一，一群留守榆中的同学一拍即合，组织了一场去兴隆山游玩的活动。返程时，朝气蓬勃的少年们高声念着"春风得意马蹄疾，一日看尽长安花""我本楚狂人，凤歌笑孔丘""老夫聊发少年狂，左牵黄，右擎苍，锦帽貂裘，千骑卷平冈"……选择了一条无人行走的偏僻小径挑战自己。就是在这条路上，李坤意识到他的爱情开始了。

在一段很陡的山路上，柔弱的郑如霞多次试探都没法走下来，李坤与另一个男生都将手伸向了她，命运之神是眷顾李坤的，或许郑如霞只是顺手选择了李坤，但加快的心跳以及无法压下去的嘴角，这种前所未有的独属自己的狂欢让李坤明白，她，就是我的爱情！猝不及防却又来势汹汹。爱情既然来了，便不能让它有机会逃掉。郑如霞再羞涩，也扛不住李坤的耐心与穷追不舍，他用情织了一张密密麻麻的网，将两个人捆绑在一起，这个网上挂了一把唯一通往外界的锁，钥匙就是李坤的心，他交给了郑如霞。风起于青蘋之末，情何曾颠倒因果，在 2011 年 5 月 18 日两位正式确立了恋爱关系，此后风风雨雨，携手共进退，再也没离开过。

说男生不懂浪漫，不懂爱人，那只是没有遇见将你放在心尖上的男生。再不懂的男生，也会用最笨拙又最隆重的方式，将你放在最重要的位置。确定恋爱关系后，两人在大二的"五一"期间一起去西安玩，西安作为多朝古都，有着"两情若是久长时，又岂在朝朝暮暮"的牛郎织女；"在天愿做比翼鸟，在地愿为连理枝"的唐明皇与杨贵妃；"记得当年彩楼上，为你与爹三击掌；抛却富贵彩凤袍，和你寒窑拜花堂"

的王宝钏与薛平贵；"去年今日此门中，人面桃花相映红"的崔护与绛娘……深情见证着深情，周围再热闹繁华，不及身边人一笑。西安是一起旅游的第一个景点，也是两人情感明显升温的地方，故而在此后九年无数共游中，对西安仍然印象深刻。

大学中的爱情，应该是什么模样？每个人心中应该都有答案，再不一样的回答，都有一样的主旨，那就是幸福。大四的时候，两人一起在榆中租房学车，李坤说起那段时光，眼角眉梢都挂上了笑意，两人每天一起学车，一起去图书馆看书，一起完成毕业论文，在互相鼓励中共同进步。此时，距相识已有四年，恋爱也有三年，两人的感情仍然如胶似漆。笔者只想用一首元曲形容这种感觉："尔侬我侬，忒煞情多，情多处，热如火。把一块泥，捻一个尔，塑一个我。将咱两个，一齐打破，用水调和。再捻一个尔，再塑一个我。我泥中有尔，尔泥中有我。我与尔生同一个衾，死同一个椁！"

比起别人的流光，李坤用手中两张站票，见证了这一路走来的不变岁月。大二暑假返校时，由于郑如霞买票太晚，只买到了李坤下一趟车的站票，李坤知道后，立马退票也买了那趟车的站票，从安徽到兰州，二十多个小时，真是折磨人的旅程。但是李坤提起时还是很庆幸："如果没有我，她这一路站票，怎么忍受得了呢？"还有一张就是 2014 年郑如霞考研笔试通过后去上海面试时，李坤瞒着她偷偷买了同一趟车的站票，送她去火车站的时候她才知道，李坤要与她同行，直到安顿好她才能彻底放心。几年前买票远不如如今方便，车次少，出行人多，卧铺、坐票难买，车厢都是人挤人，站票就意味着，除了站着就没有落脚的地方，几十个小时，极度不方便，但是为了陪伴郑如霞，李坤甘之如饴。他笑着说，从那以后再也不买站票了。

当我问两人生活中有没有什么格外浪漫的事的时候，李坤说2017年7月1日他从福建连夜赶回上海，和同学密谋了一个求婚仪式，虽然没有电视剧中那么浪漫，但这也确实是穷极一位理工男的浪漫细胞了。说着说着李坤腼腆了起来，而郑如霞就看着他温柔地笑。两人相伴九年，肯定有过一些摩擦。谁也没有刻意吵架，谁也没有刻意道歉，但真正相爱的两人是分不开的，自然而然，又合到了一起。到后来，同样的专业、同样的兴趣，转变成同样的看法、同样的目标，两人亲密得就像一人，你看我一眼，我就知道去做什么了，如此默契，再未争吵。

问及为何参加这次婚礼，李坤说，原因很简单，因为真的意义非常。在婚礼报名截止前，两位刚刚领证，正式成为受法律保护的夫妻，此时也恰是时隔5年再重返母校。感情生于兰大、起于兰大，兰大见证了一对青涩的情侣，也该见证一对坚定的夫妻。这里的一山一水走过、一草一木拂过，这里的天山堂、昆仑堂、闻欣堂，都留下两人相伴的足迹。该让母校知道，您千里牵成的情侣，如今已变成可以互为臂膀的夫妻。谢谢您，兰大，祝您一百一十周年生日快乐！

采访结束，李坤的新郎服微微有些不合身，郑如霞抿着笑，帮他整理，像极了每一天他为她画眉，她为他系领带，情深眷眷，相依相偎……

夫妻简介：

李　坤，2010—2014年，兰州大学资源环境学院环境工程专业（本科）

郑如霞，2010—2014年，兰州大学资源环境学院环境工程专业（本科）

情出于兰盛于兰

文／桂先刚　李广英

　　2019 年是兰州大学建校 110 周年，我们有幸参加校庆集体婚礼，感到无比的光荣与自豪。在兰州大学，我们度过快乐的青春，收获丰富的知识，也遇见了彼此。似乎轰轰烈烈、可歌可泣的爱情才能载入史册，而我们的爱情简单、平凡，但初识时的每一个微笑、每一次驻足，至今仍然历历在目。

　　大一时，我很快熟悉了校园。南区的草业基地，萃英山下的防空洞都有我探索的身影。第一次远离家乡，我并没有过多的忐忑，反而对西北的风土人情充满了好奇。学习之余，我甚至会去夏官营镇上赶集，虽然和讲方言的村民语言不通，但多重复几遍就会得到爽朗的回应。大二开始，我过上了"天山堂—后市场—宿舍楼"三点一线的生活。有人说大学像是鲁

迅笔下的四本书，大一《彷徨》、大二《呐喊》、大三《朝花夕拾》、大四《伤逝》。的确如此，大学过半，朝花夕拾，似乎还缺少些什么。

也曾多次思考，

手上的青春还剩多少，

是否早已点上了句号？

是否早已化作时光的线条？

仿佛直到遇见你的笑，

青春才得以重新燃烧，

回忆仍旧令我心跳。

关于你的，

我视若珍宝。

　　时间本没有颜色，更不谈味道，可是只要加之记忆的调料，对于我们来说便是一道美味佳肴。2013 年 6 月 18 日是我永远也无法忘记的日子，因为遇到了你。那个午后，阳光很暖风很柔，我们相约艺术院闻韶楼的一场毕业生音乐会。在这之前，你我从未见过，仅限于校园网络上只言片语的闲聊与三五点赞评论，这次我们却一致对音乐会节目单上的"一棵开花的树"产生好奇、向往。我早早在楼下等你，你远远走来，踩着米黄色的坡跟鞋，步伐轻盈、略带潇洒。虽然没见过你的照片，我却一眼认出你来。乌发如瀑，顺直地别在耳后，笑容单纯，健谈爽朗，深邃的目光专注柔情，阳光透过树叶间隙打在你的额上，在眉和玛瑙色的镜架间交映出虹的色彩。禁不住光线的你娇羞地扶了扶眼镜，一句"不好意思，久等了"，标准的普通话，如同播音员美妙的声线。我完全忘记是怎样和你走到闻韶楼的，对音乐会也毫无兴趣了。你坐我旁边，认真地观赏着，而我的心已经是小鹿乱撞，久久不能平息，或许这就是一见钟情吧。我趁着休息间隙，悄悄去正门口的情人坡摘了一束小雏菊，猫着腰回到座位上，伴随音乐节奏突然把花捧到你面前。席慕容遇见了一棵开花的树，用诗词为它发声。我说："初次见面，没有找到开花的树，这是我现在的全部。"你的脸上写满了诧异，然后是无尽的欢喜。对于不善言谈的我来说，不知道这是哪来的勇气，又不知道怎么会如此欣喜若狂。我想，要是男女之间，没有一刹那像流星闪过的悸动，那世间便再也没有令人心神向往的传奇了。那天下午的风吹得野雏菊翩翩起舞，而我心中的百合花也渐渐地盛开。

我约你上自习。无论是去昆仑堂，还是天山堂，你习惯带上电脑，而我总是带着同一本专业书。你敲击着键盘，吧嗒吧嗒，我翻上两页就忍不住趴在桌上。睡眼朦胧中仿佛看到一双优美、纤细的巧手。你怕吵到我，就把电脑收起来，我却猛然醒来，你不知道的是，听着你的敲击声，我睡得很香、很踏实。

我约你去看学校东侧村庄外的油菜花，天是蓝的，花是嫩黄的，周围萦绕着一大片墨绿的叶，你走进这美妙的仙境里，我看到的是一个天使。我呆住了，生怕把你惊起，飞过我的心房。晚饭我们在正门吃烤肉，你趁我不注意，把我的可乐换成陈醋，我猛喝一口，发觉不对劲，也还是硬着头皮喝了下去。那滋味至今难忘，虽然酸至表情狰狞，但还是融化在你俏皮得意的笑容下。

我约你一起爬萃英山，天空蔚蓝如洗，云朵洁白绵密，往柔软的草地上一躺，惬意自在。我带你去看鸟窝，去有野兔、野鸡出没的地方，还爬上破旧的土房子，对着山谷大喊几声。走累了我们便停下来休息，你坐在修路留下的花岗石上，若有所思地看着远方，头发随风飘起一股清香，像是我心中燃起的火焰。你穿着碎花格子裙，双手合抱在胸前，时不时还抖动着不甚熟练的二郎腿，灰色的帆布鞋鞋带却松了一大截。你弯下腰，系上一个美丽的蝴蝶结，动作娴熟而优雅。

榆中宿舍的阳台成了我的私家小花园，各式盆罐，种了榕树、西红柿、薰衣草，甚至不知名的野草我也舍不得拔掉。一有嫩芽抽出或是花骨朵冒出，我就拍照分享给你，你调侃我应该修植物学专业。偶然得知你喜欢吃海带炖排骨，便早早地起床，去后市场买好食材，炖得满楼道飘香。室友馋得不行，也只蹭到一点汤喝。我端着一锅海带排骨炖汤送到你宿舍楼下，虽然海带软到无味，排骨硬到硌牙，你却说是在校园吃过最美味的一餐。

很快到了大四，我们搬到了市区，你住在继续教育学院，我在医学校区，中间隔着一条麦积山路。那时候真是恨死了这条路，虽是窄窄的街道，却好像把我们分隔得很远。起初我们经常去本部积石堂和毓秀湖那边的园子里散步，后来你去做家教，我也在为考研而复习，我们见面次数少了很多。你家教回来比较晚，又执拗地不愿我去接送，我不放心，就慢慢摸清你的时间安排和路线，在校门口的角落等你。等你背影闪现，等你坐上公交，一路偷偷"护送"，两个月后才被你发现。你因为回来晚，打不上热水，我便去开水房和宿舍楼周边逐一搜索，终于认出你放在教育学院门口拐角处的水壶。你晚上回来往往惊喜地发现，两个水壶都神秘地装满了热水，有时壶柄上还系着你爱吃的水果。

有一次路过泡菜店，你说让你想起了小时候的味道。于是我去雁滩买

了泡菜坛子，在定西路菜市场买了红皮萝卜、辣椒，按照老家的做法，开水晾凉后倒入坛子里，加上盐和冰糖，放入洗净沥干的菜及调料后密封。一周后开盖，酸汤香郁四溢，色泽鲜亮绯红，萝卜清脆可口。我打包好给你送过去，你老远就闻到是泡菜，你酸到眯着眼、咧着嘴，却一个劲说好吃。那时的你，总习惯晚睡，我在电话另一头陪着你。我走过无数黄昏，看过片片晚霞，而黑夜里，我只为你驻足，那一刻，我只想你。我开始作起了小诗，在确认你已经关机入睡后，我编辑成短信发给你，希望你醒来第一眼就能看到。

就这样，我终于牵起了你的手。从此，你成了我的信仰，我心里多了一份幸福的牵挂。不知不觉，我们已经相爱六年了，这期间，我们总是聚少离多，有过幸福快乐，也遇过波澜挫折。世事多变，每个人都不可避免地遭受现实的摧残，越来越磨平了棱角。而你却没有，你依旧是当初我遇见的天使，纯真得像个孩子。这也正是我所希望的：我爱你，而你是自由的。我愿意做你的铠甲，为你遮风挡雨；我会知你冷暖，懂你悲欢，与你一起白头。而你的深情，我亦写成诗。

草长莺飞好良辰，万紫千红竞相争。

东风不吹无情树，一株烟柳满城春。

岭南应是俏风景，凝眉驻足半掩门。

谁知两地相思苦，倚窗无语盼行云。

身处异乡孑一人，情意胜比沈园深。

愿定三生终不悔，与君共度美花神。

　　我们何其幸运，来自天南海北的两颗心因兰大结缘，仅仅在校的最后一年多光阴已经给我们留下了太多美好的回忆。我们从最初平凡的相遇，到相识相知、共同成长，这都是母校所赠予的。母校见证我们的爱情之花在校园萌芽，祝福我们的爱情之花绽放。2019 年，母校百十年华诞，我们爱在兰大，谨以拙作为母校庆贺。

自强不息至公堂，独树一帜历沧桑。

桃李芬芳结硕果，千秋万世育栋梁。

母校七载苦寒窗，栽培恩情永不忘。

师友良言常入梦，草木故土总萦肠。

吾辈定当发奋强，文能兴国武安邦。

百十华诞金樽举，展翅腾飞续辉煌。

夫妻简介：

　　桂先刚，2010—2014 年，兰州大学土木工程与力学学院地质工程专业（本科）；2016—2019 年，兰州大学土木工程与力学学院地质工程（硕士）

　　李广英，2010—2014 年，兰州大学外国语学院英语专业（本科）

情起兰大，一往而深

文／王春杰　郭娴雅

2012 年是我们相遇的起点。七年之后的 2019 年，一场在母校举办的婚礼，为我们的爱情长跑画上一个圆满的句点。

伏　笔

我们初次相遇于榆中校区的图书馆昆仑堂，很典型的大学校园爱情发生地，但并没有出现想象中的一见钟情。那时候的她背着一个灰色的双肩包，扎着马尾辫，梳着齐刘海儿，像个邻家女孩。我们偶尔打个招呼，并没有太多的交集，各自的生活就像两条平行线。不过，数学上讲，平行线只要够长，在无限远处也是会相交的。我不得不感慨，缘分真是个奇妙的

东西，有些爱情注定要经历一番兜兜转转、寻寻觅觅。我们的爱情也正如歌词里所写："终于等到你，差点要错过你。在最好的年纪遇到你，才算没有辜负自己。"

缘　起

一天，我和同学去爬山，傍晚下山时，天空毫无预兆的狂风大作、电闪雷鸣，紧接着大雨倾盆而下。此时，我遇到同样在慌忙下山的她和同学。互相打了招呼，一起狼狈地向山下走去。下山的路又陡又滑，雨水裹着黄泥俱下，我们四个人手拉手排成一条直线，男生护着女生，互相搀扶下山。我们头上顶着雷雨，脚下踏着泥水，我们有惊无险地一步一步走到了山脚。姑娘说要请我在学校食堂吃三顿饭来表达谢意，我也乐意接受这样的邀请。一起约过两顿饭后，第三次的时候我不让她请了，怕是"最后的晚餐"，我想让她一直"欠"着我。

相　恋

我们的联系逐渐密切，有了更多的聊天话题。我们一起在田径场上跑步、一起在毓秀湖边观鱼、一起爬五泉山、一起去黄河边散步……临近毕业，我们的关系还未确定，她即将去北京工作，而我要到上海继续求学。虽然一个在北方，一个在南方，但我们不甘心就这样错失对方。于是，在注定要上演无数场分离的毕业季，我们相恋了，没有鲜花烛光，也没有海誓山盟，就那样自然而然地在一起了。仿佛在春天遇到花开，一切都刚刚好。记得那天兰州的天空格外清澈，月光似雪，见证着我们纯真的爱情。从此，我便有了不能忘怀的牵挂，有了软肋，也有了铠甲。

我们骨子里都带着兰大人的坚韧和执着，时间和距离的阻隔在我们这里都算不上什么。那时候最开心的事就是放假去对方的城市，北京到上海有一千二百多公里的路程，于是上海站和北京西站成了我们的聚散场。我到了北京，她带我去故宫、天安门、颐和园；她到了上海，我带她去外滩、东方明珠、南京路。不记得有多少次在接送的时候，两个人哭得稀里哗啦，就这样匆匆地来、匆匆地走，互相倾诉着各自的不易，不舍中带着爱情的甜蜜。有一次我为了赶火车，饭都没有来得及吃，她随手在路边买了一些蒸饺，我至今记得它的香味，那是我吃过最好吃的饺子。遇到愉快的事情，我们会相互分享，感受来自千里之外的喜悦；遇到生活的难题，我们会一起想办法解决，赶走压在心头的乌云。偶尔会有一些磕磕碰碰，但我们从来没有想过放弃。爱情

是一场修行，岁月因懂得而慈悲，我们在相互磨合中学会了宽容。后来她到上海工作，我们结束了异地生活。

相　伴

我不是一个浪漫的人，她也从不要求我做什么。有一次我为了送她礼物，网购了一束花和一条项链，她知道后取消了订单。她很体谅我还是学生，在大城市里生活又没有很多收入的现状。带她看电影，我都会把几十元的票价说成低价优惠抢购的。她给我买东西也是把价格说得很便宜。节日的时候，我们会去附近餐馆点些美食，面对面坐下来，边吃边聊，和爱人在一起，每一口都是好吃的。更多的时候，我会给她做爱吃的饭菜。她爱吃鱼，我特意到朋友家里学习糖醋鱼的做法。几年下来，以前从未做过饭的我也能下厨房了。如果是我做饭，她会打下手或者刷碗。如果她做饭，我也会自觉帮忙，平平淡淡，心照不宣。有她在的生活充满了很多小确幸，世间纵有千种风情，也抵不过每一个微小的瞬间所拥有的踏实和心安，抵不过充满欢愉的柴米油盐的时光。我们喜欢在周末四处走走，随手拍拍，记录生活中的美好。窄窄的巷子，空旷的草地，夕阳西下中的货船，华灯初上的万家

灯火，都是我们共同的记忆。无论走到哪里，重要的是彼此陪伴。与相同的灵魂一起去捕捉和发现并感受那种愉悦，是无比的享受。或许最美的不是风景，而是风景里有你，还有和你在一起的我。在读书的这几年间，虽然物质很匮乏，但我们相互理解，相互扶持，城市很大，我们在属于自己的空间里，过着简单快乐的生活。还记得在积石堂里，她给我讲一些有趣的管理学定律，我给她科普生活中常见的物理现象，现在回想那时的情景，感觉像是回到了刚认识的时候。我们的性格有很大的不同，一个学文科，一个学理科，我比较理性，她比较感性，我喜欢安静，她喜欢热闹。但是这样的差异并未给我俩的生活带来矛盾，反而成了一种互补，使我们更加欣赏彼此。生活像一条变幻的河流，时而湍急，时而平静。我手持左桨，她手持右桨，才不至于偏离人生的航向。

我们相识七年，相恋五年，异地两年。当青春只留下一个远去的背影，我的初恋女生也即将成为我的新娘。还记得当初我对她说过的话："我是理学院的，你是管理学院的。"这是我们之间的故事，也是对爱情一生的承诺。

夫妻简介：

王春杰，2010—2014 年，兰州大学核科学与技术学院（本科）

郭娴雅，2010—2014 年，兰州大学管理学院（本科）

时光俄尔，岁月绵长

文／张　颖　汪　灿

2772 天。我突然意识到，我和汪二爷在一起已经 8 年了。

这种突然让我觉得讶异，因为回想起来其实是一个明摆着的事实。在日子一天一天地流逝中，我有时觉得日子漫长，有时又觉得这 8 年只是很短的一段时间。当我回忆起几年前，时间就从一个连续的过程变成了断断续续的影像，前一页我们还背着书包，羞涩地牵着手，翻过这一页，我们挽着彼此的手，要结婚了。

我们刚认识的时候是大一，在校学生会的半年里，我对他完全没有印象，还一度将他错认成另一个人，场面相当尴尬，大概这也是他为什么记得我的原因之一。

没有彻夜聊天，没有送花，没有过生日，也没有"公主楼"下的等待。反而在我们从认识到熟悉的过程中，我知道他有过几任女友。每当我提起，他都会说："哪有什么前女友，你就是我的初恋。"正因为如此，我们俩确定在一起后，我一直对他没有明确地追求过我而耿耿于怀。明明从熟悉到在一起就4个月的时间，我们连暧昧都没来得及开始，就慌慌忙忙地在一起了。我们看了几场电影、吃了几顿饭、操场上散散步，可能相亲都没这么快，但是就这样在一起8年。慌慌忙忙，却也不慌不忙。

我们之间有很多方面是不合拍的。他喜欢诗情画意，我喜欢恐怖小说；他喜欢随遇而安，我喜欢力争上游；他喜欢青椒肉丝，我喜欢糖醋里脊……我们有很多的不一样，唯有一点脾气倔，我们是一模一样。在度过美好且漫长的几年热恋期后，我们的矛盾像火山爆发一样喷涌而出，大到为考研没有好好复习而争吵，小到在路上因为走直线还是走斜线吵得不可开交。我们不是没有想过分手，也确实分过手，最长的一次是四天。我只记得，第一天的时候我跑去KTV唱歌，庆祝自己重获新生，结果边唱边哭；第二天我坐在实验室里发呆；第三天向我们的共同好友念叨，如果他再不来找我，大概我们就真的这么分开了；到第四天，我们俩在街上擦肩而过，我有种崩溃的感觉，我觉得自己做不到。我所期待的未来，每一年、每一月、每一天都希望有他的参与，我要怎么坦然地和他分开？于是当他说："我们不分开了。"我内心的小人儿在疯狂地点头。其实这8年里，我们花了4年时间热恋，剩下的时间大多用来吵架和分手。但是随着

我们慢慢地成长与反思，我明白彼此为对方付出了很多，牺牲了很多。以前刚在一起的时候，我觉得我很依赖他，我希望自己伸出手的时候，他就在身边，后来我发现这种依赖是相互的。

虽然到现在我们也没有变成彼此心里最好的样子，甚至褪去了恋爱光环的笼罩后还不如以前，但是我们在最青春美好的时光里彼此陪伴，在最艰难的日子里彼此守护。一想到对方，内心便柔软，这大概是我能感受到的最有爱的画面了。

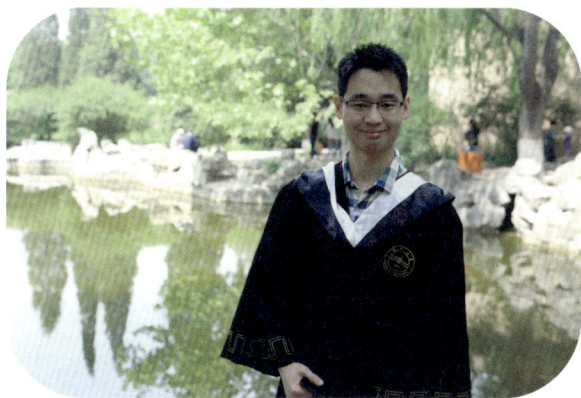

以前看一部电影，里面有一句话：如果有那种一拍即合的爱情就好了，不需要暧昧的你来我往，不需要花太多的时间去培养。我们想要的就是，你看一眼就知道，是这个人，没错了。我觉得我和汪二爷的爱情大概如此，最大的区别或许是，我们看了很多眼之后才知道彼此是这个人。我们想一起吃早餐，一起挤公交。我们想并肩牵手，在逛街的时候大步流星地走。我们想做疯狂的事情然后偷偷地笑，想半夜穿着人字拖从路边摊的第一摊吃到最后一摊，也想一起去看日出，再看夕阳。我们相互陪伴了八年，从我的二十岁到我的二十八岁，整个青春都过去了，我终于要嫁给你了。我一直都不愿意长大，不愿意远离青春，但是每当我安静地望着你，我都会幻想我们白发苍苍坐在一起的模样。

我们把过去称为"时光"，把未来称作"岁月"。不得不承认，当我们置身于青春的时候，我们都在追求成熟，也在要求对方成熟。等待成熟的日子特别漫长，直到今天我要嫁给你了，我才觉得青春已经在身后，成了时光。到现在我仍清晰地记得，在电影院里你握住我手时的侧脸，也记得你向我许诺以后我们会很幸福时的模样。我曾憧憬人生诸多际遇，也希望经历的事情变幻万千，遇见的人形色各异。而如今，青春已成时光，岁月尚且未来，最终我只想与你做最寻常的事情。日上三竿而醒，寒冬相拥而眠，我们为想要的生活而拼搏，踏实笃定地支撑起彼此的生活。

我曾以为默契是灵魂层面的东西，文艺且难以企及。但是遇见对的人，生活和时间自然会给予你想要的默契。我们都希望彼此陪伴一辈子，直到我们白发苍苍。到了那个时候，树在，山在，大地在，你在，我在，这便是最好的时光。

此去经年，青春如昨。

时光俄尔，岁月绵长。

夫妻简介：

汪　灿，2010—2015 年，兰州大学第一临床医学院（本科）

张　颖，2010—2014 年，兰州大学生命科学学院（本科）；2014—2017 年，兰州大学生命科学学院发育生物学专业（硕士）

既见君子，云胡不喜

文/王学文　何丽霞

　　兰州，这个我生活了 7 年的城市，对它的感觉既熟悉又陌生。遇到你之前，我从没想过，未来我会继续生活在这座城市；遇到你之后，我才知道，生活在哪个城市并不重要，只要有你的地方就是家。因为一个人，恋上一座城，只因那座城里住着我爱的人。

　　每个女孩都会想象自己的另一半。我曾无数次想象过，未来属于我的那个你会是什么样：你会穿着干净的白衬衫和我约会，也会穿着宽松的运动衫在篮球场上打球，还会抱着吉他轻声为我唱一首动听的情歌……然而，现实中的你，从来没穿过白衬衫，不会打篮球，唱歌还跑调，但这一切都不会影响我对你的爱。也许这就是爱情，相遇、相知、相爱，没有任

何理由。

我还记得第一次见到你的场景。我们相识于 2016 年的冬天，课间和同学闲谈时，同学跟我提起了你，我以为是同学间的几句玩笑，后来却成为了我们相识的契机。那样偶然，而又那样有缘。相识匆匆几天，便要回家过年。后来你告诉我，在送我回家的车站，阳光洒在我的侧脸，白皙的皮肤透着些许微红，你第一次觉得冬天的阳光如此明媚。从那个瞬间开始，你的心中便已生出了爱的火苗。

在中山桥上漫步时，你假装不经意间偷偷牵起了我的手，从此再也没有松开。那天的你，开心得像个孩子。虽然初春的夜依旧寒冷，但我们却在街上走了好久好久。也是在那一刻，我觉得兰州这座城市在我心中有了温度。往后的日子里，我们牵手压马路，爬山，逛公园，欣赏身边最美的风景。一起探索大街小巷的美食，满足我这个小吃货的味蕾。在你身边，我总是有说不完的话，而你也愿意陪我一起做充满乐趣的事。不善言辞的你，总是会用自己的行动默默地表达对我的爱。

我们相互鼓励，相互支持，陪伴彼此度过了学生时代最美好的时光。积石堂内，我们相伴读书学习，享受午后静谧的阳光；祁连堂中，我坐在你身旁，静静地看着你做实验、写论文；丹桂苑里，我们一起品尝学校的美食，和你在一起，曾经嫌弃了无数次的学校食堂也充满了甜蜜的味道；毓秀湖旁，我们一起散步聊天，畅想属于我们的未来。只要和你在一起，生活中的一切都是美好的。和你在一起，一生两人三餐四季，就是我最向往的生活。

我一直是一个思想上的巨人，行动上的矮子。虽然想去很多地方，想去品尝很多美食，想去看看不同的风景，却迟迟未曾迈出脚步。但每次我随口说想去某个地方、想吃某个东西的时候，你总是能记在心上，然后找机会带我去。刚认识你的时候，你不怎么吃辣，但因为我喜欢火锅，你就陪我一起吃，虽然因此长了好多痘痘，但你总是说，只要我开心，你做一切都是值得的。因为遇见你，我的人生中多了很多种可能，未来的日子里，我也会努力爱上你爱的一切，陪你做你想做的事。

爱情不是最初的甜蜜，而是繁华退却，依然不离不弃。你比我早一年

毕业，因工作需要到处出差，我们就这样不得不开始了我们的"异地恋"，感情也因此经受了很多考验。也许是因为你不能时时陪在我的身边，也许是因为要毕业了，面临很大的压力，我的脾气变得越来越不好，总是因为一些小事和你争吵。我曾无数次地抱怨你因为工作而不能时常陪在我身边，虽然我也知道，刚刚步入职场的你也面临着很大的压力，但还是忍不住自己的小脾气。但你一直都很包容我，知道我是在毕业季被论文和工作压得喘不过气，你虽然每天工作繁忙，但还是会抽出时间陪我聊天，开导我。虽然不能每天陪伴，但是我们每天分享彼此的生活，相互关心，相互信任，因为有你的陪伴和鼓励，我觉得一切困难和挫折也都不算什么了。

有一次你去出差，告诉我那边的风景很好，想带我一起去玩。于是我满怀期待地去了你工作的地方。这是我第一次深入了解你的工作，我曾天真地以为，你的工作环境真的是山清水秀，而你去工作就是享受生活。可是到了那里我才发现，别人眼中看到的是美景，而我看到的却是你工作的辛苦与不易。虽然你一再跟我强调你一点也不辛苦，但我心里却很不是滋味。对不起，我没能早点理解你的不容易。谢谢你一直在为我们的未来默默努力。我愿意做你背后的那个人，一起营造属于我们的幸福。

两个人在一起，从象牙塔走向社会，从懵懂变得成熟，有时不可避免会产生一些争执，但是我们深爱着对方，一切好的坏的都将是我们宝贵的回忆，让我们更加了解彼此，让我们的爱情更加坚定。从校服到婚纱，在最美好的年纪遇到对的人，握着彼此的手，一直走下去，白头到老，这便是此生最大的幸福。

爱情中最重要的便是遇到一个人，拥有相同的观念思想，彼此关怀，心有灵犀。在兰大，我们相识、相知、相爱，这是我们爱情的起点。世界上最永恒的幸福就是平凡，愿我们彼此相爱、相守，继续谱写我们平凡的爱情故事。

夫妻简介：

王学文，2010—2017 年，兰州大学土木工程与力学学院（本科、硕士）

何丽霞，2011—2018 年，兰州大学外国语学院（本科、硕士）；2018年毕业就职于兰州大学外国语学院

兰大为美，遇见"媚"好

文／张广儒　彭晨媚

相遇在兰大

前世的五百次回眸换来今生一次擦肩而过，而这一次擦肩而过，你就住进了我的心里。

命运让我们在大学五年级的时候选择考研，在兰大五年的学习生活，让我们对兰大有了深厚的感情。这一次，我们继续选择兰州大学，并且都选择了兰州大学第一医院麻醉科。这是多么小的概率，让我们最后交汇到一个点，让记忆中的你走到我面前，逐渐清晰。

医院是我们向往的工作环境，也是我们爱情开始的地方，但这一次，

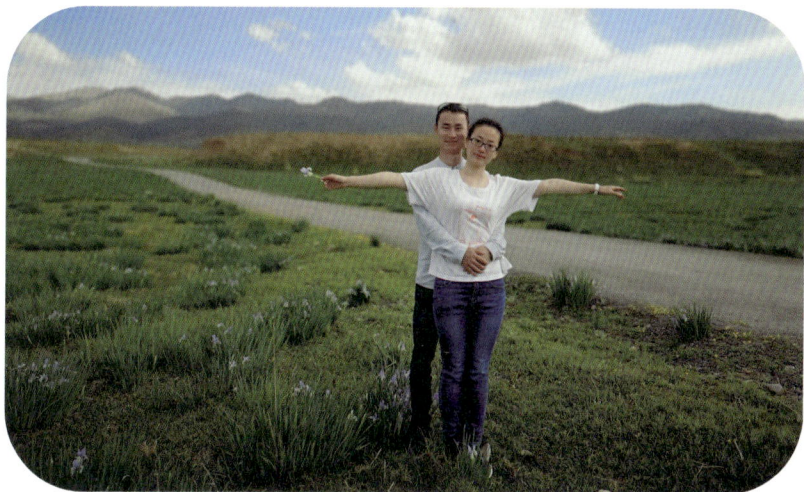

我们的身份不是医生，你是患者，我是家属。你在兰州进行手术，坚强而孤独，当我看到病床上的你，我便知道，我要照顾你一辈子。第一次，有为一个人牵挂的感觉；第一次，作为一个医者，体会到手术室外焦急等待的心情；第一次，从转运床上把你抱到病床……

相爱在兰大

有些情愫，在我们不知道的时候就悄无声息地来了。那时的风是清扬的，树是高大的，草是绿的，天空有大朵云彩，而我们很小，像一朵刚刚盛开的花。

2016年，我们在兰州大学的校园牵手。在昆仑堂前，用我们的第一部相机，拍下在一起的第一套毕业照。新的节点，也是一个开始。从春天到秋天，我们一起走过四季。从天山堂到杏林楼，我们牵手走过校园里的每个角落。

我们是多么幸运，从湖南到青海，相遇在兰州，遇到世上唯一契合的灵魂。兰大是个神奇的地方，神奇得能让一些事物发生意想不到的变化。我来自大西北，她是地道的湘妹子，因为兰大，让从前本不相关的人走到一起。大学之前，我不喜欢主动学习，总是贪玩、取巧和侥幸做事，但是慢慢地，身边一个个兰大学子勤奋、求实的精神深深地感染了我，让我逐渐静下心来体会学习带来的幸福感。

我们陪伴彼此过了三个生日，你会提前帮我准备小礼物，我会帮你买生日蛋糕。生活就是这样，我们在学生时期相遇相爱，我可能给不了你最好的，可是我会把我最好

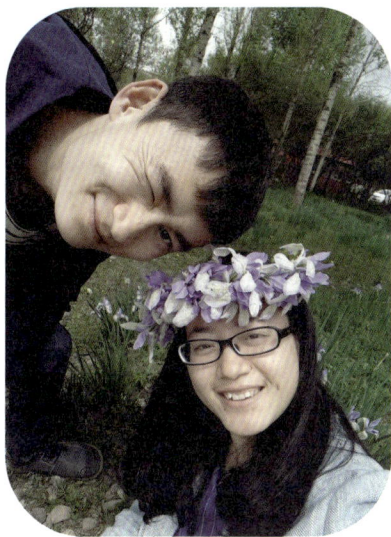

的都给你。你说过，你从小到大过生日都在学校，没吃过生日蛋糕，我便不想再让你过没有蛋糕的生日；你说过，你从来没有织过围巾，却偷偷为我提前准备；你说你不会做饭，我想说，刚好我会。你说的我都记得。

当我犹豫不决是否要考博的时候，你说，你支持我；当我选择困难时，你也说，你支持我；当我身体疲惫时，你会给我按摩揉肩；当我心情苦闷抑郁时，你说，有你在。你的调皮，你的嬉笑，你的温柔，你的脾气，你的坚强，你的脆弱，都只给我一个人看，我爱你，每一个你。

从 2016 年到 2019 年，我们一起在黑马河看过太阳从宽广的青海湖面冉冉升起。我们在天空之境留下镜影交织的唯美画面，自由翱翔在门源百里花海之中，在橡皮山上领略了六月飞雪的魅力；在辛苦协作一个多月的动物实验喜得结果后，连夜来场说走就走的旅行，到成都看了和你一样可爱的大熊猫，品尝最地道的成都火锅；也曾因为一张微博上的照片，驱车一千多公里到甘南探寻扎尕那的神秘。如果可以，我愿和你一起走遍世界每一个角落，我愿和你一起用脚步丈量世界的长度，我愿和你一起从日出到日落，从春花秋月到夏日冬雪。

几年间，我们之间有过争吵，相互了解、相爱的人，往往也知道对方的敏感之处，从而恶语相向，但在我们下一次拥抱的时候，能够相互拥抱得更紧，感受彼此。因为我们内心充满歉疚，我们慢慢学会沟通，虽然争吵不能避免，但是吵不散的，就是我们。

点点滴滴，仿佛都不曾随着时间而褪色，反而让我们的爱加深。两颗心相互靠近，就没有到达不了的距离。

相守在兰大

2018 年 9 月，兰州大学 109 年校庆的时候，看着众多校友的美好爱情故事，特别是满头白发的校友之间如钻石般闪耀的爱情，让我们感动落泪。于是，在学校 110 周年校庆时，我们毫不犹豫地报名参加。终于在 2019 年 3 月 7 日，我把自己交给你，你把自己交给我。

心若没有栖息的地方，到哪儿都是流浪。你，便是我的归处。遇见你之前，我没有想过结婚，遇见你之后，我结婚没想过别人。情至深处，默然相爱，寂静欢喜。我爱你，你知道。

夫妻简介：

张广儒，2011—2015 年，兰州大学麻醉学（本科）；2016—2018 年，兰州大学麻醉学（硕士）；2018—2021 年，兰州大学外科学麻醉方向（博士）

彭晨媚，2011—2016 年，兰州大学麻醉学（本科）；2016—2019 年，兰州大学麻醉学（硕士）

同在兰大学习八年
同有"麻醉医师"的职业梦想

——一次回眸，一句话，缘定今生

文／兰州晨报·掌上兰州首席记者武永明

　　一个是南国女生，娇艳欲滴，硕士毕业已工作；一个是北方小伙，干练飒爽，博士正读谋高职。两个从小到大没有任何交集的年轻人，因为"麻醉医师"这个共同的职业梦想"黏"在了一起，吃面长大的他现在也喜欢上了吃米饭，以米为主食的她也习惯了吃面片子，两颗心互相靠近，就没有抵达不到的目的地，走累了玩累了需要歇一歇的时候，有他的肩膀可以依靠，真的好幸福！这对 2019 年 3 月 7 日才领证结婚的新婚夫妇，7

月 14 日已在西宁举办了西式婚礼，8 月 18 日在兰州将迎来更加盛大的中式婚礼。

四年联络靠"中介"

2011 年高考，青海男生张广儒和湖南女生彭晨媚双双考入兰州大学，张广儒在第一临床医学院，彭晨媚在第二临床医学院。一次去榆中夏官营给留守儿童辅导课业的路上，一次不经意间擦肩而过的回眸，让两个此前没有任何交集的西北小伙和湘妹子结缘。

"大一第二学期，我们两个一起参加了学校组织的支教活动，一次去留守儿童家里的路上，一个模样特别清爽的女生让我眼前一亮。"张广儒说。此后，他向老乡打听才知道她叫彭晨媚。

长这么大跟女生单独说话都有点脸红的张广儒，不敢直接上前搭讪，直到一个学期支教结束也没有说过话，可是，彭晨媚清爽美丽的模样已深入他的脑海中。

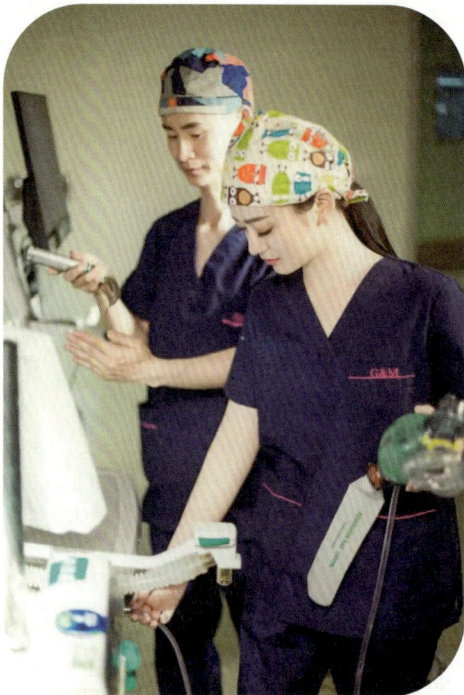

"大二第二学期我们分选专业，我和张广儒都选择了麻醉学，之后就一直在同一个班。此前，我只知道他是第一临床医学院的。上专业大课的时候，我喜欢坐在前几排，但张广儒始终坐在最后排，我就觉得这个男生不怎么说话，外表看起来有点高冷。"彭晨媚说。

彭晨媚的一个室友是张广儒的青海老乡，此前张广儒和这位老乡一起参加过社会实践，比较熟悉。相比于彭晨媚的"慢热"，已经"情根深种"的张广儒经常向老乡打听彭晨媚的各种消息。室友也总在彭晨媚面前狂吹张广儒：人长得特别帅气，做事踏实认真，待人真诚大方，关键是没交过女朋友，是非常靠谱的那种男生。渐渐地，两个人在老乡室友的"里应外合"下，更加了解了对方。

"但我们现实生活中其实交流并不多，直到大五快考研的时候才第一次加了微信好友。当时我想报考第一临床医学院的研究生，所以想找在第一临床医学院实习的同学中打听了解一些情况，结果有同学刚好给了我张广儒的微信。从那以后，我们才跳过了'中介'，双方直接联系了。"彭晨媚说。

"我要照顾你一辈子"

2016 年 3 月，大五的彭晨媚正在兰大二院麻醉科实习，张广儒则在兰大一院实习。

"那段时间我扁桃体发炎，需要做手术，就让张广儒帮忙去校医院问一下医保报销事宜。没承想，听到我要手术的消息他急了，一个劲儿地问我'你怎么生病了？''怎么还要做手术？''严重不严重？'一股脑的问题我都不知道怎么回答。也就是从那时候起我才觉得他可能喜欢我。"彭晨媚说。

彭晨媚手术后住院的一个星期，也是张广儒疯狂"献殷勤"的绝佳时期。每天早上都会从兰大一院附近买好早餐，然后挤公交车给在兰大二院的彭晨媚送去，午餐、晚餐更是变着花样。

彭晨媚说："有一次我很想吃在老家吃惯了的鸡蛋羹，他跑了很多地方去找了，最后从学校对面的毛家饭店给我买了回来。还有一次，他排长队从学校附近的一家豆浆店买了一杯现磨豆浆给我送到兰大二院的学生公寓，每天我还没睁眼，早餐就放在桌上了，从兰大一院到兰大二院坐公交车过来陪我，一直到本科毕业。还有一次，我们约好晚上一起吃饭，但我的一场手术结束时很晚了，他就一直坐在手术室外的等候区，从下午 4 时等到晚上 10 时许，最后晚饭也没吃成，他送我到公寓楼下时都 11 时了，空着肚子一个人回学校了，我心里挺过意不去的，也很感动。"

让我印象最深刻的是那次手术当天，我躺在病床上浑身难受，眼泪直流，他抱着我对我说：'我要照顾你一辈子'，我立刻就心动了，这或许就是'乘虚而入'吧！"彭晨媚回忆说。

"医院，是我们以后向往的工作地，也是我们爱情开始的地方，而那一次，我们的身份不是医生，她是患者，我是家属。从湖南来兰求学的她在兰州做手术，坚强而孤独，当我看到病床上的她时，我深知我要照顾她一辈子。第一次有为一个人牵挂安危的感觉，第一次作为一名医者体会到手术室外焦急等待的心情，第一次从转运床上把她抱到病床上。这许许多多的第一次，最后汇到一个点，这一个点，让她真真切切地走到我面前。"张广儒说。

旅行，说走就走

"我陪你过了三个生日，你也陪我过了三个生日，你会提前帮我准备小礼物，我也永远会帮你买生日蛋糕。有一次，你的生日，我问你想要什么，你说想要个蛋糕，二十块钱的小蛋糕，上面写个媚儿我爱你，就够了，我们也过了一个特别有仪式感的生日。生活就是这样，我们在学生时期相遇相爱，我可能给不了你最好的，可是我会把我最好的都给你。你说过，你从小到大过生日都在学校，没吃过生日蛋糕，我便不想再让你过任何一个没有蛋糕的生日；你说过，你从来没有织过围巾，却偷偷为我提前很久准备；你说你不会做饭，我想说，我刚好会；你说的我都记得。"这是张广儒写给彭晨媚的爱。

两人在兰大八年，留下了两套毕业照，共同度过了三个生日，也留下了无数美好的回忆，从天堂山到杏林楼，他们牵手走过校园的每个角落。实验研究之余，他们一起在黑马河看过太阳从宽广的青海湖面上冉冉升起，在橡皮山上领略了六月飞雪的魅力。辛苦协作一个多月的动物实验喜得结果后连夜来了一场说走就走的旅行，到成都看了可爱的大宠熊猫，品尝了地道的成都火锅；也曾因为一张微博上的照片，驱车一千多公里到甘南探寻扎尕那的神秘……

"如果可以，我愿和你一起走遍世界的每一个角落，我愿和你一起用脚步丈量世界的长度，我愿和你一起从日出到日落，从春花秋月到夏日冬雪。"张广儒说。

"不光是旅行说走就走，在兰州报名跑马拉松也是说走就走。因为家庭跑报名条件不许可，最后只能通过普通报名，没想到两人双双中签了，我们周围很多报名的同学要么中签一个人，要么两个都没中签。我俩手牵手跑完了五公里，很幸运，也很有意义。"彭晨媚说。

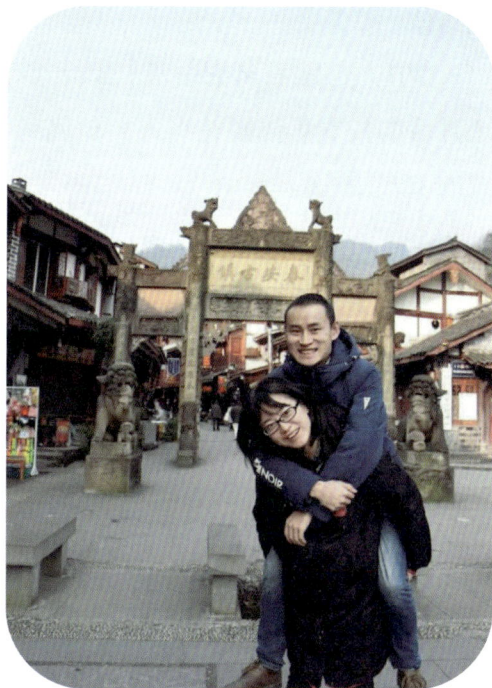

这辈子吵不散

"当我犹豫不决要不要考博的时候，她说：我支持你！当我遇到困难时，她似乎都能听见我心里的声音而且说：你去吧，我支持你！当我苦闷抑郁时，她说：你有我！她的调皮，她的嬉笑，她的温柔，她的脾气，她的坚强……都只给我一个人看。多年来我们也有过争吵，有时也恶语相向，我们内心都有自己在无法控制情绪时伤害对方留下的歉疚。她说过：你最不喜欢的我，就是骂你吼你的我，我们慢慢学会了沟通，争吵不能避免，但吵是吵不散的，这就是我们。"张广儒说。

2017年9月17日兰州大学108年校庆当天，看着108对校友特别是满头银发的校友夫妇如钻石般闪耀的集体婚礼，现场观众张广儒、彭晨媚感动落泪。为了能顺利报名参加兰州大学110周年校庆校友集体婚礼，2019年3月7日，两人携手领证结婚，他把自己交给她，她把自己交给他。

2019 年 7 月 14 日，张广儒和彭晨媚在西宁举行了一场西式婚礼，一个月后的校友集体婚礼当天，他俩将在母校师生亲友的见证下体验一把盛大的中式婚礼。

心，若没有栖息的地方，到哪儿都是流浪。

遇见她之前，他没想过结婚；遇见她之后，他结婚没想过别人。

情至深处，因为是他，所以爱他；

因为爱他，所以只能是他。

（《兰州晨报》2019 年 8 月 8 日　A10 关注）

夫妻简介：

张广儒，2011—2015 年，兰州大学麻醉学（本科）；2016—2018 年，兰州大学麻醉学（硕士）；2018—2021 年，兰州大学外科学麻醉方向（博士）

彭晨媚，2011—2016 年，兰州大学麻醉学（本科）；2016—2019 年，兰州大学麻醉学（硕士）

遇见彼此的美好

文/李　璇　王　敏　李星澎

　　王敏师姐和李星澎师兄是结婚1年的新婚夫妇，但是他们在爱情之路上走了10年。10年不离不弃，让我很羡慕师兄师姐在爱情里的勇敢。

　　"在遇到彼此之前，我们虽然都有过暗恋的感觉，不过都是还没萌芽就被扼杀在摇篮里。我们俩算是彼此的初恋，为了这段初恋不夭折，可谓是历经艰辛躲过父母多次的围追堵截。在一起的第二年，我们一起到兰州上大学，爱情的小火苗总算是没有被扑灭。"

　　当他们在校园手牵手，一起吃饭，一起上课的时候，我只能跟在他们后面，羡慕他们成双的背影。小时候大人都夸我是好孩子、好学生，每次路过年级部主任办公室，看到两个同学一起罚站被训的身影，心里也有些

小小的羡慕。那时候的我不懂爱情，只觉得身边有一个陪着你的人是一件很美好的事情，可是我从来都没有鼓起勇气，去滋养心里的小种子让他们生根发芽。我羡慕师兄师姐的这份勇气，他们带着对爱情的自信与憧憬，从幼稚走向成熟，牵着对方的手一直走下去。

陪伴，是最长情的告白。

喜欢是个很复杂的东西，看不见摸不着，但是在某些不经意的瞬间，它就在心底悄悄扎了根。如果非要刨根问底，会惊喜地发现那颗种子早已种下，那一瞬间的对视足以让其萌芽。

"刚刚在一起的时候，我总是纠结是他先喜欢我，还是我先喜欢他。于是天天缠着他问是什么时候动心的，然后两人就开始各自证明'我喜欢你肯定比你喜欢我要早'，最后证明的结果就变成偶像剧里最俗套的'一见钟情'。"

如果问我对兰州是一种什么样的感觉，我的回答或许是：我的未来。一个城，一个让人留有深刻记忆的城，大概是因为这座城有那个人。有一个陪你牵手漫步在街道的人，有一个陪你看日出日落的人。因为这个人，让生活中的琐碎小事都变得有意义，点点滴滴都是人生最美好的回忆。

生活中常常会听到关于女朋友与游戏、篮球等问题的争论，很多情侣会因为这件事情吵架。如果两个人都喜欢做这件事，那岂不是一件很幸福的事情。

"大四那年，我们俩迷恋上一款电脑游戏'英雄联盟'。对于我这样的'游戏黑洞',他内心是很拒绝的,但是为了避免大多数男生面临的'要游戏还是要女朋友'的世纪难题,他把我这个青铜级选手带成了黑铁级。也难怪,遇上我这个毫无技术还不接受批评的队友,他的游戏箴言也从'这把一定要赢'变成了'开心就好'。不过,这倒是让我们俩的感情没有经历'男友沉迷游戏,忽略女友感受'的恋爱套路。而是两人一路相互扶持,越挫越勇,在越来越差的游戏水平上一去不复返。"

我能想过最浪漫的事情,就是你坐在我身边,和我一起奋战,然后听你大吼一声"别打我女朋友"。就算输了,我也会特别开心。

相恋 10 年的感情,让两个人之间有着特别的默契。

活动当天,师姐穿了一件特别美的中式汉服,有一个很长的裙摆。开始走红毯的时候,师兄蹲下来帮师姐把裙摆铺平。绕过喷泉的时候,我想帮师姐整理裙摆,却又不小心把裙摆折上,师兄再一次蹲下来帮师姐整理衣服。活动当天的太阳炙热,烈日下,师兄抬起胳膊,用宽宽的袖子为师姐遮出一片阴凉。这些小小的细节,见证了两个人的爱情默契。

爱在兰大,兰大记录了师兄师姐的点滴美好,那些稚嫩天真的幻想,那些成熟稳重的决定,都是赠予双方最美好的礼物。"世上有千重万重山,霞红烟紫,金屏翠幔,独一般。唯独我的少年,穿那身牙白衣衫,相对一笑莞然。"

夫妻简介:

李星澎,2011—2015,兰州大学地质科学与矿产资源学院地球化学专业(本科)

王　敏,2018—2021 年,兰州大学文艺学专业(硕士)

懂得珍惜，懂得爱人

—— 对她，也对自己

文/李生伟　岳文佳

　　时光荏苒，不知不觉毕业已经三年了。在这三年里，我作为一名兰大人，始终牢记校训"自强不息，独树一帜"。在生活、工作上都严格要求自己，并怀着一颗感恩母校的心，与爱人一起默默奋斗在临床一线。

　　我与爱人都是医学院毕业，现在都是医生。虽然仅相识两年多，但是我们曾一起走过母校每一条青青小路，一起漫步在芬芳四溢的花园，也曾一起在图书馆认真学习。母校留给我最深刻的记忆，也集中在那段一起共度的美丽时光。我比爱人高一届，日常生活中我们有说不完的话题和共同的志向，常常互相鼓励，共同进步。我一直认为她是母校最后留给我的宝藏，我是那个最幸运的人。

　　回想起第一次见到她，那是一个初春的周末午时，阳光没有十分的明媚，春风也似乎不温柔。但是，第一次见到她却是满满的惊艳，让我明白什么叫作"一见钟情"，什么叫作"春风十里不及她"，什么叫作"弱水三千只取一瓢"。浅绿色的羽绒服，乌黑的齐刘海，还有两颗随着笑容若隐若现的小虎牙，在我脑海里留下了深深的印象。我们相谈甚欢，相见恨晚，没有丝毫陌生的感觉，恍若久别后的重逢。从那一刻开始，我就在心里默默"盘算"怎么将她追到手。以后的日子里，我每次下班都会迫不及待地去学校找她，一起去操场散步，一起共进晚餐，时间总是过得很快。

当我周末上班，她也会给我送来爱心晚餐。我们的生活中不乏小惊喜和小矛盾，但一起度过的日子温馨又美好，后来我向她表白，我们就正式在一起了，进而互相见了对方父母。

日子并不总是那么令人惬意，在她的毕业季，我们和大部分情侣一样迎来了异地生活。虽然现实的距离存在，但是我们之间的距离未曾产生，我们依然珍惜彼此，没有惧怕任何困难。当然，一些矛盾是不可避免的。刚出校门到外地工作生活的她，内心总会恐慌和不安，可惜我没法随时为她排忧解难。我们不安的情绪开始蔓延，甚至也曾叫嚣着相互离开，但更多时候还是给予彼此坚实的拥抱，两人便更加坚定迎难而上的决心。2017年冬天，在一个周末的早上，我们在河边的长椅上慵懒地晒着太阳，惬意地聊天，享受难得的二人时光。我觉得不能再这样下去了，既然坚定了彼此，互相信任，不离不弃，那就兑现诺言，勇敢地说出"我们结婚吧"。我们意见统一，没有考虑过可能会面临的问题，说干就干，行动快于思考。于是我们在2018年过年时，安排双方家长见面。这算是订婚了，也平复了两颗不安的心。

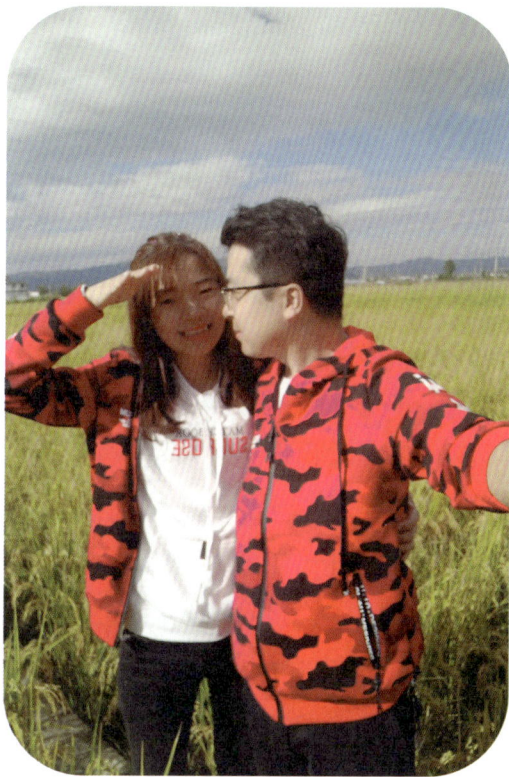

我们经过精心的准备，也经历了各种曲折，在2018年国庆节，我们终于隆重地举行了结婚典礼。之前因为异地产生的不信任、陌生感通通消失，留下的只有相互珍爱、彼此信任、永不言弃的爱情真谛。虽然婚后恢复了往日的异地生活，但是我们已经是一个小家庭，我们珍惜彼此，不再轻易猜忌，少了几分轻狂，多了几分成熟。我以前是一个粗线条的人，自从有了她，我的心思变得细腻，也从她身上学会如何换位思考，如何去担当一个丈夫的角色。

故事到这里，平平淡淡，大家经历相差无几。我也希望故事就这样平淡充实地发展。但是上天总会开一个不大不小的玩笑。我们的蜜月期过得很幸福，回来后我的左半边头越来越痛，痛得半夜睡不好觉，左脸也越来越麻木。作为医生的我，开始并没有在意，后来症状加重，在爱人的反复劝说下，我才做了核磁检查，诊断结果是寰枢椎半脱位，形成脊髓受压空洞，并有小脑扁桃体下疝。我俩疯狂地查阅各种文献资料，最后不得不面对现实：我得了一种先天性颅骨发育不良的病，并且特别严重。如果不及时手术治疗，恐怕会高位瘫痪，甚至最后可能导致呼吸肌麻痹窒息而死。而且，手术难度极高，全国仅有十几名专家有把握熟练完成。当时我只有 26 岁，我怕了，也后悔结婚，觉得特别对不起她，连累了她。可是她作为我的老婆，展现给我的是她冷静成熟、坚强无畏的一面。她支持我做手术，哪怕手术风险很高，她愿意一起承担。我真的很感动，虽然手术风险极高，我极有可能成为植物人，甚至术后需要一直用呼吸机维持生命。即使手术非常成功，我也会留下"直脖子"的后遗

症。但我什么都不怕了，充满信心，因为身后有我的爱人、我的父母和关心我的亲朋好友们。2019 年 1 月 1 日，我被推进手术室，手术很顺利。当我在监护室醒过来，迷迷糊糊中第一眼看见的是我亲爱的她，我知道我活过来了。术后恢复的日子是艰难的，因为疼痛以及对长期卧床的不适应，我的脾气变得极其暴躁，但她始终温柔体贴、耐心细致地陪护我。经过这段我生命中最难忘的经历，我对她的爱、她对我的

爱更加深厚了，我们的爱情得到质的升华。因为我们是在我患病之前报名，并有幸作为110对夫妇之一参加校庆集体婚礼。经过这段经历，我对婚姻有了更加深刻的认识，觉得集体婚礼弥足珍贵，意义非凡。在卧床的两个月里，我对人生有了更加深刻的感悟，感谢父母、感谢爱人，感谢上苍在给我重重一击的时候，还能给我最珍贵的爱和希望。希望世间的爱能普照，让病人少一些痛苦，多一些温暖。

感谢母校，让我在学校里沉淀了兰大人自强不息的气质，希望学校发展越来越美好，希望我们也能越来越恩爱，白头到老。

夫妻简介：

李生伟，2011—2016年，兰州大学第二临床医学院（本科）

岳文佳，2012—2017年，兰州大学第一临床医学院（本科）

陪你走向未来

文／张京朋　张娟娟

近日清理邮件，突然发现一封压箱底的邮件，题为"让我最感动的一件事"，打开细读，好笑又感动。

"你好像从来没叫过我学姐。"晚饭后我不经意地问他。

"不叫不叫，都老夫老妻的，叫什么学姐。"他钢铁直男般地回答。

兰州这座城市，后来成为我们的第二故乡。兰大这所高校，也成为我们在西北的老家。

我和他是通过校内体育活动相识的。作为2014年校园长跑接力赛的组织方，我们的工作人员不慎将大气院代表队的成绩和名单记录错误。在修改和补发成绩证书的过程中，我们建立了联系，成为点头之交。那时，我不知道他是低我一级的学弟。

日子如旧，我悠然地过着，只不过觉得在路上遇到张京朋的次数比以前多了，但也只是随口打个招呼，毕竟只是点头之交。而他却酝酿着我不知道的"阴谋"。后来，在我的"循循善诱"下，他才给我简述了暗探我的过程。

"第一次见你，是在活动的筹备会上。那天你给我们各学院负责人开会，我坐在下面，心里暗想这个女孩看起来不错，不知道有没有……我和孙伯龙是跑步协会的朋友。一次饭局上，我问他是否认识你，他说当然认识。我再问他你有没有男朋友，他说好像很久没见你与男生在一起了，应该没有。我心中暗喜，但也不确定，就想自己再去了解。比如观察你的出行路线，制造点偶遇；比如有什么活动的票，就想约你一起去……"

原来，之前的"偶遇"并非偶然。

直到 2015 年 5 月 31 日下午，张京朋约我去正宁路小吃街。天空突降大雨，我们被困在小吃摊边上。他一下把我护在怀里，另一只手撑着伞。我愣了一下，突然想起来：这可是我有先见之明才带的伞啊！风停了，雨散了，我们没去看电影，沿着定西路走到麦积山路，又走到医学校区操场。我们没说几句话，一直走着。回宿舍后，我们在微信上聊天。我说："可是我明年就要毕业了。"他说："没事，你先毕业，等我毕业就去找你。"我说："好吧。"他说："你答应了？"我说："嗯。"这时候，已经是 6 月 1 日儿童节。他说，这是上天送给他最好的儿童节礼物。

恋爱的日子比较平淡，我们和其他情侣一样，一起吃饭，一起散步，一起旅行。几天后，我去榆中校区。回市区的那天下午，他刚结束兰州马拉松比赛，踩着一脚底的水泡，一瘸一拐地向我走过来，带着一点焦急。

他说没事，就是想我了。那个暑假，我第一次非正式见了未来公婆；那个寒假，他第一次见了未来岳父母。

他第一次见我的父母之前，紧张地问我爸妈喜欢什么，他应该穿什么衣服，应该说什么。我在一旁笑着，安慰他不要紧张。实战起来，不承想禁不住山东人的热情好客，酒足饭饱后在院子内聊天，顿觉天旋地转，双脚离地似的飘飘欲仙。他说："我喝醉了，有点站不稳了，借我靠靠。"

2016年6月，我的毕业季转瞬来临。寄走行李，他送我去火车站回山东济南。一路上我们没有多说话，你只是嘱咐我饿了就吃买好的零食。我们坐在火车站外的台阶上拖延到最后一刻。第一次，这个大男孩哭得稀里哗啦。他说："我舍不得你走，我会去看你，我会去北京读博，那样我们离得近了，我就可以时常去找你了……"我不停地哭着、答应着。

我离开了兰州，后来他考到北京中科院大气所。2016—2019年，400多千米的路程，无数张北京到济南的高铁票，见证了我们的爱情以及为中国铁路事业作出的"卓越贡献"。

2018年9月，他给我打电话："这个国庆节，我们去领证吧。"我说："好！"

9月29日晚上，他从北京来到我住的楼下。"你下楼接我一下吧，我找不到哪栋楼了。"我穿着拖鞋下楼，看他站在楼前，手捧鲜花，笑得像个孩子。

爱情，就是两个人日常拌拌嘴，然后继续一起收拾家务；亲人，就是深夜回家，开门的一刻会看到有人为你留灯；未来，就是你去的地方，我也会陪着你。

夫妻简介：

张京朋，2010—2014年，兰州大学大气科学学院（本科）；2014—2019年，兰州大学大气科学学院（硕博连读）

张娟娟，2013—2016年，兰州大学外国语学院（硕士）

除了爱你　我没有别的愿望

文/李　川　杨金玉

在我最美好的年纪，我选择在兰大嫁给爱情。

我刚进入兰大读研究生时，从来没有想过我会在这短短的三年时间里和一个人相遇、相识、相知、相爱。你出现了，我的人生变得五彩斑斓，和你在一起，我的人生才开始变得完整。

我们的初次见面是在 2016 年 10 月 4 日。我们聊天，你说，在这之前学校运动会结束的时候，你在人群中一眼就看到了我。回去之后偶然在朋友的微信里看见我发的朋友圈，认出了我，便"死缠烂打"向朋友要了我的微信。假期里，你约我看电影，我答应了，没想到这一天便成为我们的第一次约会。

其实我并不想在研一阶段就谈恋爱，虽然你很绅士、体贴，但是思虑之下，我觉得还是应该和你保持距离。后来一段时间里，你每次下班后从榆中过来，晚上十二点再打车回去，只是为了跟我见面吃一顿饭。久而久之，好像你不过来找我，我的日子便缺少生气和快乐，后来我在日记上写，"听不到你的声音会低落，看不到你会低落。你不来会低落，你离开也低落。语言、面孔、呼吸、身影，你的什么都会放在心里……"

我知道我慢慢地喜欢上你……

我知道爱情转瞬即逝，错过不能回头。在 2016 年 11 月 4 日，我选择勇敢地接受你的告白，遵从我内心的声音，和你相恋在一起。后来的种种事实证实了我的选择是正确的，也是幸运的。

你让我越来越懂自己，越来越爱自己。让我的心从此变得柔软且温暖。谢谢你的宠爱、赞美、尊重和保护。在你面前，哼哼唧唧、撒撒娇也无所谓，伤心难过也无所谓，不化妆也无所谓，不认路也无所谓，偶尔犟脾气也无所谓。因为我知道，我所有的样子，在你心里都是最美。你会带我去看美丽的风景，带我吃美味的食物，不管任何时候，都有你陪在身旁，有你的肩膀可以依靠，我真的好幸福。我在汹涌人潮中遇见了你，不顾一切地奔向你，摇摇晃晃地抓住你，这是我做过最正确的决定。除了爱你，我没有别的愿望。

遵从自己的内心，做让自己快乐且不后悔的决定就是对的。直到现在，我们每个月的四号都会过纪念日，你像以往一样送我礼物。我们每天都会互道晚安，说一句爱你和想你。我们共同憧憬着婚后生活的点点滴滴，想象着白头偕老共度余生的模样。

后来，我们拜访了彼此的父母，得到双方家长的支持。2018 年 11 月 4 日，我们在一起两周年的日子，你向我求婚。那天，你说一起看电影，结果电影刚放不久，大屏幕上就出现你亲手制作的求婚视频，放完视频我回头看，才发现后面全都是我的亲人、闺蜜和同学，原来你早就偷偷联络好了。所有人推着我走进旁边的休息室，打开门发现你精心布置的求婚现场，你默默地抱着花站在那里，旁边都是我和你的朋友，你郑重地向我求婚，许下爱的誓言，仿佛梦里一样浪漫。在双方朋友和同学的见证下，我答应嫁给你，共度余生。

"布衣菜饭，可乐终生。"遇见你之后，我才开始这样用力地想象未

来。我们会是一对幸福的夫妻，不讨好任何人，舒适自在地过未来的每一天，我们努力争取想要的一切，不想要的东西与我们无关。

遇见你，让我知道，生命中会有一个人听我所言、知我所想，原来人生也可以如此幸福。

2019 年 4 月 4 日，我们领了结婚证，终于修成正果。这一天我们没有那么激动，因为我们知道终将走向这一天，带着爱与感恩，一起坚定地走下去。

缘在兰大，相识、相知与相爱；爱在兰大，相依、相守与相伴。研究生三年级即将毕业，我选择在兰大这片土地上，嫁给我在兰大遇到的人和最真挚的爱情。

死生契阔，与子成说；执子之手，与子偕老。

夫妻简介：

李　川，2012—2016 年，兰州大学法学院（本科）；2016 年至今，留校工作；2018—2021 年，兰州大学新闻与传播学院（硕士）

杨金玉，2016—2019 年，兰州大学法学院（硕士）

我们的爱情故事

文／罗　乾　刘春燕

　　秋天的夜晚总是让人觉得漫长，此时繁华的闹市已然安静，我辗转于床榻，脑海里满是你的音容。秋夜微凉，孤枕浮霜，愿与你美梦成双。从此，便开始了属于我们的故事。

初见如晨露

　　那天，我拿着大学期间买的唯一一本纸质版小说《生命不能承受之轻》，从西关来到医学校区，以赠书的名义见到了你。

　　兰州的秋天，白天还是很热，我穿着白色短袖在楼下等你。不久，你撑着蓝色遮阳伞，穿着粉红色的裙子，缓缓向我走来。我迎上前去，你羞涩的脸颊泛着红，向我说道："让你等的时间稍微长了些。"拘谨的我赶紧接过你的伞为你撑着，急忙回道："我刚到，看，送给你的第一件礼物。"你急忙接过书抱在怀中开心地笑了，就这样，我们两个人撑着伞，第一次漫步在医学校区，漫步在本部，漫步在兰大的校园里。分别时，你从宿舍拿了一个包装精致的礼盒给我，并嘱咐我回宿舍再拆。我遵从了你的话，回到宿舍，拆开礼盒看见是一条灰色围巾，内心激动的我急忙向你拨了电话，你说："这是送给你的第一件礼物，很早织的，希望能带给你温暖。"那时的我很想紧紧拥你入怀，我坚定地说："倩，让我来守护你一生吧！"你开心又俏皮地说道："好呀，要好好守护你的小公主哦。"从

此，生活中的一切都变得甜蜜，我们经常往返于西关和医学校区之间。

离别的味道

然而，两个人在一起的时光总是过得那么快，我们都要毕业了。倩的专业在兰州不好找工作，而善解人意的倩不愿给家里人添麻烦，我们作了非常艰难的决定，倩去天津工作，边工作边复习考研，我报考九月份甘肃省人民医院住培考试。倩说这是她破釜沉舟的决定，我说不管怎么样，我们一起面对，再苦再累，我们在一起都不怕。

离别的那天，我背着倩的书包，两人牵着手，从医学校区走到本部，再从本部走到车站。炎热的夏天，汗水浸透了短袖，倩前额的短刘海儿也都贴在额头上。经过半个小时的路程，再加上烈日的灼晒，我们的脸显得那么通红，但都带着微笑，掩饰内心的不舍之情。我们互相安慰对方，两个月的时间会很快过去，我们还会像以前一样漫步在兰大校园里，依依不舍的我们拥抱在一起，做了最后的道别。倩背着书包进了站，粉红色的身影消失在人群中。

虽然第一次的分别只有两个月，但这对我俩来说是那么漫长。我们每天都发消息聊天，叮嘱彼此按时吃饭，睡前互道晚安，见面也只能靠微信视频，隔着屏幕凝视相隔千里的人儿。通过听筒聆听彼此的声音，每天重复，却从未厌烦过。倩担心自己考不上研，我经常安慰她，还通过微信视频给倩吹笛子，给倩买喜欢吃的巧克力，承诺她回来一起捏龙猫。

重逢之喜悦

我们俩期待的那一天终于来了，在人潮拥挤的出站口，我远远地看见拎着大小包、穿着粉色裙子的倩，我挥着手，喊着："倩，在这里。"倩兴冲冲地跑来，东西都没接到我的手上，人就先拥入我的怀里，倩开心地说："你变黑啦。"我抱起倩说道："你比以前又轻了。"我拎着东西，牵着她的手，一起走回学校，我们又一次漫步在兰大的校园。虽然已经是秋天，花儿大多凋谢，仅有一些月季花还在鲜艳绽放，但整个校园还是绿意盎然的景色，偶尔微风吹来，毓秀湖畔的柳条摇曳着优雅的身姿，似乎在我们面前示意它的存在，散落的树叶吹上湖面，泛起层层波纹。在亭子里，趁着倩不注意，我轻轻将一支木质发簪插在倩厚密的秀发上，簪子上吊着红色吊穗，没入倩乌黑的秀发中，倩开心地拥入我的怀抱。时间仿佛永远定格在那一刻，如画一般烙在我的心里，而倩就是我的画中人。

时光匆匆，马上临近考研，倩每日在积石堂紧张地复习，我进入省人

民医院住培。经过寒秋冷冬，功夫不负有心人，倩考上了研究生，选择了自己中意的专业和导师，好胜心强的她更是提前五个月进实验室做实验。

我们还是像往常一样漫步在校园里，我下班早的时候去化学楼下等倩，一起吃饭，送倩回宿舍。倩提前做完实验也会来医院等我，就这样，我们从未改变。

来年，又是一个美丽的春天，春雨洗尽尘霾，为校园的花草树木添上新绿，空气里充满着泥土气息，我们行走在校园里，如漫步在林荫古道。午后天气放晴，石砖上爬满蜗牛，我们买了橡皮泥，坐在木凳上捏起了倩喜欢的龙猫。倩一直把它们放在自己的桌子上，就像我们的小孩子一样每天呵护着他们。

春天，我们去了分别多年的榆中校区。校园里显得那么安静，离开了繁华的闹市，安静惬意的校园褪去我们一路车程的疲倦。我们谈论起彼此刚来学校的各种窘事，又品尝了后市的美食，来到萃英山下，沿着台阶一层层爬到山顶。我们都气喘吁吁，大汗淋漓。倩小憩了一会儿，我把风筝套好，倩拿着引线，烈日下，我们奔跑在萃英山顶，风筝缓缓飞上湛蓝的天空，飞向属于我们的梦。

前路依旧甜蜜

如今，我们还像往常一样辗转于学校、医院和彼此的宿舍，从未觉得厌烦，反而更像是我们的一种习惯。我们坚守着这份平淡，它是等待彼此下班的身影，是寒风中紧握彼此的手心，是雪地里我们走过的脚印……这份平淡在校园里的每一条路上，当然，这份平淡也会伴随我们一生。

夫妻简介：

罗　乾，2011—2016 年，兰州大学第二临床医学院（本科）

刘春燕，2011—2016 年，兰州大学化学化工学院（本科）

收获爱情

文／谢沅格　张育凡

毕业一年，我始终怀念在学校的日子。在兰大，我感受到之前不曾有过的尊重、平等，感受到大西北的朴实和包容。我不仅收获了知识和友谊，也收获了爱情。我和阿凡的相识有点戏剧感，在参加银行考试的考场上，我俩本来只是寒暄一下工作的情况，没想到这就是缘分的开始。后来单位第一次来兰大招聘，大家一起笔试、面试，最终签约的时候发现只剩我俩。面试官笑着告诉我们，在兰大的应聘者里，他只签我们俩。真是惊喜，在那段既充实又焦虑的校园时光里，我们始终以工作伙伴的身份，一起吃饭，一起写毕业论文，一起游兰州，一起逛校园，一起跑马拉松，一起和严校长合影。我们仅仅想把兰州的记忆深深地留在脑子里，但这个过程也让我们觉得相见恨晚。阿凡是个贴心浪漫的人，他会时常给我准备惊喜，每天乐呵呵的。我最喜欢看他笑起来甜甜的小酒窝，我感动于他为我做的每件小事——整理我们的照片、录制我俩的相处视频、为我写浪漫的情话、

送我美丽的鲜花、用心记录我们的生活。他会细致地为我挑护肤品，为我们的小家准备生活用品，连一向比较挑剔的父母都被感动，认定他会像爱护眼睛一样爱护我。在相识 1 年后，我们选择步入婚姻。结婚，不是有了爱情，就上了一艘破船，让生活的风浪考验我们的感情。而是有了爱情，我们一起努力，你成为更好的你，我成为更好的我。未来，我的潜力股先生，我们一起努力，携手并进，成为更好的我们。

夫妻简介：

张育凡，2015—2018 年，兰州大学信息科学与工程学院（硕士）

谢沅格，2015—2018 年，兰州大学信息科学与工程学院（硕士）

情定兰大

文／郭　鑫　杨雪莹

　　六月的兰州，空气中夹杂着少许凉意。我们相约在黄河横穿而过的城市，相聚在西北百年学府。我们互相许下承诺，执子之手，与子偕老。

　　从前，只知独自潇洒快活，无心顾及他人的喜怒哀乐，如今有了软肋和铠甲。我们尽情地沉醉在"一眼误终生"的传说中，愿得一人心，白首不分离。我们手牵手走过兰州大大小小的街道，我们一起探索这个有着深厚文化底蕴的城市，正宁路夜市有我们一起享受美食的身影，水车园弥漫着我们的气息，大大小小的饭馆里有我们的默契。我们曾一起驰骋在北疆如画般的草场，你也曾在青海湖边对我低声耳语，讲述属于我们的故事。你总是习惯性地牵起我的左手，你说这样离我的心脏更近一些。我们欣赏过无数的美景，也到访过无数的知名学府，然而最钟情的依然是兰大。因为这里是我们缘起情定的地方，是我们感情最初的寄托，也是我内心永远的天堂。

　　2016 年 9 月，我满怀期待地成了百年学府中的一员，这不仅预示着我的学业进入一个全新的阶段，也意味着我们横跨大半个中国的异地恋，终于变成我们所期待的兰大校园恋。我从北京出发，坐上火车，毫不在乎20 多个小时的辛苦路途，只盼着火车能开快一点儿，再开快一点儿……西北的日出比我的家乡河北要晚一些，天刚微微亮，我便收拾东西，早早地去门口等待下车，那架势就像高中生拿好饭盒在门口蓄势待发，只等一声铃响，便消失在长长的走廊中。郭先生一早去接站，看我从出站口跑出来，关心的语气中带着些许心疼，像许久未见的亲人一样。之后他陪我办好宿舍的入住手续，安置好行李衣物。正式上课的第一天，晚上下起了小雨，郭先生很贴心地打着伞把我送回宿舍，这是我人生中第一次被一个男生搂在怀中送回宿舍，心情很激动。后来就这一天所发生的事情，我"采访"过郭先生，他说这些事情都是水到渠成的，即使那时不发生，迟早也会结束异地。我想，男生和女生终究是有所不同的。这种差异不是说男女双方付出不同，或者谁更爱谁多一点，而是表达感情的方式和方法及侧重点不同。

郭先生是一个特别会苦中作乐的人，面对枯燥的漫漫科研生活，他总是喜欢开玩笑、逗乐子，给实验室的生活增添了很多乐趣。周末，我们喜欢去王府井旁边的奶茶店点一些榴梿甜品，再加两杯西北特有的甜胚子奶茶，边说边笑就能坐一个下午。我总觉得榴梿的味道很奇怪，可郭先生对榴梿很是钟情，每次都强迫给我喂几口，久而久之，我也喜欢上了榴梿的味道。每次我逛超市看到榴梿就立马想到郭先生，这对我来说已经算是一种情怀了。2018年6月，郭先生在经历长达9年的兰大生活后，终于要走出校园，我们又要异地了。不过我们也会都很豁达，郭先生时常回来看我，我有假期的时候也去郭先生那里。他去上班，我就做好饭菜在家等他，或者去他单位附近转转，顺便接他下班。我们偶尔出去吃大餐，逛逛

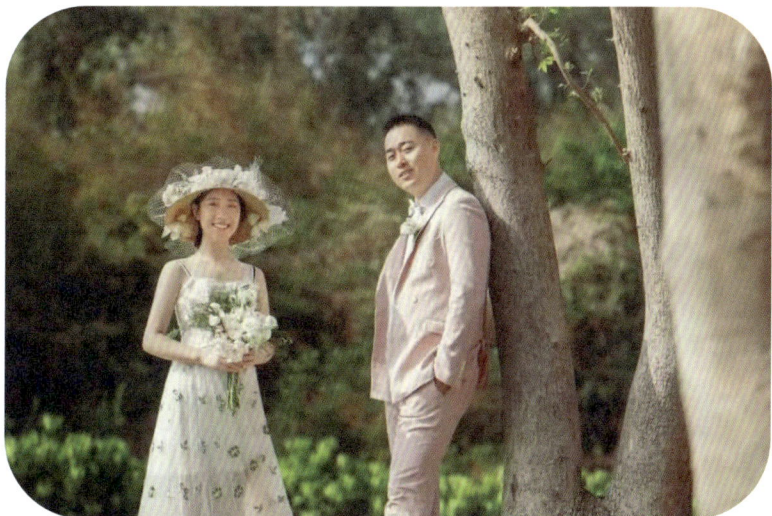

夜市。我喜欢这种平淡又细水长流的生活，我们都尽力陪伴对方做任何事，有些事情不需要言语就懂，因为陪伴才是最长情的告白。

2019 年 2 月，郭先生从新疆赶来给我过生日。那天早晨，我睡眼惺忪地醒来发现有多个未接电话，原来郭先生手捧玫瑰花已在楼下等候多时。那天我们一起去极地海洋馆看梦幻的水母，欣赏美人鱼及聪明的海狮表演，还走了很远的路去看花灯……我实在走不动了，于是郭先生背着我走在马路上，元宵节的夜晚灯光璀璨，我感觉自己是这个世界上最幸运的人。

2019 年，我即将毕业，离开我深爱的母校兰州大学，也荣幸地迎来母校 110 周年校庆。我和先生感到无比的骄傲和自豪，我们决不会忘记作为一名兰大人最基本的使命和任务，"自强不息，独树一帜"将是我们永远的标杆。我和先生因为兰大而结缘，兰大对我们来说更像是家，更像是亲人。在这里，我们一起哭过、笑过、吵过，也闹过。在这里，我们一起吃饭、一起学习、一起为了某个深奥的问题研究讨论至深夜。兰大见证了我们的爱情，肯定了我们为科研的付出，成全了我们不断追求的上进心，鼓励着我们永远逆风飞翔。我们衷心地祝愿母校蒸蒸日上，扎根于祖国西部，屹立于世界名校之巅。同时，希望我和郭先生的感情能像母校兰大一样历经岁月的风吹雨打，不忘初心，砥砺前行。愿我们出走半生，归来仍是少年。

夫妻简介：

郭　鑫，2009—2018 年，兰州大学化学化工学院（本科、硕士、博士）

杨雪莹，2016—2019 年，兰州大学化学化工学院（硕士）

爱如四季

文／刘光烨　杨晓露

　　春天，我们彼此相遇，萌芽初开，那么青涩，那么生机勃勃；夏天，我们彼此热恋，爱得火热，争执得也火热，当热得开始燥的时候，需要一根雪糕，给爱情冷静与甜蜜；秋天有了彼此的果实，懂得付出和收获，更懂得担当和责任；冬天有了彼此的照料，两人依偎在一起，相互取暖。最美的爱情，不是只拥有美好，它不会四季如春，而是四季分明，有着冷暖交替，循序渐进。它是丰富多元的，是经得起波澜的，在岁月的长河中变得更加清晰、深刻。

　　我们用七年时间体会爱情带来的一切变化，总希望自己的爱情是独一

无二的，希望自己的经历是与众不同的。我们尽量避免庸俗，向往欣然。当结束了长达七年的爱情长跑，我们走进了神圣的婚姻殿堂。

女孩讲述春天的故事

美好的爱情千篇一律，有趣的爱情万里挑一。跌宕起伏的初遇，让彼此差点儿错过了相识的缘分：像许多球场上的恋情一样，球赛之后，女孩在社交软件上给男孩留言，本以为会开始一段青涩的恋爱，可是男孩在球场夺冠，得意洋洋，根本没有看到。然而两年后，男孩却在球场边看到正在为本班篮球赛加油的女孩，一见钟情，在同样的社交软件上找到女孩并留言。女孩说："两年前我就联系过你，你对一句话的反射弧有两年那么久吗？"此时男孩翻看两人的留言记录，一副暗喜的模样。

感情的经营远比建立来得艰难，一路走来并非一帆风顺，男孩在本科的最后一年，选择了考研，漫漫考研之路女孩陪伴在旁，然而一心用在复习上的男孩，并没有察觉自己生活中的不成熟已经让女孩不愿继续下去。在得知男孩考研成功之后，女孩提出分手，男孩尽力挽留却也无可奈何，只得和平分手。经过半年的冷静期，他们再一次见面，相视一笑且有些许尴尬，聊了聊这期间彼此过得如何，发现两人思想转变了很多，女孩能包容了，男孩成熟了，不知不觉两人竟比以前更加默契。

男孩讲述夏天的故事

我们有着一切平凡爱情的经历，也有属于我们的不平凡。作为 80 后"末班车"的我和 90 后"早班车"的她，我们可以一起看男孩子喜欢的篮球赛，也可以一起逛女孩子中意的商场，可以一起唱周华健或张学友的歌，也可以重温张卫健的电视剧或周星驰的电影，可以像孩子一样看龙珠、灌篮高手的动漫，也会哭得满脸鼻涕泪水。我们有共同的运动爱好，她在兰大读本科的最后一年，除去我白天的科研时间和她白天找工作的忙碌时间，晨跑和打篮球成了我们那段学生时光最美好的记忆。

然而，南北方的生活差异让我们在起居、饮食习惯上出现矛盾。虽然没有出现过原则性的大矛盾，但小摩擦层出不穷。我们把这些现象归因于长期异地恋，生活的磨合需要耐心和时间，但在这个匆忙的社会中，我们几乎没有时间停下脚步去思考。从前无忧无虑的"一人吃饱全家不饿"，悄悄地变成了两个人彼此照顾，相互慰藉。和谐的生活来自心灵的沟通，她告诉我她的梦想需要追逐，我告诉她我的压力需要肩扛。

秋天和冬天的故事，我们还没有经历，但深知这一路走来不容易。春夏天的故事像是我们青春的尾巴，青春圆满落幕并迎接婚姻生活的开始。婚姻并不是爱情的坟墓，只是它的每一步都需要用心经营，用真心去坚守和捍卫。我们憧憬着丰收的秋天和平静的冬天，只要内心足够强大，苦难都会迎刃而解。当我们说起为什么会选择彼此，认为彼此最大的优点是什么的时候，她告诉我说，是踏实依赖；我告诉她说，是陪伴成长。

文字是简短的，文笔是局限的，借着母校的光辉，我俩又一次感觉到校园爱情的闪亮。看着校友们拍的榆中校区、医学校区和本部校区，想起二人牵手走过的每一条路，去过的每一个地方，回忆着吃过的美食和当时最纯粹的同学、朋友，他们现在已定居天南海北。我们作为兰州大学校友夫妇，克服了"毕业即分手"的艰难困阻，共同成就了最美的爱情。

纸短字稀，情意绵绵。当我们得知母校有集体婚礼活动，便毅然决定参加，既然缘分赋予我们兰大情，那就让兰大再一次见证我们爱情最重要的时刻——婚礼。兰州，我们来了！母校，我们来了！

夫妻简介：

刘光烨，2008—2016 年，兰州大学土木工程与力学学院土木工专业（硕士）

杨晓露，2010—2014 年，兰州大学生命科学学院生物科学专业（本科）

亲爱的，你好

文／郭文帝　张　爱

一阵微风吹来，兰州初秋的夜晚已经有了丝丝的凉意。我正要脱去外套给她穿，看她立起了大衣的领子，又作罢。

"希望以后我们还可以做好朋友。"

"但愿吧……"

积石堂响起了晚上十点的钟声。看着操场渐行渐少的师生，她抿了一下嘴唇，想说什么但又不知从何说起。

"时间也不早了，我送你回宿舍吧。"

"嗯"，她顿了顿，"好吧。"

不知不觉，我们走到了 2 号楼门口。

"已经到了，那我上去了。"她看了看我，便要转身。

"其实，我还挺舍不得的。"我喃喃自语。

她愣了一下，但是装作什么都没听到，转身上楼了。看着她消失在灯光里，我也离去，却没有看到在楼梯的转角，她偷偷望着门外。而她也没有看到停在灯光阴影里独自叹息的我。

我们相识那年，她读硕士三年级，我读博士一年级。我还记得那天是2016年9月24日，天气还不错，她穿着白色卫衣，留着披肩长发，灵动活泼，但并不是她们之中最夺目的。我恰巧穿了白色衬衣，冥冥之中都在暗示我们缘分不浅。在双方导师促成的联谊会上，大家边唱歌边玩"天黑请闭眼"的游戏。作为"平民"的她一眼就看穿我是"杀手"。"他不自觉地微微一笑暴露了他的身份。"她解释道。大家怎么会放过这么好的调侃机会："微微一笑很倾城哦……"

就这样，机缘巧合，我们相识了……

从此之后，每天晚上的微信聊天就成了我最期待的事情。天南海北，古往今来，我们无话不谈，仿佛对方就是那个寻找多年的知己。每天互道晚安之后仍有新的话题继续聊，直到凌晨一两点钟。我一直认为自己是个话很少的人，从没想到可以和一个姑娘有这么多有趣的事情分享。

半个月之后我们决定再次见面。见面之前我的内心特别矛盾：既充满期待，又十分焦虑。期待的是，终于要和那个微信里的知己见面了，也许我们的关系又能更进一步。焦虑的是，我们处在不同的人生阶段，她要毕业，我还打算出国留学。认识彼此之前，我们的人生规划没有交集。面对巨大的未知，我们不可能放弃已经选择的方向，毕竟还没到为了对方而放弃自己选择的地步。

可是感情怎么能够理性呢？人生也从来不会沿着既定的路线前进。既然上天安排我们相遇，何不开始一场轰轰烈烈的爱情，管它以后会发生什么！所以，见面两天之后我们就在一起了！每天晚上十点，我都会从齐云楼一路小跑到勤博楼接她下自习。我们一起看电影，看到感人至深处，她痛哭流涕，我会悄悄把纸巾递给她；我们一起翻学校后门，看着我笨拙的样子，她会哈哈大笑，回过头来看着她的裙子被夹住，我又狂笑不止；一起坐海盗船，看她被吓得花容失色，我会紧紧抱住她，希望能给她一些安全感。和她在一起，我从来不会缺少欢乐。相处的时间越久，我们越觉得彼此就是对的那个人，我们对彼此的爱也越深。

转眼之间，她毕业要去西安工作，去一个举目无亲的城市。因为工作的关系，她经常出差，一个人在全国各地奔波，一个人做饭，一个人逛街，一个人生病，一个人打发无聊的时间，一个人笑，一个人哭。像很多异地恋一样，我们会隔着屏幕分享有趣的事，互诉思念，互道晚安。

可是恋爱怎么会只有甜蜜呢？我们当然会吵架，有时甚至吵得很激烈。有一次她刚挂断电话，又发视频给我，刚刚还笑靥如花，突然就泪流满面，我焦急地问："亲爱的，怎么了？""我不想一个人待在这间屋子里。"我知道她很伤心，很孤独，便匆忙说道："周末我来看你！"周末我如约而至，她开心得像个孩子。我们一起做饭，一起逛街，一起看电影，一起开心快乐，我们珍惜在一起的分分秒秒。虽然异地让我们忍受着思念，忍受着压力，忍受着寂寞，但是我认为我是幸运的。因为我拥有一个愿意和我一起坚持努力的人，我拥有一颗和我有着相同梦想的心。我在和时间赛跑，和距离比赛，赢了我就会拥有一个一辈子和我在一起的人。

生活就是这样，总是在不经意间给你开一个大大的玩笑。当医生看着片子对她说"你这个腰间盘突出还是挺严重的，最好是手术"的时候，我并没有在意。因为之前我也出现过腰部神经被压迫的情况，腿疼了好几年，后来慢慢恢复健康。她才开始疼了不到一个月，肯定没关系的。所以我们并没有听大夫的建议，而是开始漫长的保守治疗。

直到第 5 个月，她的症状仍然没有好转，甚至中间有段时间疼痛感加重。这时我们意识到保守治疗可能不会有效果，必须要去医院做手术。到了医院之后，情况比我们预想的更严重：由于突出时间太久，腰间盘钙化严重，已经失去了实施微创手术的条件，只能开刀。更严重的是，内置钢板要伴她一辈子。

得知实情后，她号啕大哭。

2018 年 8 月 17 日，我们被安排在下午第一个手术。在从病房推去手术室的路上，她紧张到脸色发白，泪珠一直在眼睛里打转。她冰凉的双手紧紧抓着我，轻轻地对我说："我怕。""别怕，我在外面等你。手术时间很短，一会儿就过去了。"我只能这样安慰她。她被推进手术室两个半小时之后，我焦急难耐，悄悄地抹着眼泪，怕被别人看到，默默祈祷一切平安。

再等一下，应该马上就好了。我只能这样自我安慰着。

终于，下午四点五十五，我看到了主治大夫。"手术已经做完了，很顺利，正在醒麻药，不要着急，一会儿就出来了。""谢谢大夫，谢谢大夫！"我悬着的心终于落下。这一次我又哭了，喜极而泣，一切都会好的。

2019 年 2 月 15 日，我们领证了。

现在我们每天一起锻炼身体，慢慢恢复健康，期待着 2019 年 8 月 17 日我们的集体婚礼！

"8 月 17 日是我重生的日子。"她转头笑着对我说。

"是，8 月 17 日也是我们收获幸福的日子。" 我趴在她身边轻轻地吻了她一下。

"那以后 8 月 17 日就是我的幸运日了！我们是不是每年都庆祝一下？"

"啊？不会吧，又多了一个节日？我不要，我不要……"看着她笑眯眯的眼神，我撒腿就跑……

这一路走来，我们要特别感谢刘玉孝老师、谢群英老师、刘焕香老师和姚小军老师，在他们的帮助下，我们相识、相知、相恋，彼此扶持走到今天。当然，双方父母在背后的大力支持也是我们坚定在一起的动力。

夫妻简介：

郭文帝，2010—2014 年，兰州大学物理科学与技术学院（本科）；2014—2016 年，兰州大学物理科学与技术学院（硕士）；2016—2021 年，兰州大学物理科学与技术学院（博士）

张　爱，2014—2017 年，兰州大学药学院（硕士）

山有木兮卿有意，唯愿来生仍是你

文／乔子秦　彭　倩

有时候，缘分的奇妙让人不得不承认，一切都是命中注定。冥冥中就知道生命中有那么一个人在等着自己，让千山万水在彼此面前都化为平地，让人心甘情愿赴一场百年之约。

在经历过西式婚礼、中式集体婚礼之后，他们回想彼此相识、相恋、相守的点点滴滴，感觉一切好似发生在昨天，却恍然已过去了两年多的时光。他们盼望一起白头，又想让时间变慢，好让相伴变成永恒。

她

那个深秋，研一的她正在做课程小组的"兰州小吃集体记忆研究"，

已经进行到了焦点小组访谈环节。同学中的兰州人已经被完全发掘，因而小组成员开始向身边的师兄师姐求救。于是，她经由师姐介绍，拨通了他的电话。

此时的他们并不认识对方，只有一个手机号码，是他们唯一的联系方式。

焦点小组访谈很顺利，而她和他也并没有多寒暄几句。

此后半年多的时间，日子像微风拂过湖面，带不起半点涟漪。他们各自忙碌着，转眼到了师姐毕业的时候。

那个春天，由于被荨麻疹困扰许久，整日戴着帽子、口罩出门的她去做了全身体检。恰巧去医院拿体检报告单那天，师姐非得让蓬头垢面的她去参加众人都在的毕业聚餐。不知道是冥冥中的安排还是师姐有意为之，在餐桌上她以最糟糕的状态见到了半年多未见的他。

餐后几句寒暄，马上又断了联系，直到数天后她收到了一条短信。是他发来的，她来来回回看了几遍以后，才算明白了。原来他以为"她"是去年访谈会上的主持人，在问"她"要"她"的联系方式！

为了不使这位学长尴尬，她便一口答应下来，用自己的微信加了他好友。结果刚聊了几句，便暴露了身份，两人哈哈一笑而过。

后来微信上断断续续地聊天，她明白他的心意，心动之余却不敢作出回应。她的家乡远在千里之外，父母总是叮念毕业后要返乡工作，在一起必然会受到诸多阻力。于是，她拒绝了他的多次邀约，甚至忍痛不回复他的信息。

直到有一天的深夜，她发高烧了，吃退烧药后反而加重了。晕头转向的她有种"生命最后一天"的凄凉感，向自己的父母、挚友都发送了感恩的话语。快凌晨了，犹豫良久的她抱着生命最后一刻不留任何遗憾的心情，给他发了相约去榆中校区看马鞭花海的信息。本来以为他会第二天早上才看到，结果没多会便回复了，还开心地一口答应了下来。

还好，他还在原地等她。

他

初次相见那天，研二的他在榆中校区实验室忙了一天。经历了研一没有选题方向的迷茫，此时的他只想着尽快做完实验，投入到下一步的论文写作中去。满身的灰尘无法抖落，他便急匆匆回家换了一件干净的大衣，发型也是恰到好处的整齐。

上午的实验间隙，研三的师兄应女朋友请求拜托他帮一个忙，去参加一个学妹关于兰州小吃的焦点小组访谈。他满口答应下来，却暗自心生怯意。

一直以来，他都是独来独往，疲于应对各类聚会，对所谓的焦点小组访谈也是知之甚少。

焦点小组访谈会上，他努力地回想自己之前的经历，尽量积极参与话题讨论，目光却不由自主地被一个长发学妹吸引。学妹并未参与访谈，而是给大家拍照、倒水，然后便站在一旁静静微笑着倾听讨论。看到那样温柔的眼神和发自内心的笑意，他绷紧的神经得到了放松，只想就这么一直看下去。

然而，焦点小组访谈结束后，腼腆的他却没有勇气上前去要她的联系方式。在一起之后，他每每想起，无比后悔，总是在想如果当初迈出了那一步，彼此相伴的时间便会增加一些。

一个人的时间里，他仍旧是独行侠，日子就这样不欢不喜地过去了。

又到了一年毕业季，他的师兄要和女朋友一起在丹桂苑餐厅举办毕业聚餐，而且要叫上她！他心里欣喜不已，但又担心再次相逢时她早已忘记了自己。整个聚餐过程中，他都紧张不已，不敢直视斜对坐的她。戴着粉色鸭舌帽，身穿背带裤，素面朝天的她在他眼里一如既往的好看。然而聚餐快结束了，他们还没说上一句话，他着急又无助。

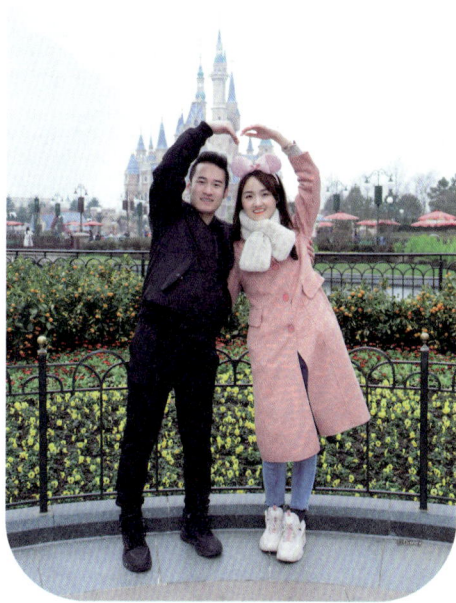

即将走出餐厅时，她却主动慢了下来，感谢他之前的帮忙。他的心情马上明亮了起来。后来的几天里，他一直在思考怎么不经过师兄的女朋友联系上她。于是，他给之前焦点小组访谈的"主持人"发了短信，询问访谈会上给大家拍照、倒水的女生的联系方式。他心想"主持人"当时打电话请求自己帮忙，应该不会拒绝。

后来，他发现自己弄出了"大乌龙"，还好这段笑话增加了他和她之间的沟通。在后来的日子里，他在微信上与她聊日常、聊学业、聊周边的风景，下雨了提醒她带伞，刮风了提醒她戴口罩、多穿衣服……然而她却没有什么表示，后来甚至不回他的微信。

他黯然神伤了好久，不再主动了，心想与她可能是有缘无分。直到一天快凌晨了，正在洗漱的他听到了桌上微信的一声"叮"，边刷牙边走过去一瞥，竟然是她发来的！

那一瞬间，他感觉自己又重新活了过来。

他 们

后来的他们，如约一起去榆中校区看了马鞭花海。两人都带了相机，于是一直在羞涩中拍风景，并未合照。多天以后，他和她的第一张合照却"凭空出现"了。原来他的一个本科好友，偶然发现一个博士学长的 QQ 空间有他和她的合照。照片拍的是榆中校区马鞭花海的远景，而花影斑驳后是他和她并排而立，她正在认真拍花，而他低头好似在笑。后来他和她仔细翻看时，竟然也发现了当时的"偷拍者"。每当想起这一段趣事，他们便不禁莞尔，感叹缘分的奇妙。

再后来，他们一起去了很多地方，看了很多只属于两个人的风景。一起去看灯火辉煌的兰山夜景，最美的胡杨林，最灵动的莫高窟；在春雪过后欣赏松鸣岩的雪景，在明媚的初夏踏足崆峒山和冶力关的山水，在她的生日嬉戏于海南的沙滩……

一切发生得那样自然，好像本就该如此。

人们常说，相信爱情的存在，只是不确定是否会发生在自己身上。对他们而言，更懂得爱情发生的概率有多么小，过去的时刻哪怕发生一个无比细小的变动，他们便不会相遇，更不会相恋、相约携手到老。

现在的他们，每天都无比珍惜相伴的时光，此生的时光对他们来说已经不够。他和她约定，如果有来生，有来生的来生，便要生生世世在一起，相伴到永恒。

夫妻简介：

乔子秦，2011—2015 年，兰州大学土木工程与力学学院（本科）；2015—2018 年，兰州大学土木工程与力学学院（硕士）

彭　倩，2016—2019 年，兰州大学新闻与传播学院（硕士）